刑辩一年级 1
刑法基础

江溯 赵春雨 主编

北京大学出版社

作者简介

何荣功　武汉大学法学院教授
王　钢　清华大学法学院副教授
陈金林　武汉大学法学院副教授
邹兵建　南开大学法学院副教授
马寅翔　华东政法大学刑事法学院教授
柏浪涛　华东师范大学法学院教授
陈　璇　中国人民大学法学院教授
李世阳　浙江大学光华法学院副教授
何庆仁　中国社会科学院大学法学院教授
王华伟　北京大学法学院助理教授
江　溯　北京大学法学院研究员
简　爱　中央财经大学法学院副教授
徐凌波　南京大学法学院副教授

主编序

《刑辩一年级1：刑法基础》《刑辩一年级2：刑诉法基础》是北京大学法学院、盈科律师事务所与北大法宝学堂于2020年9月至12月举办的同名线上公益课程的实录。之所以取名为"刑辩一年级"，其意在表明该课程的主要对象是那些刚刚走上刑辩道路的初级律师，以及有志于从事刑辩工作的法科学生。刑事正义是一个国家的底线正义，而刑辩律师正是底线正义最有力的维护者，"为人辩冤白谤，是第一天理"，亦为刑辩律师之天职。近二十多年来，随着中国特色社会主义法治体系的不断完善，刑辩事业也获得了长足的发展，为维护犯罪嫌疑人、被告人的合法权利作出了重要贡献。但同时我们也发现，刑辩律师的整体水平、专业化程度可能还无法完全满足刑事法治发展的要求。有鉴于此，我们于2020年下半年共同发起了由27位知名法学院校的中青年学者主讲、26位盈科青年律师主持的刑法基础课和刑诉法基础课系列线上公益课程。我们希望为广大的初级刑辩律师以及对刑辩工作有兴趣的法科学生提供一个系统的、基础性的刑辩课程。本套书的出版，正是对"刑辩一年级"课程的一个完整回顾。虽然离该课程的首场直播已经三年多，但我们依然相信，不断夯实刑法和刑诉法的理论基础，才是实现刑辩专业化的重要前提。

虽然"刑辩一年级"课程的主讲人均为国内知名的中青年学

者，但 26 场讲座的主题并非由这些学者自我命题，而是来自盈科律师事务所的刑辩律师同仁。在筹备课程的过程中，我们决定不采取"自上而下"（从理论中选题）而是采取"自下而上"（从实践中选题）的选题方式，即在盈科全国刑事诉讼法律专业委员会的领导下，由盈科律师事务所的刑辩律师们根据他们丰富的工作经验，挑选出 26 个重点疑难的刑法和刑诉法问题，然后针对性地邀请对特定主题有研究专长的学者担任主讲人。我们认为，这种"消费者导向"（刑辩律师导向）的课程组织方式能更加有的放矢，从而实现帮助初级刑辩律师在执业初期打下良好刑法和刑诉法基础的目标。

我们衷心感谢为"刑辩一年级"课程授课的 27 位中青年学者，没有他们的辛苦付出，该线上公益课程不可能赢得广大观众朋友们的普遍赞誉。我们同时感谢 26 位担任主持人的盈科律师事务所的律师同仁。实际上，在每一场的讲座中，各位主持人都发表了非常精彩的评论或总结意见，但由于图书出版的惯例，我们未能收录他们的真知灼见，在此谨向他们表示诚挚的歉意。感谢"法宝学堂"和"燕大元照"微信公众号为该系列讲座提供的直播和宣传服务。最后，感谢北京大学出版社蒋浩副总编、杨玉洁主任及责任编辑林婉婷、方尔埼老师对本套书出版给予的大力支持。我们希望通过共同的努力，能够为我国刑事法治的发展略尽绵薄之力。

江溯　赵春雨
2023 年 9 月 23 日

目　录

第一讲　刑法客观主义在辩护中的运用 / 1

　　一、问题的提出 / 1

　　二、刑法客观主义的构造 / 2

　　三、法益、犯罪的认定与辩护点 / 4

　　四、结语 / 25

第二讲　刑法解释方法在辩护中的运用 / 27

　　一、刑法解释的意义和类别 / 27

　　二、刑法解释方法 / 28

　　三、刑法解释中的特殊问题 / 35

　　四、近年来的常见问题 / 38

第三讲　抽象危险犯的辩护思路 / 47

　　一、抽象危险犯的概念与范围 / 47

　　二、抽象危险犯的通常辩护思路及其反思 / 50

　　三、抽象危险犯的正当性也即限制根据 / 55

　　四、抽象危险犯的具体辩护方案 / 63

第四讲　因果关系在辩护中的运用 / 69

　　一、刑法因果关系的适用范围 / 70

　　二、刑法因果关系的司法难点 / 74

　　三、刑法因果关系的理论变迁 / 83

　　四、刑法因果关系的辩护思路 / 96

第五讲　间接故意与过于自信过失的实务判断 / 113

　　一、相关案例的数据分析 / 113

　　二、司法实务部门采用的界分标准 / 115

　　三、实务标准的理论剖析 / 124

　　四、针对性的辩护思路 / 125

　　五、总结 / 132

第六讲　错误论在辩护中的运用 / 135

　　一、事实认识错误与法律认识错误的区分 / 135

　　二、法律后果 / 143

　　三、涵摄的错误 / 147

　　四、结语 / 148

第七讲　违法阻却事由的辩护思路 / 149

　　一、违法阻却事由的一般原理 / 149

　　二、正当防卫案件的辩护思路 / 150

第八讲　犯罪未完成形态在刑事辩护中的运用 / 169

　　一、刑事辩护的定位 / 169

　　二、预备犯的认定与辩护 / 171

　　三、未遂犯中危险的判断 / 174

　　四、中止犯的认定与辩护 / 187

第九讲　共犯理论在辩护中的运用 / 195

　　一、共同犯罪的法律效果 / 195

　　二、共同犯罪的理论范式 / 203

　　三、共同犯罪的刑事辩护空间 / 207

第十讲　不作为犯罪认定的责任基础 / 219

　　一、不作为犯罪概述 / 219

　　二、不纯正不作为犯罪的构成要件符合性 / 231

　　三、不纯正不作为犯罪的违法性 / 242

　　四、不纯正不作为犯罪的罪责 / 242

　　五、总结 / 243

第十一讲　犯罪竞合理论在辩护中的运用 / 245

　　一、概述 / 246

　　二、行为单数与行为复数 / 247

　　三、法条竞合 / 251

　　四、想象竞合 / 256

五、实质竞合 / 257

六、总结 / 261

第十二讲　刑民交叉案件的实务判断 / 263

一、案例引导 / 263

二、刑民交叉的理论演进 / 265

三、合同行为与刑事犯罪 / 268

四、民事侵权与刑事犯罪 / 278

五、刑民交叉案件的诉讼处理机制 / 279

第十三讲　刑行交叉案件的辩护要点 / 285

一、刑事违法性与行政违法性之辨 / 285

二、罪刑法定原则下认真对待构成要件 / 286

三、充分利用构成要件的体系性解释 / 290

四、错误抗辩作为补充 / 292

第一讲
刑法客观主义在辩护中的运用

何荣功*

一、问题的提出

在今日的刑事司法中,可能还存在刑法主观主义的留痕,但整体上采取的是刑法客观主义的立场。刑事辩护更是天然亲近刑法客观主义的立场与方法。刑事辩护的直接目的是实现有效辩护,可能是从有罪到无罪,也可能是从罪重到罪轻。实现有效辩护需要具备种种条件:有效的法律、有效的证据、有效的技巧、有效的理论。法律的适用过程也是阐述法理的过程,所以,在刑事辩护中,如果我们能找到刑法理论的支撑,辩护往往会更有效。众所周知,长期以来社会上有一种观点认为刑法理论对司法实务用处不大,学者们常常倾向于把简单问题复杂化。我不否认当前的学术研究确实存在一定程度上的理论与实践脱节的问题,但整体而言,刑法理论与刑事辩护之间呈现的是一种相互促进、良性互动的关系。至少可以体现在以下方面:

第一,法律是写在纸上的,但是法律条文的含义却存在于人的理解之中,刑法适用需要解释刑法条文的含义,这本身就是一个理论(阐述)的过程。

---

* 武汉大学法学院教授。

第二,法律适用也是一个价值判断和说理的过程,没有必要的理论工具,难以真正地把道理讲清楚,此时理论就变得非常必要和重要。

第三,实践中的案件类型大体上可分为三种:第一类案件是无罪案件,随着法治的进步,这类案件在实践中越来越少;第二类案件是有罪案件,由于犯罪事实清楚,刑法规定也很确定,此类案件的辩护空间十分有限,辩护律师可以通过认罪认罚等积极争取从轻处罚;第三类案件是公诉人指控有罪或者罪重,有事实和法律根据,辩护人辩护行为人无罪或者罪轻,也有事实和法律依据。换句话说,由于存在竞争性甚至相悖性的证据和法律依据,站在不同的立场往往能得出不同的结论,且都能找到证据和法律条文的支撑。在这类案件中,律师有着较大的辩护空间。办案人员面对此类案件常常举棋不定,此时,辩护人需要理论支撑,让办案人员形成自己的内心确信。

立足于刑法客观主义并兼顾刑事辩护的立场,接下来,我将结合实务案例具体展开,分析思路与结论仅供参考。

二、刑法客观主义的构造

初识刑法客观主义,可能会认为它是一个颇具理论色彩的概念,其实,它并不神秘。法律是社会需求的产物,根本上是一种政治机制,所以,一个国家现实社会的政治结构、国家的政治传统根本上决定了刑法的构造——到底是主观主义还是客观主义。刑法客观主义是什么?对这一问题的回答需要从宪法说起。

近代以来,民主社会和法治国家遵循下述基本逻辑:人生而自由、平等[《中华人民共和国宪法》(以下简称《宪法》)第33条规定,中华人民共和国公民在法律面前一律平等;第35条规定,中华人民共和国公民有言论、出版、集会、结社、游行、示威的自由;第36条规定,中华人民共和国公民有宗教信仰自由;第37条规定,中华人民共和国公民的人身自由不受侵犯];国家权力来源于公民的权利(《宪法》第2条规定,中华人民共和国的一切权力属于人民);公民的权利神圣不可侵犯,国家对公民权利的剥夺与限制同样意味着对人权的"侵犯"(《宪法》第33条规定,国家尊重和保障人权)。正因如此,近代法治国家普遍将刑罚作为社会治理的最后手段,刑罚被认为是一种不得已的"恶",刑罚的运用必须具有正当性根据。刑法适用的根本问题被认为是国家对公民诉诸强制力的正当性问题。实践中,刑罚的正当性是通过构成要件的落实而实现的,这就是犯罪成立的要件问题。当今世界,不同国家可能采取不同的犯罪成立要件体系,无论对于犯罪的成立要件采用何种体系,一般认为,国家将某种行为规定为犯罪或者认定为犯罪,需要重视以下方面:

第一,危害性要件。即成立犯罪,行为必须具有严重的社会危害性(我国要求必须具有严重的社会危害性),也被称为法益侵害或法益侵害的危险。在英美法系国家或地区一般称之为危害原则(Harm Principle)。

第二,罪刑法定。罪刑法定时代,行为必须有刑法的明文规定,犯罪的认定以刑法条文为圭臬,否则将无法维护刑法的安定性,刑法处罚范围的不确定将不可避免地导致刑罚权的任意扩张。

第三,可责性要件。行为人必须具有"可责性",即主观上具有过错(故意或过失)和行为人具有责任能力等。刑罚作为一种谴责机制,对公民适用必须符合社会基本道义,当一个人无法为自己行为负责或不具备责任能力时,此时动用刑罚既不人道,也无法实现刑罚的目的。

第四,举证责任。犯罪的认定由国家承担举证责任,而且,证据必须确实、充分,达到"排除合理怀疑"的程度。犯罪的成立除具备实体要件外,现代国家的刑事诉讼制度针对犯罪的成立都规定了严格的程序。

第五,刑法最小化。刑罚是和平时期国家对公民使用的最严厉谴责措施,只能针对国家最不能容忍的行为。刑罚是一把"双刃剑",具有严重的副作用,因此,现代文明国家均强调"刑法最小化"或"谦抑性"原则,将犯罪的成立限定在绝对必要性的限度内。

如果能够理解近代刑法的基本原则,我们就能够对刑法客观主义形成下述基本认识:第一,刑法客观主义是一种本体论、知识论,更是一种方法论;第二,刑法适用的根本问题是国家对公民适用强制力(刑罚)的正当性问题;第三,刑法的根本任务是保护法益(打击犯罪),但必须重视刑法的人权保障;第四,犯罪的认定要立足于客观,重视证据事实,由国家承担举证责任。此外,刑法的适用是主客观相统一的过程,犯罪的判断路径应坚持从客观到主观的思路与方法。作此理解,也许就能揭开刑法客观主义的神秘面纱。

三、法益、犯罪的认定与辩护点

法益是刑法客观主义中最基本的概念,在我国刑法理论与实务中,一般被称为(严重的)社会危害性,其对于犯罪的认定和刑事辩护而言,意义重大。

《中华人民共和国刑法》(以下简称《刑法》)第13条明确规定:

"一切危害国家主权、领土完整和安全,分裂国家、颠覆人民民主专政的政权和推翻社会主义制度,破坏社会秩序和经济秩序,侵犯国有财产或者劳动群众集体所有的财产,侵犯公民私人所有的财产,侵犯公民的人身权利、民主权利和其他权利,以及其他危害社会的行为,依照法律应当受刑罚处罚的,都是犯罪,但是情节显著轻微危害不大的,不认为是犯罪。"由此可见,刑法的根本目的是保护法益、维护公民权利。犯罪的本质在于行为严重侵害了法益,即行为具有严重的社会危害性。由此我们可以得出以下两点结论:(1)行为没有严重侵害法益或者具有严重侵害法益的危险,就不应当解释或认定为犯罪;(2)犯罪不是抽象的存在,都是一个个具体罪行,为了准确认定犯罪,需要司法者明确每个具体犯罪保护的法益是什么。具体分述如下:

(一)行为没有严重侵害法益(社会危害性),就不应当解释或认定为犯罪

案例1-1:王力军非法经营案

2014年11月至2015年1月期间,王力军未办理粮食收购许可证、未经工商行政管理机关核准登记并颁发营业执照,擅自在巴彦淖尔市临河区白脑包镇附近村组无证照违法收购玉米,将所收购的玉米卖给巴彦淖尔市粮油公司杭锦后旗蛮会分库,经营数额218288.6元,非法获利6000元。内蒙古自治区巴彦淖尔市临河区人民法院以被告人王力军没有办理粮食经营许可证和工商营业执照而进行粮食收购活动,违反《粮食流通管理条例》相关规定为由,依据《刑法》第225条第1款第4项规定,以非法经营罪判处王力军有期徒刑一年,缓刑二年,并处

罚金人民币2万元。① 2017年2月14日，内蒙古巴彦淖尔市中级人民法院应最高人民法院指令，开庭再审农民王力军因收购玉米被判非法经营罪一案。巴彦淖尔市中级人民法院再审认为，原审被告人王力军于2014年11月至2015年1月期间，没有办理粮食收购许可证及工商营业执照买卖玉米的事实清楚，其行为违反了当时的国家粮食流通管理有关规定，但尚未达到严重扰乱市场秩序的危害程度，不具备与《刑法》第225条规定的非法经营罪相当的社会危害性和刑事处罚的必要性，不构成非法经营罪。②

再审法院改判无罪是因为其着眼于本案的社会危害性，进行了充分的实质判断。针对该案，《人民法院报》进一步评论道，"王力军从粮农处收购玉米卖予粮库，在粮农与粮库之间起了桥梁纽带作用，没有破坏粮食流通的主渠道，没有严重扰乱市场秩序"。③ 该案为我们带来的启发，是判断一个行为是否构成犯罪，首先需要考虑行为是否具有犯罪的本质，是否严重侵害了法益。在没有法益侵害的情况下，就没有认定为犯罪的必要性和正当性。

案例1-2：陆勇销售假药案

本案是近年在实践中影响较大的案例。简要地说，陆勇是一名慢性颗粒白血病患者，需要长期服用抗癌药品，医生推荐他服用瑞士诺华公司生产的名为"格列卫"的抗癌药，每盒药价达人民币2.35万元。2004年，陆勇通过他人从日本购买由印度

---

① 参见内蒙古自治区巴彦淖尔市临河区人民法院(2016)内0802刑初54号刑事判决书。
② 参见内蒙古自治区巴彦淖尔市中级人民法院(2017)内08刑再1号刑事判决书。
③ 参见《最高法院指令巴彦淖尔中院再审》，载《人民法院报》2016年12月31日，第01版。

生产的同类药品,价格每盒约人民币4000元,服用效果与瑞士进口的"格列卫"相同。此后,陆勇开始直接从印度购买抗癌药物,并且帮助病友购买此药。2014年7月22日,沅江市人民检察院以妨害信用卡管理罪、销售假药罪对陆勇提起公诉。本案最终以检察院撤回起诉终结。①

本案发生时,《中华人民共和国刑法修正案(十一)》颁布实施前的《刑法》第141条规定:"生产、销售假药的,处三年以下有期徒刑或者拘役,并处罚金;对人体健康造成严重危害或者有其他严重情节的,处三年以上十年以下有期徒刑,并处罚金;致人死亡或者有其他特别严重情节的,处十年以上有期徒刑、无期徒刑或者死刑,并处罚金或者没收财产。"本条所称假药,是指依照《中华人民共和国药品管理法》(以下简称《药品管理法》)的规定属于假药和按假药处理的药品、非药品。2015年《药品管理法》第48条规定:"禁止生产(包括配制,下同)、销售假药。有下列情形之一的,为假药:(一)药品所含成分与国家药品标准规定的成分不符的;(二)以非药品冒充药品或者以他种药品冒充此种药品的。有下列情形之一的药品,按假药论处:(一)国务院药品监督管理部门规定禁止使用的;(二)依照本法必须批准而未经批准生产、进口,或者依照本法必须检验而未经检验即销售的;(三)变质的;(四)被污染的;(五)使用依照本法必须取得批准文号而未取得批准文号的原料药生产的;(六)所标明的适应症或者功能主治超出规定范围的。"

就当时的法律规定而言,未经批准或检验是认定"假药"的重要标准。陆勇的行为确实属于销售假药,即销售没有批准文号的假

---

① 参见湖南省沅江市人民检察院沅检公刑不诉〔2015〕1号不起诉决定书。

药。若仅仅立足于法律条文规定这一点,司法机关认定陆勇构成犯罪似乎并不存在障碍。但站在辩护立场,本案的关键在于,陆勇的行为是否具有严重的社会危害性。陆勇为无力负担昂贵抗癌药的人提供具有同样疗效的药物,是病友及其家属眼中的"好人",将此种挽救他人生命、改善他人健康的行为入罪难免背离社会常识。同时,如果严格按照法律规定进行认定,陆勇的行为构成销售假药罪,这本身没有问题。但是,刑法以销售假药罪来打击销售假药的行为,根本原因不仅仅是行为人的行为违反了《药品管理法》,更多的是考虑到使用假药对人体所产生的危害性。作为本罪重要前置性行政法规的 2015 年《药品管理法》第 1 条规定:"为加强药品监督管理,保证药品质量,保障人体用药安全,维护人民身体健康和用药的合法权益,特制定本法。"可见,《药品管理法》不仅保护药品的管理制度,还保护公众健康;而从刑法的自身属性与法秩序的统一性要求来看,刑法对于本罪的规定也应当注重对于公众健康的保护。在本案中,陆勇的行为确实违反了药品管理制度,但未必侵害公众健康。将其行为作为犯罪处理,就会得出与公民法感情相悖的结论。如果刑事辩护既要看法律规定,又要看实质,就能找到无罪化的根据。随着 2019 年《药品管理法》的修改和《刑法修正案(十一)》的颁行,陆勇案的定性问题已不是一个存在争议的问题,但回顾本案,不难发现陆勇案背后反映出的法理及其意义,乃至本案的发生对相关法律修改所产生的作用等,都值得我们进行理论上的反思和思考。可见,在某一案件的处理中如果认定有罪或无罪均能够找到正当依据,此时就能够而且应当充分发挥刑法理论的作用。

案例 1-3:张某非法吸收公众存款案

行为人张某与数位朋友共同成立了某公司,投资共建一所养老院。在建设过程中由于缺乏资金，其商定通过向社会公开宣传、募集资金，并承诺以反馈给投资者比银行利息高的固定回报的方式向社会（包括亲朋好友）吸收大量资金，并以此资金顺利建成养老院。但在经营过程中，由于公司资金出现了暂时的困难，难以按照事先的承诺按期向投资人支付本金和利息，投资者聚集起来向当地政府请愿，遂案发。张某一审被指控构成非法吸收公众存款罪。

众所周知，非法吸收公众存款罪是当前相对常见的罪名，实践中不乏存在以该罪名为案由，形式上违反金融管理秩序但难以认为存在实质法益侵害的案件。1998年国务院《非法金融机构和非法金融业务活动取缔办法》第4条第2款规定："前款所称非法吸收公众存款，是指未经中国人民银行批准，向社会不特定对象吸收资金，出具凭证，承诺在一定期限内还本付息的活动；所称变相吸收公众存款，是指未经中国人民银行批准，不以吸收公众存款的名义，向社会不特定对象吸收资金，但承诺履行的义务与吸收公众存款性质相同的活动。"2010年最高人民法院《关于审理非法集资刑事案件具体应用法律若干问题的解释》（以下简称2010年《解释》）第1条规定："违反国家金融管理法律规定，向社会公众（包括单位和个人）吸收资金的行为，同时具备下列四个条件的，除刑法另有规定的以外，应当认定为刑法第一百七十六条规定的'非法吸收公众存款或者变相吸收公众存款'：（一）未经有关部门依法批准或者借用合法经营的形式吸收资金；（二）通过媒体、推介会、传单、手机短信等途径向社会公开宣传；（三）承诺在一定期限内以货币、实物、股权等方式还本付息或者给付回报；（四）向社会公众即社会不特定对象吸收资金。未向社会公开宣传，在亲友或者单位内部针对特定对象吸收资金的，不属于非法吸收或者变相吸收公众存款。"

从以上司法解释规定来看，司法实践中认定行为人的行为是否构成非法吸收公众存款罪的标准一般是其行为是否具有非法性、公开性、不特定性与利诱性四个特征。如果简单按照上述规定中的四个特征对本案中张某的行为进行认定，则不难发现司法机关对于张某构成非法吸收公众犯罪的指控不是没有道理。但是，本案中行为人张某吸收的资金事实上是用于投资建设养老院这一实体生产经营活动，显然是对社会有利的行为，并没有实质的社会危害性。如果径行将这种形式上符合特征的行为认定为犯罪，不仅与普通民众的法感情存在冲突，也难以与我国刑法中对于犯罪本质的规定相吻合。同时，如果将本案作为犯罪处理，将很可能导致尴尬的结果：行为人被追究刑事责任后，养老院的经营将更加难以维系，刑法的机能反而难以得到实现。

当然，司法实践中，对于此类案件的处理亦有一种流行的观点认为，由于行为人未经批准而吸收公众存款或社会资金，破坏了国家金融管制要求下对于集资行为的管控，因此应当属于破坏国家的金融管理秩序进而构成犯罪。我们不否认这一观点的部分合理性，国家金融秩序也确实值得和需要法律保护。但是，金融的本质与目的是为实体经济服务，当行为人集资用于实体经济经营活动时，其在某种程度上业已实现了金融的本质与目的，因此难以认为此类行为具有实质社会危害性。因此，对于此类行为，进行相应行政处罚即可，不必进行刑事处罚。

正因如此，2010年《解释》第3条也明确规定："非法吸收或者变相吸收公众存款，主要用于正常的生产经营活动，能够及时清退所吸收资金，可以免予刑事处罚；情节显著轻微的，不作为犯罪处理。"对于此类案件的处理，也应当特别注意这一点。实务中，对于非法吸收公众存款的认定需要充分注意该条款的规定,具体考察所集资资金的用途,如果资金被用于实体生产经营活动的,即使因为交易风险无法偿还投资人的本金和利息,也要慎重认定为犯罪。

案例1-4:高利转贷案

在司法实践中,涉嫌高利转贷罪的相关案件也值得关注。例如,某企业向某银行借贷5亿元,在贷款期限内分别清偿8000万元和3亿元,后在该银行的同意之下,该企业将剩余贷款转借于其他公司并收取了一定费用。本案并未出现贷款到期无法偿还的问题。

又如,某企业家甲从某银行贷款资金投资某机场基础设施建设,由于项目变更,该笔资金未能及时投入使用。甲考虑到仍须定期支付银行利息,恰逢其朋友乙因工程需要该笔资金,便将该笔资金借贷给朋友乙使用,并约定了高于银行的同期贷款利率的借款利率。乙到期未能还款,甲乙双方发生纠纷,乙便以甲涉嫌高利转贷罪向公安机关报案,甲被立案侦查,遂案发。

根据《刑法》第175条规定,以转贷牟利为目的,套取金融机构信贷资金高利转贷他人,违法所得数额较大即构成本罪。2010年,最高人民检察院、公安部联合发布的《关于公安机关管辖的刑事案件立案追诉标准的规定(二)》(现已失效)第26条规定:"以转贷牟利为目的,套取金融机构信贷资金高利转贷他人,涉嫌下列情形之一的,应予立案追诉:(一)高利转贷,违法所得数额在十万元以上的;(二)虽未达到上述数额标准,但两年内因高利转贷受过行政处罚二次以上,又高利转贷的。"如果立足于刑法条文的字面规定,上述两例案件中指控行为人构成高利转贷罪并非毫无道理;但此类案件与上述非法吸收公众存款罪案件也具有一定类似性;在此类案件中,行为人将贷款借给其他人,并没有造成实体上的法益侵害,没有造成银行贷款无法返还的危害后果;倘若将此类行为认定为犯罪,则将导致此类行为甚至在无法构成民事违约的情况下构成犯罪,偏离了刑法作为其他法律的保障法的基本内容。当然,实践中也有观点认为此类行为损害了金融秩序,将此类行为入罪是对我国金融秩序在内的经济秩序的保护。我们不否认金融秩序作为刑法保护客体存在的合理性,但是金融秩序的具体保护对象究竟为何仍然值得思考。具体到本罪名中,高利转贷行为很可能造成行为人无法归还银行贷款的结果,严重危及银行资金安全,刑法所保护法益的具体内容仍然应当是银行资金的交易安全。本案中,立足于刑法客观主义的立场,通过考察银行资金安全是否遭受侵害或具有丧失风险的实际情况,也很难认为存在法益侵害。如果充分运用刑法理论,上述案件的定性也存在一定的辩护空间。

具体而言,在第一种情况中,行为人转借剩余贷款明确经过银行同意,且能够按期归还贷款;在第二种情况中,企业家每月照常按照约定履行向银行的还款义务,银行并未遭受损失,难以认为两案产生了成立本罪所要求的法益侵害结果。反而是将行为人以犯罪论处,正式启动刑事司法程序,可能会对银行的资金安全产生直接负面影响。有观点认为这类行为因侵犯金融管理秩序而具有法益侵害,那么试问,在作为具体犯罪对象的银行资金未遭受侵害的场合,侵犯抽象秩序法益的根据何在?因此,对于上述案件中法益侵害结果的认定以及行为的入罪,都应当保持更加谨慎的态度。

案例1-5：姚某骗取贷款案

姚某使用虚假购销合同向中国光大银行股份有限公司沈阳分行申请贷款。该笔贷款到期后，企业未能还款，由担保人沈阳恒信担保有限公司全额代偿本息。一审和二审法院均认为，虽然贷款到期后其未能偿还的部分全由担保人代偿，但姚某在贷款过程中多次使用虚假购销合同骗取巨额贷款，未按约定用途使用贷款，增加了贷款不能按期偿还的风险，破坏了金融管理秩序，成立骗取贷款罪。①

众所周知，骗取贷款罪是《刑法修正案（六）》增加的罪名之一，其特殊性在于该罪名实际上属介于一般民间纠纷和贷款诈骗罪之间的罪名，行为人主观上没有非法占有资金的目的，而只有非法使用资金的目的。《刑法修正案（六）》第10条规定："在刑法第一百七十五条后增加一条，作为第一百七十五条之一：'以欺骗手段取得银行或者其他金融机构贷款、票据承兑、信用证、保函等，给银行或者其他金融机构造成重大损失或者有其他严重情节的，处三年以下有期徒刑或者拘役，并处或者单处罚金；给银行或者其他金融机构造成特别重大损失或者有其他特别严重情节的，处三年以上七年以下有期徒刑，并处罚金。单位犯前款罪的，对单位判处罚金，并对其直接负责的主管人员和其他直接责任人员，依照前款的规定处罚。'"而根据最高人民检察院、公安部于2010年联合发布的《关于公安机关管辖的刑事案件立案追诉标准的规定（二）》（现已失效）第27条的规定，凡以欺骗手段取得贷款等数额在一百万元以上的，或者以欺骗手段取得贷款等给银行或其他金融机构造成直接经

---

① 参见沈阳市中级人民法院（2017）辽01刑终593号刑事裁定书。

济损失数额在二十万元以上的,或者虽未达到上述数额标准,但多次以欺骗手段取得贷款的,以及其他给金融机构造成重大损失或者有其他严重情节的情形,应予立案追诉。

不难发现,本案中也存在与上面两种情形较为类似的问题:在本案一审、二审中,司法机关的相关有罪认定均有法律依据;但存在疑问的是,行为人贷款之后如期偿还且有担保公司提供担保,银行资金并无损失风险,同样,行为人和银行间并未就相关款项产生民事纠纷。因此,认定此类行为属于值得动用刑罚手段进行处罚的犯罪,实难认为存在正当性,也有违法秩序的统一性要求。

此外,司法实践中还有行为人客观上实施了骗贷行为,但贷款于到期前清偿的情形,同样也被认为符合上述法律规定而构成本罪。如穆某以某药业公司名义,虚构购买生产原材料的贷款用途,向某信用社提供了一系列虚假购销合同以申请贷款,至到期日该笔贷款已结清。后公安机关将穆某抓获。人民法院审理后认为,被告单位以欺骗手段取得银行贷款,其行为扰乱了国家金融管理秩序,情节严重,已构成骗取贷款罪。但考虑到贷款已全部还清,可以从轻处罚。[①] 问题在于,上述结论是否与本罪的保护法益存在明显矛盾。行为人即便客观上实施了刑法规定的骗取贷款的行为,但其后所贷款项和利息都如期偿还,与作为本罪被害人的银行之间尚未产生民事纠纷,从何谈起具有严重的社会危害性?骗取贷款罪的设立是为了维护银行信贷资金安全,银行资金是本罪的犯罪对象。在银行信贷资金已确定不会遭受损失或并不存在损失风险的情况下,并无实质法益侵害。有时立法、司法解释在特定时期为

[①] 参见吉林省前郭尔罗斯蒙古族自治县人民法院(2018)吉 0721 刑初 58 号刑事判决书。

保护特定利益,其立场可能有所偏向,导致对刑法过度扩张解释。

但我们也能注意到,对于此类案件的处理,尽管部分司法机关严格按照刑法规定对相关行为人进行了相对较重的刑事处罚,但大多数司法机关都采取了相对节制的立场。具体而言,在审查起诉环节,部分检察机关在处理此类案件时往往会考虑从轻乃至作出不起诉决定;进入审判环节后,法院也会在量刑上予以适度考虑,甚至有少数法院大胆作出了无罪认定。我们可能注意到:《刑法修正案(十一)》对于骗取贷款罪作出了修改,在未造成银行或者其他金融机构损失的情况下,此类行为原则上不再认定为犯罪。立法者的这一修改也充分证明,在没有发生具体法益侵害的情况下,仓促动用刑罚手段容易混淆民事经济纠纷与刑事犯罪之间的界限。我们认为,立法上的这一修改是值得肯定的,这一精神也应当在其他刑法条文的修改演进中得到提倡。在相关司法进程中,我们也应当站在刑法客观主义的立场,结合犯罪的本质进行大胆辩护,进而推动法律回归理性。

(二)犯罪都是具体的,应明确具体犯罪的保护法益

以上简要阐述了法益对于犯罪认定和刑事辩护的重要意义。需要认识到的是,司法实践中,犯罪从来都不是抽象的,在特定的环境下、在特定的对象中,犯罪会呈现出具体化的样态。因此,明确具体犯罪的保护法益,对准确认定犯罪以及刑事辩护同样具有重要意义。

以民事欺诈与诈骗犯罪的区分为例,单纯的民事欺诈与刑事诈骗的区分是司法实践中的难点之一,例如,实践中一房多卖的情形既可能属于民事违约行为,也可能属于诈骗犯罪,无法简单地认为

一房多卖一概构成犯罪。受限于犯罪表现的特点,司法实践中对于二者的区分出现了两种值得警惕的倾向:一是对两者界限区分不明确,将不该认定为刑事诈骗犯罪的民事欺诈类案件拔高认定为犯罪;二是在部分场合下,行为人的行为业已构成诈骗,但由于此种行为类型司空见惯、社会宽容度较高,此种本来属于刑事诈骗的行为又被错误地认定为民事欺诈。要破除这两种不当趋势的出现,就必须充分理解诈骗犯罪的保护法益,并以此为基础对相关行为作出准确判断。

近代以来,刑法介入单纯财产关系的范围被大大限缩,且多限于严重侵犯财产权的场合。在这一变化中,诈骗犯罪的保护对象也被严格限缩为财产所有权,也即只有当欺诈行为体现出行为人非法占有的目的、侵犯财产所有权时才属于犯罪。而在民事欺诈行为中,行为人虽然也采取了欺诈手段,但是此类行为只是违反了民法中的诚实信用原则,充其量有侵害财产的使用权的可能,一般不会侵犯财产所有权,因此将该行为作为破坏诚实信用原则的民事欺诈进行处理即可达到保障社会秩序的基本要求。而明白了这一点,在司法实践中也就能够作出相对准确的认定。

案例1-6:冒充主任医师坐诊案

某中西医结合诊所广告宣传由某主任医师坐诊,实际却由几名仅具有行医资格的助理医师坐诊。多位病人看到广告宣传后专程来到该诊所,特地选择挂某主任医师的号,在病人不知实情的情况下,助理医师甲按照规范流程为其诊疗,并以某主任医师名义开具药品,并最终医好病人。该行为持续三年,为病人开具的药物价值上百万元。后被人发现而案发。对于这一案件,一审检察机关认为助理医师甲隐瞒自己并非某主任医师的真相,为挂某主任医师号的病人收费看诊,构成诈骗罪。一审法院也认可了检察机关的意见。

对于上述案例,我们不否认其客观上存在欺诈事实;但正如上文所言,诈骗罪和民事欺诈最核心的区别不是行为人客观上有无诈骗行为,而应当分析其主观上有无非法占有目的,也即是否存在侵犯财产所有权的行为。本案中,没有证据证明助理医师甲实施了使用假药、故意提高价格、开虚假处方等行为,病人在这一过程中也并没有遭受医疗环节之外的损失;同时,病人为看诊支付了相应费用,即便非为其所指定的主任医师坐诊,但助理医师甲同样给出了正确诊疗建议,事实上,病人也得到了良好的治疗,并不能认为病人的财产所有权受到侵害,助理医师甲在身份、职称等级上所作出的欺骗,至多可被视为不符合诚实信用原则的欺诈行为。故而,本案中相关行为人的欺诈行为最终实现的是伪装医生身份的获取,病人并没有因此遭受财产损失,这一行为本质上属于冒充医生行医的行为。而对于冒充医生的行为,我国《刑法》仅在第279条规定了冒充国家机关工作人员可能构成招摇撞骗罪,但没有对冒充医生看病的行为规定专门罪名。因此,在没有证据证明财产所有权受到侵害的情况下,本案不能作为犯罪处理。综上,本案并不构成诈骗罪。

案例1-7:黑社会性质组织的认定

最近几年,黑社会性质组织的认定是司法实务常常遇到的问题。为了限制黑社会性质组织的处罚范围,我国《刑法》第294条第5款采取叙明罪状的方式规定了黑社会性质组织应当同时具备的四个特征,即"(一)形成较稳定的犯罪组织,人数较多,有明确的组织者、领导者,骨干成员基本固定;(二)有组织地通过违法犯罪活动或者其他手段获取经济利益,具有一定的经济实力,以支持该组织的活动;(三)以暴力、威胁或者其他手段,有组织地多次进行违法犯罪活动,为非作恶,欺压、残害群众;(四)通过实施违法犯罪活动,或者利用国家工作人员的包庇或者纵容,称霸一方,在一定区域或者行业内,形成非法控制或者重大影响,严重破坏经济、社会生活秩序"。自开展扫黑除恶专项斗争以来,依法严惩的基本方针得到有力的贯彻,扫黑除恶工作取得了明显成效,但不排除有些地方司法机关或办案人员因对政策和法律的把握不准而出现打击扩大化的问题。实践中比较流行的报道是:将一群人在一段时间内实施了一堆违法犯罪活动认定为黑社会性质组织犯罪,此类报道背后所反映的认定问题表现出部分司法机关未能认识到我国《刑法》对于黑社会性质组织规定的实际含义。

有些地方办案人员之所以会超越刑法条文的规定,将黑社会性质组织简单等同于一群人在一段时间内实施了一堆违法犯罪活动,根本原因在于未能正确、科学理解黑社会性质组织的构造与本质。根据《刑法》的规定,黑社会性质组织首先属于犯罪集团,而且是犯罪集团的高级形态,即"犯罪集团中的犯罪集团",对黑社会性质组织的认定要坚持限制解释的立场。我们客观上不能否认黑社会性质组织破坏了社会秩序,但同时也要注意到,其破坏的是秩序中的秩序,且形成了达到非法控制程度的不法秩序。如果不科学理解黑社会性质组织的本质,将无法正确区分其与普通犯罪集团、恶势力,继而将普通犯罪集团拔高认定为黑社会性质组织。

案例1-8:贪污罪与受贿罪的区分

实践中也存在贪污罪与受贿罪难以区分的问题,同样必须从两罪名保护的不同法益出发进行解释。

比如,某大学开展新生军训活动期间,该大学后保部部长在采购学生军用服装时与某厂家签订"阴阳合同",即在合同中将定价为100元的学生军用服装注明为140元一件,并与厂家负责人商定,在大学支付全数款项后,将多出的款项交予该部长。

有观点认为,本案属于国家工作人员在经济往来过程中收受回扣的情形,应认定为受贿罪;另有看法认为,本罪不构成受贿罪,应当认定为贪污罪。但是,本案定性的关键在于分析最终哪方遭受了损失。我们认为,本案中某大学以每件高出40元的价格支付军用服装,是大学的财产遭受损失,实际上是后保部部长利用职务上的便利贪污,因此,对于本案中行为人的行为应当按照贪污罪定罪处罚。

又如,国家工作人员A领导要求其下级B局长为自己报销约20万元的私人票据。该票据不合规定无法报销,但B不愿得罪A领导,便想起其所在单位曾为某企业老板C解决过数百万元的合法债务,且其所在单位仍欠C部分债务,于是B联系C解决这些票据。B并未向C说明票据来源,只说用作某领导的招商引资费用,并承诺日后会尽快向C所在企业偿还余下债务。后C将20万元交给B,B转交给并不清楚款项具体来源的A。请问:A是构成贪污罪,还是受贿?

对于本案的定性分析同样离不开对于损失由谁承担的把握。本案中,B将票据交于C所在的私人企业报销,事实上,最终是私人企业而非国家遭受损失,因而A构成受贿罪而非贪污罪。

案例1-9:贪污罪与职务侵占罪、诈骗罪的区分

比如,某上级公安机关办事人员A负责案件数据库的信息检索、整合工作。接近年底,基层公安部门负责人由于无法完成本年度任务指标,便找到A希望其能够提供案件信息,从而实现案件的快速查破,并为A提供60万元"辛苦费"。A应允后,多次为其提供案件信息。但基层公安部门人员发现,依靠这些信息根本难以查获案件,欲拿回先前所支付的"辛苦费",于是双方发生争执。经查明,之所以依据A提供的案件信息无法破案,是因为A从未提供其所掌握的公安机关数据库资源,而是向外界购买案件信息,从而导致信息不准,案件无法查证。A收受基层公安部门人员所给付的财物并为其谋取利益,是受贿罪的典型表现。但依照此种思路,又应当如何评价本案中A从未利用职务便利的事实?本案定性面临争议。

根据《刑法》第385条,国家工作人员利用职务上的便利,索取他人财物的,或者非法收受他人财物,为他人谋取利益的,是受贿罪。关于何为"为他人谋取利益",最高人民法院、最高人民检察院于2016年发布的《关于办理贪污贿赂刑事案件适用法律若干问题的解释》第13条进一步规定,具有下列情形之一的,应当认定为"为他人谋取利益",构成犯罪的,应当依照刑法关于受贿犯罪的规定定罪处罚:(1)实际或者承诺为他人谋取利益的;(2)明知他人有具体请托事项的;(3)履职时未被请托,但事后基于该履职事由收受他人财物的。国家工作人员索取、收受具有上下级关系的下属或者具有行政管理关系的被管理人员的财物价值三万元以上,可能影响职权行使的,视为承诺为他人谋取利益。可见,受贿罪的本质在于钱权交易与钱权交易的危险性,认定案件构成受贿罪,国家工作人员对于职权的利用与财物交易,二者缺一不可。

理解与把握受贿罪的本质,我们才能够认识到上述案件并不存在国家工作人员利用职权的情况，进而对本案中相关罪名作出准确认定。办事人员A自始至终未以其负责案件数据库的职务之便为基层公安提供信息，其所提供的案件信息来源也均与其职权行使无关，即便办事人员A收受了对方提供的财物，也并不属于钱权交易的情形。办事人员A以其国家工作人员身份、经手案件信息库资源的工作性质骗取他人财物，提供虚假信息的行为，符合诈骗罪的犯罪构成，应以诈骗罪认定、处理。

又如，甲、乙、丙、丁共同成立某公司，由甲负责对外经营。甲利用经营活动中的职务便利，将乙、丙、丁三人名下的股份更改至自己名下。

这类案件在司法实践中十分常见，有许多人主张应将这类情形认定为职务侵占罪。2005年6月24日《公安部经侦局关于对非法占有他人股权是否构成职务侵占罪问题的工作意见》还特别指出，"近年来，许多地方公安机关就公司股东之间或者被委托人采用非法手段侵占股权，是否涉嫌职务侵占罪问题请示我局……近日，最高人民法院刑事审判第二庭书面答复我局：对于公司股东之间或者被委托人利用职务便利，非法占有公司股东股权的行为，如果能够认定行为人主观上具有非法占有他人财物的目的，则可对其利用职务便利，非法占有公司管理中的股东股权的行为以职务侵占罪论处"。

根据《刑法》第271条，公司、企业或者其他单位的人员，利用职务上的便利，将本单位财物非法占为己有，数额较大的行为属于职务侵占罪。根据条文规定，似乎甲利用其经营活动便利将股份占为己有的行为符合职务侵占罪的构成要件。然而，这样的结论却忽视了职务侵占罪以本单位财物为犯罪对象,单位是本罪行为的"受害者"。这类案件中股权结构虽然在形式上发生了变化,实质上,公司财产总量并不存在任何减损,并不存在职务侵占罪的适用空间。本案中,甲在其他股东不知情的情况下侵占他人股权,股东遭受损失,可以考虑认定为盗窃罪更妥当。

(三)慎重将秩序作为刑法的保护法益

刑法在客观上当然保护秩序和制度,比如货币制度、外汇管制制度、贸易管制制度等,但要注意避免"泛秩序化"的法益思考方式。保护经济秩序或制度是刑法和其他部门法的共同目的,刑法保护的只应是其中最重要、最核心的部分,即"秩序中的秩序"。实践中,有必要注意经济秩序或制度的构造以及不同部门法保护秩序的层次性,避免笼统地认为刑法保护经济秩序,而不适当地侵入民事经济领域。具体而言:

第一,经济秩序的根本目的在于保护市场主体的权利和自由,当行为存在具体对象的场合,不应超越具体法益是否受到侵害这一事实去认定犯罪。在具体对象没有遭受侵害或者风险时,要慎重地以行为侵害了经济秩序为由将行为认定为犯罪。前述高利转贷案(案例1-4)、骗取贷款案(案例1-5)印证了这一观点,在此不再展开。

第二,保护经济秩序或制度是刑法和其他部门法的共同目的,但刑法作为和平时期国家最激烈的谴责机制,与对财产关系、人身关系的保护一样,只应针对国家和社会最不能容忍的行为,换句话说,在经济秩序的整体框架中,刑法保护的只应是其中最重要、最核心的部分,简单、笼统地认为刑法保护经济、社会管理秩序,将难以科学区分民事纠纷、行政违法与刑事犯罪。

案例 1-10：串通投标案

某科技学院在着手学生公寓工程的招投标前，已决定将该工程交给 A 工程公司及郑某某承建，且事先与其签订了承建合同，只是后来为完善国有资产的承建手续，学院采取围标的方式对该公寓工程招投标。在招投标过程中，郑某某没有参与具体串标事宜，招投标程序由学院决定并进行。根据最高人民检察院、公安部于 2010 年发布的《关于公安机关管辖的刑事案件立案追诉标准的规定（二）》第 76 条，投标人相互串通投标报价，或者投标人与招标人串通投标，中标项目金额在二百万元以上的，应予立案追诉。后公诉机关指控被告人郑某某犯串通投标罪。①

甲公司与某管委会签订工程施工协议，双方约定管委会将工程发包给甲公司承建，最终结算价格按照施工图纸、施工组织设计方案等据实结算。甲公司按照约定完成项目建设后发现该项目属于《招标投标法》第 3 条规定的必须招标项目，遂参与管委会组织的招标投标程序。在项目招标投标过程中，甲公司安排其他公司参与陪标并中标。

又如，某经济欠发达地区招商引资，引进投资企业并请企业家暂时垫资，依据法律规定开展相关项目必须进行招标，此种情形下往往存在串通投标行为。

再如，一些地方参评文明城市须紧急进行城市改造，部分工程来不及进行招投标，这个过程中也可能存在串通投标行为

---

① 参见湖南省永州市零陵区（芝山区）人民法院（2013）零刑初字第 167 号刑事判决书。

以补正相关程序。

上述案例在司法实践中往往会被作为串通投标罪处理,如果按照《招标投标法》的规定,此类案件确实破坏了行政法所保护的公平竞争的秩序,但是《刑法》与《招标投标法》关于串通投标的构造与范围的规定并不完全一致。根据《刑法》第223条规定,"投标人相互串通投标报价,损害招标人或者其他投标人利益,情节严重的,处三年以下有期徒刑或者拘役,并处或者单处罚金。投标人与招标人串通投标,损害国家、集体、公民的合法利益的,依照前款的规定处罚"。串通投标罪处罚的串通投标行为的范围是有严格限定的,即严格限于投标人之间或者投标人与招标人相互串通投标报价,损害了招标人或其他投标人利益以及国家、集体、公民合法利益的行为。换言之,刑法只保护"秩序中的秩序",行为严重侵害了经济秩序或者侵害了重要经济秩序的,才有必要动用刑法干预。

案例1-11:滥伐林木案

某地政府因城市建设规划急需修建公路,公路须穿越一段林地,为此需要砍伐和移栽树木,某单位承接政府该项目,负责树木砍伐、移栽任务。因工作疏忽和时间紧迫的原因,某单位在未取得林木采伐许可证情况下将森林移栽或砍伐,后被当地森林公安以滥伐林木罪立案并移送检察机关。

《刑法》第345条第2款规定:"违反森林法的规定,滥伐森林或者其他林木,数量较大的,处三年以下有期徒刑、拘役或者管制,并处或者单处罚金;数量巨大的,处三年以上七年以下有期徒刑,并处罚金。"2009年《森林法》第32条规定,"采伐林木必须申请采伐许可证,按许可证的规定进行采伐"。

按照上述法律规定,认定上述案件构成滥伐林木罪似乎不存在障碍,但当我们进一步思考保护法益为何时,就能够发现明显问题。滥伐林木罪显然保护的是林木资源本身,即保护那些不该被砍伐的林木不被砍伐。然而,在上述案例中,根据地方政府规划需要,林木本应当被砍伐。当林木属于可供砍伐的树木时,采伐行为侵犯的就仅仅是有关森林管理的行政管理程序而非本罪所保护的法益,充其量作为行政违法予以相应处罚即可。

四、结语

刑法客观主义以行为刑法为标志,是近代以来依法治国原则在刑法中的贯彻与投射,它既是刑法学研究的本体论、知识论,也是刑法适用方法论。刑法客观主义强调刑法在打击犯罪时也应重视人权保障,尽可能实现两者的衡平和有机统一。法益是现代刑法学的核心范畴之一,对于准确认定犯罪具有至关重要的意义。犯罪的本质是行为具有严重的法益侵害性(社会危害性)。司法实践中,判断行为是否构成犯罪,首先应当判断是否存在法益侵害,其次还应重视行为法益侵害的层次与类型,看行为侵害的法益是否属于刑法保护的范畴。在刑事辩护活动中,掌握法益理论有助于帮助我们找到有效的辩护空间,从而理性、公正地处理案件。

第二讲
刑法解释方法在辩护中的运用

王　钢[*]

一、刑法解释的意义和类别

（一）刑法解释的意义

刑法解释就是指对刑法规定的理解和说明。简言之,刑法解释就是指应当如何理解刑法。成文法总是通过文字表达的,由于文字本身意义的多样性,法律解释不可避免。一般而言,文字的概念都有相对核心的含义,该部分含义往往比较明确,也不需要对其特别加以解释。然而,任何概念除了其核心含义外,始终还有一个外延,这个外延的范围并不确定。文字的外延就是文字可能的含义。人们对文字概念的理解有时候会超出其最核心含义的范围,但仍然处于文字可能含义的范围之内。然而,这种可能含义的范围并不明确,完全可能导致理解上的分歧。文字的这种特性就决定了必须对法律进行解释。在现实生活中,案件事实不可能永远处于文字的核心含义范围内,必然有部分案件的适用会超出文字核心含义的范畴。在超出文字核心含义的范畴之后,相关案件是否仍然处于法条文字可能含义的范围内,这就是需要去理解、论证的问题。因此,只要法律是用文字写成的,法律解释就是必不可少的。

---

[*] 清华大学法学院副教授。

而且,文字的含义也会随着社会生活的变化而改变。例如,以往刑法学界对"财物"的理解经常局限于有体物,但随着电子支付的快速发展,现在,"财物"也包括了很多无体物,如财产性利益,这就使得现在人们对"财物"的理解跟传统上的理解出现了差别。换言之,随着互联网的发展和生活事实的变化,人们对"财物"的理解其实也发生了变化。所以,文字本身在含义上就有一定的模糊性,再加之社会生活的变迁会导致语言的变化,这些因素便共同导致了刑法解释的必要性。

(二)刑法解释的类别

刑法解释的种类主要是立法解释、司法解释和学理解释。立法解释是指立法者对刑法条文进行的解释,譬如全国人大常委会对"国家工作人员"的解释。立法解释的效力基本上等同于立法。司法解释是指最高人民法院、最高人民检察院以及公安部或司法部制定的关于刑法适用的解释性规定。司法解释虽然不是法律,但由于在司法实务中获得了司法工作人员的普遍遵从,故对司法实务的影响巨大。学理解释是非正式的刑法解释,一般来说是指学者们对刑法的理解。

二、刑法解释方法

刑法的解释方法与其他部门法的解释方法并没有本质区别,唯一的差异在于对类推的态度。类推在民法等许多其他部门法中是被允许的法律解释手段,其在民法中甚至还是发现立法者真实意思的常用方法。但是在刑法中,由于罪刑法定原则的制约,不利于被告人的类推被严格禁止。总体上,刑法的解释方法主要有以下几种:文义解释、体系解释、历史解释和目的解释。虽然学者们也经常列出一些其他解释方法,比如举轻明重、举重明轻等,但是这些解释方法最终仍然旨在保持刑法条文相互之间协调统一,实际上还是属于体系解释的一部分。因此,真正核心的刑法解释方法其实只有四种。

(一)文义解释(文理解释)

文义解释,是从法条文本的语词含义出发解释、理解刑法规范,它是最基础的刑法解释方法,也是所有法律解释的起点。对刑法条文的理解必须从条文的文义出发,而且一般是基于语词的核心含义进行。文义解释不仅是一切刑法解释的起点,也是一切刑法解释的边界。由于罪刑法定原则的限制,对于刑法条文的理解不能超出条文文字可能含义的边界。即便在特定情况下,对刑法条文文义的理解需超出文字核心含义的范围,但绝不允许超出文字可能含义的边界。对此,理论上基本是没有争议的。当然,在原理上没有争议并不意味着在具体案件中没有争议。在很多具体例子中,文字可能含义的边界往往并不容易确定。包括在司法解释中,其实也存在着明显不符合文义的理解。

譬如,《刑法》第145条规定,"销售明知是不符合保障人体健康的国家标准、行业标准的医疗器械、医用卫生材料,足以严重危害人体健康的",构成销售不符合标准的医用器材罪。最高人民法院、最高人民检察院2001年4月9日《关于办理生产、销售伪劣商品刑事案件具体应用法律若干问题的解释》第6条第4款规定:"医疗机构或者个人,知道或者应当知道是不符合保障人体健康的国家标准、行业标准的医疗器械、医用卫生材料而购买、使用,对人体健康造成严重危害的,以销售不符合标准的医用器材罪定罪处罚。"这个司法解释从文义理解的角度来说就存在很大的疑问。因为,刑法只是将"销售"不符合标准的医用器材的行为规定为犯罪,而该司法解释却将购买、使用行为也认定为了销售行为。"销售"一词的核心含义是,权利人将物品的所有权转移给交易的对方,从而换取相应的对价。购买、使用不符合标准的医用器材的行为不应被评价为销售行为。从刑法解释的角度,最多能够将使用一次性器材(譬如一次性针头)的行为解释为销售行为。虽然这种理解肯定也超出了"销售"一词的核心含义,但可能还在该词的可能含义的范围之内。但是,对于购买、使用绝大部分的其他医用器材的情形而言,就并非如此——患者在医院做 CT 检查当然不等于医院将 CT 机销售给了患者。

又如,"贩卖"一词最核心的含义是指对外出售。若行为人张三将毒品卖给李四,当然属于标准的"贩卖"行为。问题是,张三出于继续出售毒品的意图从别人那里购买毒品,能否认为其也实施了"贩卖"行为。我国司法实务经常将这种情形认定为贩卖毒品罪既遂。这种认定是否合理,很大程度上取决于对"贩卖"一词的理解。若认为"贩"本身就有为了卖出而买入的意思,那么就有可能认为"贩卖"包含着"贩"和"卖"两种情形,并进而将贩毒品和卖毒品的情形都认定为贩卖毒品。但是,若将"贩卖"的重点理解为"卖",认为"贩"只是缺乏实际意思的修饰成分,那么,为了卖出而买入毒品就不应当构成"贩卖"毒品。由此可见,对"贩卖"一词的不同理解会直接影响贩卖毒品罪的适用范围。

（二）体系解释

体系解释也是常用的刑法解释方法，是指基于刑法条文的体系地位理解条文的含义。体系解释又可以细分为不同类型：

1. 合宪性解释

刑法解释的结论必须与刑法的上位法，尤其是与宪法相契合。宪法是我国的根本大法，刑法作为其下位法，对刑法的解释自然要和宪法相协调。譬如，对侮辱、诽谤的解释就要与宪法中公民言论自由等基本权利的规定相协调。

2. 同类解释

我国刑法中的很多条文都规定了"其他方法"作为构成要件要素。对于这些条文中的"其他方法"的理解，就要作同类解释。

譬如，从同类解释的角度来说，《刑法》第114条、第115条规定中的"其他危险方法"的范围，就局限于跟第114条、第115条中明确列出的方法危险性相当的方法。之前我国司法实务经常将高空抛物的行为认定为"以危险方法危害公共安全罪"，这种认定存在较大的问题。高空抛物的行为固然有其危险性，但其危险性显然无法达到与第114条、第115条规定的放火、爆炸、决水等行为相当的程度。《刑法修正案（十一）》（草案）原本计划将高空抛物增设到《刑法》第114条中，这种立法模式从体系解释的角度来说很不理想。因为，第114条是以危险方法危害公共安全的犯罪，若高空抛物行为在特殊情况下确实造成了对公共安全的危险，就可以直接通过第114条中"其他危险方法"的规定对之加以处罚，若该行为还造成了危害结果，那么就可以直接适用115条的规定，完全不必将之增设在

第114条或第115条的规定之中。若立法者认为,高空抛物行为即便未对公共安全造成严重威胁也应当具有可罚性,那么,在第114条中增设相关规定就更加会造成体系上的问题。从维持刑法体系的角度,若立法者认为确有必要在《刑法》中增设高空抛物罪,本文建议将该罪设置在刑法分则扰乱公共秩序罪中更为妥当。(后《刑法修正案(十一)》增设第291条之二高空抛物罪,将其规定为扰乱公共秩序的犯罪——整理者注)。

又如,《刑法》第236条强奸罪中规定的"其他手段"也应当局限于与该条意义上的暴力、胁迫行为相当的手段。因此,以花言巧语欺骗妇女并与之发生性行为的,由于其欺骗手段对妇女意志的压制达不到和暴力、胁迫相当的程度,就不能构成强奸罪。换言之,第236条中的"其他手段"必须是能够压制妇女意思决定自由,并且达到了使被害妇女不知反抗、不能反抗之程度的手段。行为人投放安眠药导致妇女失去反抗能力,并进而对被害妇女实施奸淫的,就应当被认定为是以"其他手段"强奸妇女。

3. 当然解释

当然解释(即举轻以明重、举重以明轻)也是常见的体系解释方法。但需要注意的是,举轻以明重、举重以明轻的当然解释虽然非常符合人们的正义直觉,但在以这种方式解释刑法规定时,还是要特别注意与条文文字含义的协调,防止出于当然解释的需要而随意突破文字含义的界限,从而违反罪刑法定原则。譬如,《刑法》第227条第2款规定了倒卖车票、船票罪,但没有规定倒卖飞机票的行为也构成犯罪。虽然倒卖飞机票的行为的社会危害性可能更甚于倒卖车票、船票的行为,但是,由于飞机票无法被解释为车票或船票,故基于罪刑法定原则的限制,不论倒卖飞机票的行为如何具有刑事可罚性,也不能以倒卖车票、船票罪对之加以处罚。

又如,《刑法》第329条规定了抢夺、窃取国有档案罪,但没有规定抢劫国有档案的行为也构成犯罪。按照当然解释,既然抢夺、窃取国有档案的行为都构成犯罪,抢劫国有档案的行为当然更应该构成犯罪。虽然从结论上来说,将抢劫国有档案的行为认定为犯罪具有合理性,但还是需要考察,如何才能将这种结论跟刑法条文的文字含义相协调。具体来说,此处主要有两种协调方法:第一种是认为抢劫在规范意义上包含了抢夺和盗窃,因此将抢劫国有档案的行为直接评价为抢夺、窃取国有档案。第二种是将国有档案评价为财物,因此抢劫国有档案的行为人直接按抢劫罪论处。通过这两种解释方式,一方面可以顾及刑法体系上举轻以明重的结论,另一方面也达成了体系解释结果和条文文字含义的协调,从而在形式和实质上都比较符合刑法的基本原理。

在进行体系解释时,经常需要考虑相关条文位于刑法分则的哪一章,并据此决定该条文的保护法益以及规范目的。当相关罪名在《刑法》中的所处章节发生变化时,对其的理解和解释就也可能需要发生改变。譬如,遗弃罪在《刑法》修订后已经不是针对婚姻、家庭的犯罪,而是针对人身权利的犯罪,那么从体系解释的角度,就不能再认为遗弃罪的成立范围仅限于有婚姻、家庭关系的成员之间。

此外还要注意的是,体系解释并不要求对同一刑法概念在任何地方的含义都必须做同样的理解。比如,我国《刑法》中的很多条文都使用了"暴力"一词,但不同条文中"暴力"的含义却并不相同。强奸罪和抢劫罪中的"暴力"就不是同一意义上的暴力。抢劫罪中的"暴力"应当被理解成最狭义的压制被害人反抗的强制手段,而强奸罪中的"暴力"就不一定需要达到这么高的程度,其成立范围其实比抢劫罪中的"暴力"要更加宽泛。同理,体系解释更不意味着同一概念在不同部门法中的含义也必须一致。譬如,在前几年引起社会热议的非法持枪案中,司法机关按照行政法律规范认定非法持枪罪中刑法意义上的"枪支",结果反而导致了不合理的判决。这也说明,体系解释不等于概念含义的同一性。

(三)历史解释

历史解释是指,根据立法者的立法初衷或者立法原意理解刑法条文的含义。这种解释方法是主观解释论的产物。与此相对,客观解释论则并不探询立法者的主观意图,而是根据刑法条文的语词及条文本身所处的体系地位来判断条文的意思。主观解释论和客观解释论的优劣之分是我国学界存在较大争议的问题。本文认为,主观解释论本身也是重要的法律解释方法,但其适用需具有一定的前提条件,即立法过程应当相对公开,立法材料需保存得较为完整,如此才能真正去探明立法者的立法原意,并将之贯彻到对刑法条文的解释和适用之中。因此,在德国的刑法解释中,历史解释往往具有较高的效力。然而,与德国不同的是,我国当前在立法说明的完善性和立法材料的公开性等方面都还存在较大的不足,因此,在我国往往很难通过历史解释探究条文含义。这也是我国部分学者更为重视客观解释论的原因。

(四)目的解释

目的解释是最为重要的刑法解释方法,其是指,根据刑法规范的目的理解刑法条文的意义和内涵,并力求在个案中实现法律目的,避免不符合法律目的的结果。这里的法律目的不是指立法者的主观意愿,而是法律条文通过其文字、体系地位及功能体现出来的客观目的。目的解释和体系解释存在紧密的内在关联,因为往往需要结合特定条文的体系地位、结合其与其他条文的相互关系来理解该条文在法律体系中的功能和作用,从而确定其客观目的。目的解释往往体现为出于特定目的限制或扩张刑法文义的范围,即目的性限缩解释(缩小解释)或目的性扩张解释(扩大解释)。譬如,故意杀人罪中的"人"是否包括自己?要对此予以回答,就必须考虑刑法规定故意杀人罪的目的为何。若认为故意杀人罪旨在保护每个人支配自己生命的自由,被害人基于自主意思决定自杀的就不属于故意杀人,这就是目的性限缩解释。在适用目的性扩张解释时同样需要注意的是,对刑法条文的解释不能超过文字可能含义的边界,否则就会违反罪刑法定原则。

三、刑法解释中的特殊问题

(一)扩张解释与类推

前文已经提及,对条文文字的解释可能会超出文字核心含义的范围,但是,由于罪刑法定原则的限制,所有的法律解释都不能超出文字可能含义的边界。对刑法条文的扩张解释虽然脱离了文字的核心含义,但仍然为文字可能的含义所覆盖,故其仍然属于法律解释。这种扩张性的刑法解释并不违反罪刑法定原则。然而,若对法律的释义超出了文字可能的含义,其就不再属于法律解释,而最多只能是类推。根据学界的通说,类推和扩张解释的界限就在于文字可能含义的边界。当然,如前所述,文字可能含义的外延本身就具有一定的模糊性，因此，在具体情形中，对刑法规定的解读究竟有没有越过文字可能含义的边界，往往并不明确，从而会造成许多争议。

（二）形式解释与实质解释

刑法解释中究竟应当以形式解释还是实质解释优先，是2011年左右我国学界激烈争议的热点问题。前者较为强调文本语词的（核心）含义，后者则更为重视目的解释。因此，形式解释和实质解释的分歧，就解释方法而言，主要是应当以文字的核心含义为优先，还是应当以目的解释为优先的争论。这里最直接的问题是，在上述四种法律解释方法中文字解释和目的解释的优先级问题。主张形式解释论的学者一般都强调文字本来含义的重要性，甚至强调应当基于文字核心含义理解刑法规定。主张实质解释论的学者则会更重视目的解释。当然，两者之间的分歧经常并不如表面上那么巨大。形式解释论者并不完全排斥对刑法条文实质目的的考察，而实质解释论者当然也不认为可以不顾罪刑法定原则、脱离文字含义恣意诠释刑法规定。相反，实质解释论者其实也承认文字可能的含义是刑法解释的边界。但是，在很多问题上，上述两种思路仍然存在对立。譬如，对于故意"毁坏"财物的理解，形式解释论者认为应当只包括对财物施加物理损坏的情形，而实质解释论者则认为，只要行为人造成了被害人财物效用的减损，就应当认定其行为属于毁坏财物。不难看出，此时两种解释路径的侧重点是不同的。形式解释论者重视的是"毁坏"一词的核心含义，而实质解释论者重视的是如何发挥故意毁坏财物罪在刑法体系中的作用和功能。

另外一个极具争议性的例子是"冒充"军警人员抢劫。我国《刑法》第 263 条将"冒充军警人员抢劫"规定为抢劫罪的加重情节,那么,真的军警人员抢劫的,是否属于"冒充"军警人员抢劫?形式解释论者对此予以否定,认为此时不能对行为人加重处罚。而从实质解释论的角度来说,这种解释结果会造成刑法处罚的不均衡,令人难以接受。因为,不论人们如何理解冒充军警人员抢劫应当加重处罚的依据,真的军警人员抢劫的,实质上都应该对之予以加重处罚。冒充军警人员抢劫之所以要受到加重处罚的理由主要是两点:第一,这种行为败坏了军警人员的声誉,第二,行为人冒充军警人员抢劫会致使被害人不敢反抗,从而提升了对被害人权益的侵害性。若从这两个角度去理解冒充军警人员抢劫应当加重处罚的依据,真的军警人员抢劫的,其实更加应该被加重处罚。因为,真的军警人员抢劫的,不仅更加败坏军警人员的声誉,也显然对被害人的权益具有更高的威胁。因此,从实质解释的角度,就必然产生将真的军警人员抢劫也解释为冒充军警人员抢劫的诉求。但是,实质解释也不能突破文字可能含义的边界,那么,如何才能在文字含义上将真的军警人员抢劫解释成"冒充"军警人员抢劫呢?张明楷教授主张,"冒充"一词包括"假冒"和"充当"两种情形,假的军警人员抢劫属于假冒军警人员抢劫,而真的军警人员抢劫则属于充当军警人员抢劫,因此,将真的军警人员抢劫也解释为冒充军警人员抢劫,仍然可以与"冒充"这个词的可能的含义相吻合。当然,这种解释在形式解释论者看来恐怕就完全突破了"冒充"一词可能含义的边界,从而是不可接受的类推。这个例子充分展示了形式解释论和实质解释论各自的理论逻辑和价值诉求。

四、近年来的常见问题

最后,本文将结合近年来在我国刑法理论和司法实务中经常出现的一些争议问题,展示刑法解释方法在刑事辩护中的运用:

(一)骗取贷款罪

在《刑法修正案(十一)》之前,我国《刑法》第175条之一规定:"以欺骗手段取得银行或者其他金融机构贷款、票据承兑、信用证、保函等,给银行或者其他金融机构造成重大损失或者有其他严重情节的,处三年以下有期徒刑或者拘役,并处或者单处罚金;给银行或者其他金融机构造成特别重大损失或者有其他特别严重情节的,处三年以上七年以下有期徒刑,并处罚金。单位犯前款罪的,对单位判处罚金,并对其直接负责的主管人员和其他直接责任人员,依照前款的规定处罚。"2010年5月7日最高人民检察院、公安部《关于公安机关管辖的刑事案件立案追诉标准的规定(二)》(现已失效)第27条规定,以欺骗手段取得银行或者其他金融机构贷款,数额在100万元以上的,构成骗取贷款罪。按照这条司法解释,只要行为人骗取贷款达到一定数额就属于有严重情节,因此,即便行为人没有给银行或者其他金融机构造成任何损失,但是其以欺骗手段取得超过100万的贷款,就构成骗取贷款罪。

在司法实务中时常出现的一种情形是,贷款的行为人确实使用了一些欺骗手段(比如材料不真实)取得贷款,但其在贷款的同时也给银行或其他金融机构提供了足额且能够轻易实现的担保,从而不至于对信贷资金造成任何威胁,那么,此时还能否认为行为人构成骗取贷款罪？根据此前《刑法》第175条之一和相关司法解释的规定,单纯从文字表述来看,这种情况下行为人还是构成骗取贷款罪。因为,法条和司法解释都没有将提供了足额且能够轻易实现的担保作为出罪事由。但是,从目的解释的角度来看,这个结论就存在问题。刑法规定骗取贷款罪的最直接的目的当然是维护贷款秩序,但是,贷款秩序并非最终目的,保护贷款秩序最终还是为了维护银行和其他金融机构的信贷资金的安全。因此,若骗取贷款的行为人为银行或其他金融机构提供了足额的能够轻易实现的担保,就不会危及信贷资金财产安全,从而应当将之解释为不构成骗取贷款罪。当然,这一结论在学界存有一定争议,但本文认为在这种情况下对骗取贷款罪进行限缩性解释是合理的。

《刑法修正案(十一)》对《刑法》第175条之一的规定进行了修订,删除了其中"或者有其他严重情节"的规定。这种立法修订确认了在行为人提供足额担保、不至于危及信贷资金安全时,不能以骗取贷款罪追究其刑事责任。后相关司法解释也进行了相应修改,2022年4月6日最高人民检察院、公安部《关于公安机关管辖的刑事案件立案追诉标准的规定(二)》第22条规定,以欺骗手段取得银行或者其他金融机构贷款,给银行或者其他金融机构造成直接经济损失数额在五十万元以上的,构成骗取贷款罪。以上修改均与本文见解相符。

(二)虚开增值税专用发票罪

我国《刑法》第205条规定:"虚开增值税专用发票或者虚开用于骗取出口退税、抵扣税款的其他发票的,处三年以下有期徒刑或者拘役,并处二万元以上二十万元以下罚金;虚开的税款数额较大或者有其他严重情节的,处三年以上十年以下有期徒刑,并处五万元以上五十万元以下罚金;虚开的税款数额巨大或者有其他特别严重情节的,处十年以上有期徒刑或者无期徒刑,并处五万元以上五十万元以下罚金或者没收财产。单位犯本条规定之罪的,对单位判处罚金,并对其直接负责的主管人员和其他直接责任人员,处三年以下有期徒刑或者拘役;虚开的税款数额较大或者有其他严重情节的,处三年以上十年以下有期徒刑;虚开的税款数额巨大或者有其他特别严重情节的,处十年以上有期徒刑或者无期徒刑。虚开增值税专用发票或者虚开用于骗取出口退税、抵扣税款的其他发票,是指有为他人虚开、为自己虚开、让他人为自己虚开、介绍他人虚开行为之一的。"

上述规定中并没有提到非法占有目的或其他目的,那么,是否只要行为人实施了虚开增值税专用发票的行为就应当认定其构成该罪?单纯从文字上来看,或许对此可以得出肯定结论。但是,从实质上来看,刑法之所以规定虚开增值税专用发票罪,实际上还是为了维护税收秩序。若行为人虽然虚开增值税专用发票,但却根本没有打算去抵扣税款,此时其行为对国家税收并无威胁,对其加以处罚就不合适。特别是,《刑法》第205条的法定刑较重,若行为人虚开增值税专用发票的目的只是为了显示自身经济实力,甚至只是为了提升地方经济数据,此时即便行为人虚开增值税专用发票的数额巨大,对之科处10年以上有期徒刑甚至无期徒刑,显然罪刑失衡。因此,考虑到虚开增值税专用发票罪的规范目的,应当对该罪进行目的性限缩解释,认为只有出于抵扣税款之目的虚开增值税专用发票的才能构成本罪。

（三）非法经营罪

我国《刑法》第225条规定："违反国家规定，有下列非法经营行为之一，扰乱市场秩序，情节严重的，处五年以下有期徒刑或者拘役，并处或者单处违法所得一倍以上五倍以下罚金；情节特别严重的，处五年以上有期徒刑，并处违法所得一倍以上五倍以下罚金或者没收财产：……（四）其他严重扰乱市场秩序的非法经营行为。"

在我国司法实务中，只有存在符合司法解释的相关规定情形时，司法机关才能适用前述第4项的规定认定行为人构成非法经营罪。2019年1月31日最高人民法院、最高人民检察院《关于办理非法从事资金支付结算业务、非法买卖外汇刑事案件适用法律若干问题的解释》第3条第1款规定："非法从事资金支付结算业务或者非法买卖外汇，具有下列情形之一的，应当认定为非法经营行为'情节严重'：（一）非法经营数额在五百万元以上的；（二）违法所得数额在十万元以上的。"在这条司法解释公布后，我国许多司法机关都据此将买卖外汇的行为人按照《刑法》第225条第4项认定为犯非法经营罪。其中绝大部分行为人都是因经营地下钱庄而被认定为犯罪，这种定性并无问题。但是，部分行为人纯粹是出于个人消费目的而超额买卖外汇（譬如准备在国外买房自住），却也被司法机关认定为犯了非法经营罪。这种认定就没有正确理解上述司法解释的规定，显失妥当。必须注意的是，上述司法解释是针对非法经营罪的司法解释，故该司法解释中关于非法买卖外汇数额超过500万元构成犯罪的规定，是以行为人的行为构成经营行为为前提的。当行为人纯粹是为了个人消费而买卖外汇时，当然不能认定其实施了经营行为，从而不能根据上述司法解释认定其构成非法经营罪。实际上,上述司法解释的表述也是:"非法经营行为'情节严重'""非法经营数额在五百万元以上"的才构成犯罪。但是,我国部分司法机关在适用该司法解释时却忽略了这里的买卖外汇行为必须是经营行为的要求,从而在个案中得出了不当结论。因此,对司法解释的理解也要结合其功能和目的进行,不能简单从文字上去理解。

(四)破坏生产经营罪

跟生产经营相关的,还有违规刷好评的案例。譬如,A 为报复 B,为 B 的网店狂刷好评,淘宝误以为是 B 自己恶意刷好评,遂停止 B 网点的营业进行调查,造成 B 的财产损失。在这种案件中,A 是否构成破坏生产经营罪?这取决于对破坏生产经营罪的理解。我国《刑法》第 276 条规定:"由于泄愤报复或者其他个人目的,毁坏机器设备、残害耕畜或者以其他方法破坏生产经营的,处三年以下有期徒刑、拘役或者管制;情节严重的,处三年以上七年以下有期徒刑。"有一种解释方法认为,只有在破坏生产设备时才构成破坏生产经营罪,如果行为人只是破坏营业场所,就不构成该罪。其理由在于,刑法关于破坏生产经营罪和故意毁坏财物罪的规定有所不同。故意毁坏财物罪的成立要求行为人毁坏财物的数额较大,而破坏生产经营罪在刑法规定上并无数额限制,只是司法解释中规定了入罪数额。这种立法上的差异提供了一种解释的可能性,即破坏生产经营罪只限于破坏生产资料的场合。因为,生产资料可以被用于创造新的财产价值,故生产资料的实际价值难以认定,立法者也正是基于这种考虑才没有在该罪中规定数额限制。单纯从辩护技巧的角度,基于这种立法差异得出和通说不同的解释结论是完全有可能的。按照这样的理解,恶意刷好评可能就不构成破坏生产经营罪。

（五）掩饰、隐瞒犯罪所得罪

《刑法》第312条规定："明知是犯罪所得及其产生的收益而予以窝藏、转移、收购、代为销售或者以其他方法掩饰、隐瞒的，处三年以下有期徒刑、拘役或者管制，并处或者单处罚金；情节严重的，处三年以上七年以下有期徒刑，并处罚金。单位犯前款罪的，对单位判处罚金，并对其直接负责的主管人员和其他直接责任人员，依照前款的规定处罚。"2015年5月29日最高人民法院《关于审理掩饰、隐瞒犯罪所得、犯罪所得收益刑事案件适用法律若干问题的解释》第1条规定："明知是犯罪所得及其产生的收益而予以窝藏、转移、收购、代为销售或者以其他方法掩饰、隐瞒，具有下列情形之一的，应当依照刑法第三百一十二条第一款的规定，以掩饰、隐瞒犯罪所得、犯罪所得收益罪定罪处罚：（一）掩饰、隐瞒犯罪所得及其产生的收益价值三千元至一万元以上的……"

显而易见，上述司法解释是按照掩饰、隐瞒犯罪所得的数额来确定入罪标准的。这就在部分实务案件中产生了问题。譬如：甲明知是他人盗窃的自行车而予以收购，分别从A、B、C、D等多名行为人处收购多辆自行车，总价值达到3000元，而A、B、C、D等人均无共谋且各自均因盗窃数额较小而不构成犯罪，此时甲是否构成掩饰、隐瞒犯罪所得罪？如果单纯从刑法规定和司法解释的文字本身来看，很可能要得出肯定结论。但是，这样的认定与掩饰、隐瞒犯罪所得罪的规范目的和体系地位不符，故并不妥当。在我国刑法体系中，掩饰、隐瞒犯罪所得罪被规定为妨害司法的犯罪，刑法之所以处罚掩饰、隐瞒犯罪所得的行为，是因为这些行为导致司法侦查或追诉活动难以进行。据此，只有当前行为人也就是本犯的行为本身构成犯罪时,后行为人的行为才可能妨害国家司法机关的正常侦查或追诉活动,才具有掩饰、隐瞒犯罪所得罪意义上的社会危害性。因此,根据这种对掩饰、隐瞒犯罪所得罪的实质解释,在前述案例中,由于前行为人都不构成犯罪,也就不应当认定后行为人甲构成掩饰、隐瞒犯罪所得罪。

(六)刑罚执行完毕

我国《刑法》第 65 条规定:"被判处有期徒刑以上刑罚的犯罪分子,刑罚执行完毕或者赦免以后,在五年以内再犯应当判处有期徒刑以上刑罚之罪的,是累犯,应当从重处罚,但是过失犯罪和不满十八周岁的人犯罪的除外。前款规定的期限,对于被假释的犯罪分子,从假释期满之日起计算。"

在我国司法实务中出现了这样的案件:行为人之前因故意犯罪被判处三年有期徒刑,服刑期满当天中午被释放离开监狱。被释放的当天下午,行为人又故意实施盗窃行为,达到了盗窃罪的入罪数额。此时是否应当认定行为人构成累犯?对该问题的回答取决于应当如何理解《刑法》第 65 条中"刑罚执行完毕"的规定:行为人在有期徒刑届满当天中午即被释放的,是否属于刑罚执行完毕?一种解释路径是结合累犯从重处罚的根据去理解。若认为对累犯应当从重处罚的原因在于,刑罚对行为人没有起到犯罪预防的效果,因此在行为人再犯罪时要从重处罚、加强预防力度,那么,似乎可以认为在刑满释放当天下午又故意实施犯罪的行为人构成累犯。但是,这种解释会受到体系解释的质疑。因为,一方面,若行为人在服刑期间就再度故意实施犯罪,对其进行特殊预防的必要性显然也很高,但刑法并未因此认为行为人构成累犯。另一方面,刑法中的时限原则上都是从到期的第二天开始计算,譬如,年满 14 周岁就是从过完 14 周岁生日的第二天起算。与此相应,刑罚执行完毕也应当从有期徒刑执行期满的第二天起算较为合理。此时就会出现目的解释和体系解释两种价值取向上的矛盾,造成刑法解释上的分歧。本文更倾向于对"刑罚执行完毕"进行体系性的解释,认为在上述案件中,对行为人的刑罚尚未执行完毕,故其不构成累犯。

第三讲
抽象危险犯的辩护思路

陈金林[*]

在立法层面,抽象危险犯的正当性根据非常薄弱,因此,立法者对抽象危险行为的犯罪化非常谨慎,理论界对抽象危险犯的增多一直以来颇有微词。不过,司法实践层面的情况恰恰相反,抽象危险犯似乎要拒斥一切可能的辩护,其理由就是:"本罪是抽象危险犯!"这就产生了一种不平衡:抽象危险犯在立法时的谨小慎微与在司法层面的理直气壮。

这种不平衡必须被扭转,否则,抽象危险犯的司法适用就可能出现正当性不足的危险。一种可能的思路,就是将立法时的谨小慎微代入司法层面,抵消司法时的理直气壮,从而限制抽象危险犯的适用范围。

一、抽象危险犯的概念与范围

抽象危险犯是一种犯罪类型,与结果犯对立。结果犯又分为实害犯和具体危险犯。实害犯是指已经造成了现实损害的犯罪类型;与实害犯相当的另外一种结果犯是具体的危险犯。具体危险犯是指对具体法益造成现实威胁的犯罪类型。为了区分抽象危险犯和

---

[*] 武汉大学法学院副教授。

具体危险犯,有必要对具体危险犯作进一步剖析。一方面,有必要分析"威胁"这个词。从语法的角度对其进行观察,"威胁"是及物动词,及物动词必须跟宾语结合起来使用。既然如此,在具体危险犯中,必须有具体的法益载体现实地进入行为的作用范围。在这一点上,具体危险犯和抽象危险犯具有质的差别。例如,在认定危险驾驶罪时,不需要去问哪一个具体的被害人进入了危险驾驶行为的作用范围,因为危险驾驶罪是抽象危险犯。与此不同,认定具体危险犯时,必须追问行为使哪一个具体法益主体的利益遭受损害的高度危险。因此,必须要有一个具体的法益载体进入行为的作用范围。另一方面,具体危险犯的成立以"现实"的威胁为前提。什么是"现实"的威胁?这意味着,危险发生的可能性不是想象出来的,而是一种高概率的事实。我们可以反过来进行理解——如果不是出现了罕见的、不可确定的偶然因素,实害结果就已经出现了,所以具体危险犯实际上离实害犯非常近。

对于抽象危险犯,有两种不同的定义方式:一是消极的抽象危险犯的概念;二是积极的抽象危险犯的概念。消极的抽象危险犯的概念就是将所有不能放到结果犯中的犯罪类型,都放到抽象危险犯的范畴里面。这种定义方式可能隐藏一种非常大的危险,也即以抽象危险犯规避犯罪化的正当性追问。因为消极抽象危险犯的概念没有回答抽象危险犯跟法益之间的关系,就不足以扭转抽象危险犯在立法和司法层面的失衡。因此,只有从法益的关联性的角度积极地界定抽象危险犯,才能在司法层面合理限制抽象危险犯的范围。

抽象危险犯跟法益之间的关联不同于结果犯,结果犯要么已经造成了法益损害的事实,要么已经造成了对具体的法益载体发生实害的现实危险状态;抽象危险犯跟法益之间的关系没有达到这种程度,它与法益关联性以较弱的形态呈现,也即,必须补充相关的要素,才能对法益产生直接影响。根据需要补充的要素的不同,理论界通常把抽象危险犯分为三种类型:①

(1)具体危险性犯:即创造出不可控制的危险状态、在行为客体进入其作用范围时能直接威胁或侵害法益的行为。与其对应的案例是:

案例 3-1:陆勇案

2004 年 6 月,陆勇帮助患者购买印度生产、在我国未获得进口批准的仿制抗癌药"格列卫"。沅江市检察院以"妨害信用卡管理"和"销售假药"为罪名,将陆勇公诉至沅江市法院。2015 年 1 月,沅江市检察院向法院请求撤回对陆勇的起诉,作出不予起诉的决定。

(2)实质预备犯:实质预备犯是指其潜能可被第三人或行为人自己进一步利用并导致法益威胁或侵害的行为。与其对应的典型案例是:

案例 3-2:赵春华案

赵春华摆设射击摊位营生,被警方抓获,当场收缴枪形物 9 支及配件等物。经鉴定,涉案 9 支枪形物中的 6 支为能正常发射、以压缩气体为动力的枪支。2016 年 12 月,赵春华因非法持有枪支罪被判处有期徒刑三年六个月。2017 年 1 月 26 日,天津市第一中级人民法院对其量刑依法予以改判,以非法持有枪

---

① Vgl. Wolfgang Wohlers, Deliktstypen des Präventionsstrafrechts-zur Dogmatik "moderner" Gefährdungsdelikte, 2000, S. 309 ff.

支罪判处上诉人赵春华有期徒刑三年,缓刑三年。

(3)累积犯:单独不足以造成(严重的)法益侵害、但通过其他人同类行为的累积能共同导致严重法益侵害的行为。与其对应的典型案例是:

案例3-3:深圳鹦鹉案

2016年,王鹏因售卖6只家养鹦鹉(其中2只为小太阳鹦鹉,属濒危野生动物)被刑事拘留。随后,公安机关在其宿舍查获该种鹦鹉35只,和尚鹦鹉9只,非洲鹦鹉1只,共计45只(都是自己驯养繁殖而非野外捕捉的鹦鹉)。2017年4月,一审法院以非法出售珍贵、濒危野生动物罪判处被告人王鹏有期徒刑五年。2018年3月,二审法院以犯非法收购、出售珍贵、濒危野生动物罪判处上诉人王鹏有期徒刑二年。

案例3-4:王力军收购玉米案

2014年11月至2015年3月间,农民王力军从周边农户手中收购玉米。2016年4月,一审法院以没有办理粮食经营许可证进行粮食收购活动违反《粮食流通管理条例》相关规定为由,以非法经营罪判处王力军有期徒刑一年,缓刑二年。2016年12月,最高法就此案作出再审决定书,指令由巴彦淖尔中院对此案进行再审。2017年2月,巴彦淖尔市中级人民法院依法撤销原审判决,改判王力军无罪。

二、抽象危险犯的通常辩护思路及其反思

前述四个案例涉及不同的抽象危险犯的具体类型,这些类型都

具有被扩大适用的危险,司法实践也开始通过各种方式限定明显不具有处罚正当性的抽象危险犯,要么作无罪处理,要么作轻刑化处理。不过,抽象危险犯的辩护要能满足一定的条件,才能合理地限制所有抽象危险犯的适用范围。这些条件包括:

(1)普适性。即能适用到所有抽象危险犯的案件之中,而不是只能适用于某些具体个案,或者只能由部分人用出特定的辩护效果。如果只能适用到某个具体的个案,对其他案件就不具有借鉴意义;如果只能由某个具体的人才能用出这种效果,这种方法对其他的人就不具有借鉴意义。例如,为了限定虚开增值税专用发票罪,有人提出以骗税目的限定其处罚范围,在行为人事实上具有骗税目的但虚开的发票不具有通过税控系统验证的可能性的情形下,有人认为这种情形下行为人不具有骗税目的(可能对骗税目的增加了规范性的要件),有人认为这种情形下毫无疑问具有骗税目的。这表明,该限制方案会因人而异,其效果范围会受到限制。为了有效地限制抽象危险犯的处罚范围,一定要尝试找到更普世的标准,以供更多案件和更多的法律共同体成员适用。

(2)不破坏法律共同体的共生关系。辩护不能破坏法律共同体共享的基本标准,如果辩护的思路让跟我们站在不同立场的其他法律共同体成员完全没有生存的空间,就会破坏法律共同体的共生关系。以此为标准,如果以行为没有造成危害结果来为抽象危险犯辩护,就会摧毁整个法律共同体的共生关系,因为抽象危险犯原本就不以造成实害结果为犯罪成立要件,以此为理由辩护,就是完全否定抽象危险犯存在的空间和必要性,这也就挑战了法律共同体都认同的基本结论。

(3)具有说服力。这种说服力既要求在逻辑上说得通,也需在实践领域找到部分立足点。逻辑上说得通是最基本的要求,除此之外,为了获得实践领域的认同,还需要尽可能地在已经有的判决之中去寻找部分个案的蛛丝马迹,从中推导出一般的原理,再将这种原理通过"乾坤大挪移"的方式转移到其他具有相同性质的案件之中。

以前述标准看当前抽象危险犯的通常辩护思路,不难发现,当前的辩护思路都存在局限性。实践领域对抽象危险犯的限制方式包括以下几种:一是放弃有效实体性辩护的思路,也即要么放弃辩护,要么用一种非常模糊的方式去辩护;二是主观的进路,即以行为人不具有特定主观目的为由限制抽象危险犯的成立;三是客观的进路,即以行为不满足特定的客观构成要件要素为由限制犯罪的成立;四是通过反证的方式限制犯罪的成立范围。

放弃有效实体性辩护的进路可能包含两种形式:一是将抽象危险犯与行动犯等同起来,认为行为实施完毕犯罪就已经成立。这种方案完全放弃了抽象危险犯的司法限制,无助于扭转抽象危险犯在立法和司法层面的失衡,因此不具有合理性。二是用《刑法》第13条的"但书"限制抽象危险犯的成立范围。第13条的"但书"具有非常重要的意义,但由于它适用空间过大,因此也过于空洞,无法提供有效的操作模式。在这里,可以用两个例子进行观察。

例一:《最高人民法院关于常见犯罪的量刑指导意见(二)(试行)》(法〔2017〕74号)第一条(一)危险驾驶罪3.规定:"对于醉酒驾驶机动车的被告人,应当综合考虑被告人的醉酒程度、机动车类型、车辆行驶道路、行车速度、是否造成实际损害以及认罪悔罪等情况,准确定罪量刑。对于情节显著轻微危害不大的,不予定罪处罚;犯罪情节轻微不需要判处刑罚的,可以免予刑事处罚。"这是用《刑法》第13条"但书"的综合评价标准限制抽象危险犯成立范围的典型例子,即考虑被害人的醉酒程度、机动车类型、车辆行驶道路、行车速度、是否造成实际损害、认罪悔罪态度,等等,最后以"情节显著轻微危害不大,或者情节轻微,不需要判处刑罚"等全面同时也比较宽泛的理由来限制犯罪的成立。这些标准也可以进行某种程度的具体化,但是至少潜在行为人、被告人甚至是律师,都很难预测限制的结果,因此这一标准不明确、不可预期,因此也难以操作。醉酒程度的高与低,机动车的不同类型,车辆行驶道路的不同情况,在满足了入罪标准的情形下,如何综合起来被评价为"情节显著轻微",并没有明确的标准,其结论也就必然因人而异,不具有普适性。

例二:《最高人民法院、最高人民检察院关于涉以压缩气体为动力的枪支、气枪铅弹刑事案件定罪量刑问题的批复》(法释〔2018〕8号):"对于非法……持有……以压缩气体为动力且枪口比动能较低的枪支的行为……不仅应当考虑涉案枪支的数量,而且应当充分考虑涉案枪支的外观、材质、发射物、购买场所和渠道、价格、用途、致伤力大小、是否易于通过改制提升致伤力,以及行为人的主观认知、动机目的、一贯表现、违法所得、是否规避调查等情节,综合评估社会危害性,坚持主客观相统一,确保罪责刑相适应。"该"批复"主张要考虑又不应当仅考虑枪支的数量,也要考虑枪支的外观、材质、发射物、购买场所和渠道、价格、一贯表现、违法所得、是否规避调查等,然后综合评估其社会危害性。这种标准同样过于模糊,很难向整个法律共同体传达一种非常明确的操作标准,最终,我们只能依赖于司法人员的自由裁量权。

主观的进路以没有故意、特定目的或没有违法性意识作为辩护的理由,如以没有骗税目的为由主张虚开增值税专用发票行为不构成犯罪。这一进路要么会过度限制犯罪的成立,要么根本不足以充分地限制犯罪的成立。

过度限制犯罪成立的情形包括虚开增值税专用发票罪和非法持有枪支罪。如果认为成立虚开增值税专用发票罪要有骗税的目的,则成立非法持有枪支罪就应具有杀人的目的或伤人的目的,这将使非法持有枪支罪成立的范围过于狭窄,与立法目的不符,由此摧毁了整个法律共同体所认同的在一定范围之内设立抽象危险犯的共识。

主观的进路也可能导致对抽象危险犯的限制不足。以赵春华非法持有枪支案为例,部分学者从没有故意或违法性意识的角度为赵春华辩护。在赵春华案中,这是一个非常好的辩护思路,但这种辩护思路不可推广,因为类似案件中的被告人可能已知持有的枪支已经超过了当前枪支认定的标准,也即 1.8 焦耳/平方厘米的枪口比动能,这种情形下,该辩护理由就不能成立了。在赵春华案中,也可以以没有违法性意识为其辩护,但即便这一理由在赵春华案中能够成立,也不具有可推广性。因为通过该案件,法院向公众传达了"哪怕枪口比动能刚刚超过 1.8 焦耳/平方厘米的枪形物也属于枪支"的信息,既然如此,将来就很难再以没有违法性意识为这类案件辩护了。

客观的进路以没有产生相应的结果、没有具体的危险或不满足具体的构成要件要素来限制抽象危险犯的成立。它可能导致过度的限制,因为抽象危险犯既不需要实害结果,也不需要具体的危险。当然,客观的进路也可能导致限制不足。以陆勇案为例,部分学者认为陆勇的行为不是"销售",因为"销售"包含了赚取一定差价之意。陆勇确实没有赚取差价,但我们认为陆勇案不值得处罚,不完全是因为他没有赚钱。即便他赚取了差价,这种行为也不应当入罪。因此,以不符合"销售"为理由为这类案件辩护,能够起到的限制作用依然是非常有限的,不具有在更大的范围之内普遍适用的可能性。

反证的进路主张通过反证没有具体的危险、结果、故意或目的来限制抽象危险犯。这种方案可能陷入两难的境地:如果反证的内容是抽象危险犯成立要件之外的内容,则反证其不存在是无效的;相反,如果反证的内容是抽象危险犯原本应当具备的要素,就根本不需要反证,因为这些要素应当是司法机关通过证据予以证明的。因此,反证应找到合适的切入口,以摆脱这种困境。

综上可见,传统的辩护方案有一定的意义,但意义非常有限。因此,有必要用新的思路去限制抽象危险犯的范围。为了全面地解决抽象危险犯被滥用的问题,就必须抓住抽象危险犯被扩张适用的根本原因,即上文提及的"失衡"。为了扭转这种不平衡,有必要将立法层面对抽象危险犯正当性的质疑以及由此而产生的谨小慎微,代入司法适用层面,以限制抽象危险犯的司法适用。

三、抽象危险犯的正当性也即限制根据

由于抽象危险犯跟法益之间的关联弱于结果犯,因此,有必要结合立法接受这种法益关联性较弱的行为类型被犯罪化的实质理由,通过特定的方式补强抽象危险犯的行为跟法益之间关联性的不足。

犯罪的本质是法益侵害,所有的犯罪都应当与法益具有充分的关联。跟法益之间没有充分关联的行为,不应当作为犯罪处罚。这

是设立抽象危险犯的基本前提。在立法层面决定设置抽象危险犯时，应当明确该抽象危险犯究竟侵犯了什么法益。通常而言，对于抽象危险犯的设立，立法者会持谨小慎微的态度。最终战胜这种谨慎的重要理由，是拟入罪的行为类型与法益之间的抽象关联，也即统计学意义上的关联性。其具体形式是，某一种行为类型在统计学上跟法益的损害之间具有关联。这种关联对于立法有一定的限制作用，但在司法层面的限制作用是有限的，因为在司法适用层面，对个案进行统计学意义上的验证是不可能实现的。由于司法是针对具体的个案展开，就只能去追问个案中的行为与法益究竟有什么样的关联。因此，司法层面对抽象危险犯的限制，可以从两个层面展开，一是明确、具体的法益，二是具体行为与法益之间的关联。

（一）明确、具体的法益及其意义

明确、具体的法益有助于法益保护原则的贯彻。任何罪名，在找到明确的法益之前，都不能被适用，否则就可能导致刑法脱离法益保护的根本目的而运转。问题是，法益应当明确、具体到什么程度？在与抽象危险犯相关的领域内，需要防止的是理念性的中间法益以及内容含混不清的法益。

考虑到这一点，枪支管理制度、药品管理制度等所谓的管理秩序或者是管理制度就不能被当作法益。法益是为了限制刑罚权的，刑罚权是国家权力的一种，法益也就是用来限制国家权力的。如果限制国家权力的工具本身被国家权力渗透了，它就必然会丧失部分限制国家权力的能力。例如，原本我们准备限制国家处罚涉枪行为的范围，因此求助于法益这种工具，但最后确定的法益是枪支管理制度，而这种制度又是由枪支管理者自己设定的，实际上就是放弃对这种权力的限制。同样,如果将药品管理制度作为药品类犯罪的法益,而药品管理制度又是管理者认为涉及药品的行为"应当如此进行"的一系列规则,就不可能对这类犯罪进行有效的限制。既然如此,像管理秩序、管理制度这类概念的都不能作为法益。当然,这并不意味着管理制度、管理秩序本身不重要,只是,它们不适合作为法益去正当化刑法。刑法必须找比枪支管理制度、药品管理秩序更深层次的正当化根据,这一根据能够正当化管理制度或秩序,也能正当化非法持有枪支罪等抽象危险犯的存在。这种深层次的根据,才是最终意义上的法益,而管理制度或管理秩序只能是"中间法益"。

除了防止这种理念性的中间法益之外,还有必要防止内容含混不清的法益,这种法益中被塞入了太多的内容,以至于让其完全丧失了有效的限制作用。以《最高人民法院、最高人民检察院关于涉以压缩气体为动力的枪支、气枪铅弹刑事案件定罪量刑问题的批复》为例,在该"批复"中,影响犯罪成立与否的因素,包含涉案枪支的数量、外观、材质、发射物、购买场所和渠道、价格、用途、致伤力大小、是否易于通过改制提升致伤力等影响"社会危害性""综合评估"的因素。这种几乎可以包含一切的"社会危害性",实际上根本无法起到限制作用。如果认为非法持有枪支罪原则上是为了防止有人持有枪支杀人或者是伤人,它保护的法益就应当是生命或健康,既然如此,枪支的外观很重要吗?枪支的外观对于免于被恐吓的自由很重要,对生命、健康则不重要。在非法持有枪支罪中考虑枪支的外观,并以此弥补枪支杀伤力的不足,就意味着我们将免于被恐吓的自由这一法益混入到保护生命和健康的罪名中,这样一来,非法持有枪支罪的法益就因为内容过多而含混不清了,这又间接地降低了非法持有枪支罪与生命和健康的关联性强度。

（二）行为与法益关联的具体化

在明确了犯罪所保护的具体法益之后，有必要进一步追问行为与法益之间的关联性。由于抽象危险犯的成立不以结果为要件，因此不能用结果以及因果关系确保行为与法益之间的联系。同时，单纯统计学上的关联性也不足以支撑具体行为的可罚性。不过，尽管抽象危险犯不以结果为犯罪成立要件，也可以类推适用结果犯中限定行为和法益之间关联的工具，来限制抽象危险犯。

通常而言，在结果犯中，行为引发了与行为独立的结果。这种情形下，会涉及到因果关系的判断。刑法中因果关系的判断包含两个环节，第一个环节是条件关系的判断，第二个环节是客观归责的判断。客观归责的判断通常而言会从以下三方面展开：(1)行为制造了法所不允许的危险；(2)不法的风险实现为结果；(3)结果实现在构成要件的效力范围之内。理论界围绕这三方面，发展了一系列的确保行为与法益关联的理论工具，例如行为与结果的常态关联、注意规范的保护目的、被害人自我答责的领域以及第三人专属的责任领域等。不过，这些工具不能直接适用到抽象危险犯之中，因为抽象危险犯不要求有现实的结果。不过，立法者之所以将其规定为犯罪，是因为行为可能以某种形式引发某种结果，哪怕这种结果不是构成要件要素的组成部分。因此，在抽象危险犯中，法益侵害的"结果"是一个"观念中的要素"。这种观念中的"结果"，也必须能够归责于抽象危险犯的实行行为。这样一来，我们就可以通过如下三个层面来将抽象危险犯的行为与法益之间的关联具体化。

1. 适格性

如果抽象危险犯的处罚根据在于,在补充了其他因素的条件下,行为可能造成法益损害,则成立抽象危险犯的第一个前提就是,行为至少要有损害法益的基本潜能,这种潜能可被称为适格性。如果处罚非法持有枪支的行为是因为枪支可能被他人用来威胁人的生命和健康,则具体案件中的枪支至少要有损害生命和健康的能力。哪怕在具体的案件中枪支还没有现实地造成损害,但在补充了立法者所预设的介入因素的前提下,枪支须足以致人死伤。如果连这种基本的功能都不具备,持有枪支的行为就满足不了行为和法益之间关联性的最低要求。

当然,适格性的验证有两种不同的方向,一种是正向的,一种是反向的。正向验证是站在国家保护法益的这种立场上作出的,国家通过统计学上的关联性,认为某种行为类型在特定的情境之下具有产生损害后果的高度可能。因此,从法益保护的立场出发,满足了这一判断,适格性的要件就已经满足了。比如,2019年修订前的《药品管理法》规定,依照本法必须批准而未经批准生产、进口的药品以假药论。立法者之所以要作出这一规定,是因为在统计学意义上,没有获得批准生产、进口的药品危及人的生命和健康概率非常高,有这种高度的关联性,立法者为了保护人的生命和健康,直接作出了禁止这类行为的决定。这就是适格性的正向验证。又比如,醉酒驾驶型的危险驾驶罪中,尽管有的人在醉酒之后驾驶机动车并不危险,但立法者是基于普通人作为典型的模型来判断行为的危险性,只要满足统计学上的关联性,就已经满足了适格性正向验证的要求。之所以用这种方法,是为了防止每个人都主张自己是例外,如果多数人都主张这种例外,安全就难以获得保障。

不过，如果只满足于适格性的正向验证，就可能限制具有特别能力的人的行动自由。如果有坚实的证据证明特定行为人的风险掌控能力远超立法者预设的一般人，前述"一刀切"的做法就可能限制了他们实施原本对法益无害的行为的自由。以陆勇案为例，市面上没有获得批准而生产或者进口的药品，通常都可能危及人的生命和健康，但陆勇知道，格列卫这一药品能有效治病救人，且对生命、健康没有危险，既然如此，为什么不能给陆勇提供向国家反向证明的空间，让他证明自己不是单纯的自我感觉良好，而是有客观的证据能证明他的行为没有危及他人生命、健康的危险？这就是适格性的反向验证，这种反向的验证是为了在全面保护法益的前提之下保障行为自由。不过，这里反证的内容不是没有结果或者是特定的目的，而是行为人彻底排除了行为所蕴含的风险。

2. 典型性

抽象危险犯跟法益之间的关联表现为：行为在介入其他的因素的前提下，可能引发法益损害后果。尽管抽象危险犯的成立不以这种结果为要件，这种"观念中的结果"与行为之间也不能存在因果关系意义上的重大偏离。因此，行为通过介入因素造成法益损害的"可能"因果流程必须是典型的。既然结果犯的行为和结果之间不能有重大的偏离，"观念中的结果"与行为之间的关联性程度，至少不应低于结果犯的要求。如果抽象危险的行为、介入因素和观念中的结果这三者之间的关联不符合立法者立法时的典型预设，而是仅在发生重大偏离的情况之下才可能导致结果发生，就不应作为犯罪论处。例如，如果非法持有枪支导致人死亡是因为枪支的外形特别吓人，有心脏病的人看到枪支的外形会吓死，这种非典型的因果假想并非是立法者设置非法持有枪支罪所要禁止的。立法者设置非法持有枪支罪,是为了防止有人利用枪支的杀伤力导致伤亡的结果,而不是以利用枪支杀伤力之外的其他方式。

3. 必要性

由于抽象危险犯与法益损害的结果之间还需要介入在具体案件中并没有现实发生的因素才能导致实害后果,其存在的正当性就可能面临如下质疑:为什么不等介入因素现实出现并导致实害后果发生之后再进行处罚呢?为什么要将可罚性建立在一种(哪怕是典型的)假想之上?这就涉及独立成罪的必要性。抽象危险犯的不同类型引发后果所需的介入因素不一样,因此不同类型的抽象危险犯对这一问题的回答也不一样。

在具体危险性犯中,立法者所预想的结果需介入被害人或者第三人不可以在刑法上予以谴责的行为。这种情形之下,之所以不等结果发生之后再处罚,主要是因为结果是不可逆的,因此如果行为威胁的是难以事后挽回的重大利益,刑法提前介入就不缺乏正当性的依据。例如,交通事故发生之后,即便适用刑法也难以逆转重伤和死亡的结果,为了充分地保护生命和健康,满足了适格性和典型性的前提下,刑法就具备了充分的介入根据。

在实质预备犯中,由于只有介入第三人或者行为人将来的直接侵害行为才能造成法益损害,其面临的正当性质疑就会是:为什么要单独处罚这种离法益损害依然非常遥远的行为?不能等直接损害后果发生之后,以直接损害行为的可罚性为中心向上游扩张从而覆盖上游行为吗?这涉及犯罪参与中不同行为人之间的责任分担。如果一个人的行为对直接的法益损害起的作用是微不足道的,只有该行为与直接的法益损害之间建立了共犯或者预备-实行的关联之时,才能以帮助犯或者预备犯处罚上游的行为。但实质预备犯通常并没有满足这种要求,其原因在于,实质预备犯中的行为对法益损害所起的作用不是微不足道的,而是对其起到了非常显著的作用,由此显著地降低了直接损害法益的难度。这样一来,单独处罚上游行为就具备了正当性。

对累积犯而言,只有具体行为人的行为与其他人同样行为累积起来的时候才能造成值得刑法关注的法益损害。既然如此,为什么要处罚行为人呢?这种质疑是难以成立的,因为行为人并不享有超越其他人的特权,原则上,也没有任何一个实施了这类行为的人可以认为自己享有被豁免的特权。既然如此,只要行为人的行为不是明显低于其他人具有相同性质的行为的量,越过了最低的门槛,就是值得处罚的。因此,在累积犯中,只要行为人实施行为的量超过了一个最低的门槛,也即理论上所称的"最小自重",独立处罚这一行为就不缺乏正当性根据。

这样,就可以从适格性、典型性和必要性这三个层面补强抽象危险犯跟法益之间关联性的不足。这三个要求,也即适格性、典型性和必要性,是从抽象危险犯入罪的基本逻辑中推导出来的。如果一种行为方式欠缺导致法益损害的基本潜能,哪怕附加再多的其他条件都不可能对法益造成任何损害,就不能满足适格性的要求。如果行为还没有造成法益损害,且只有填补非典型、出现概率非常低的牵强因素之后才能产生法益损害,那么谴责该行为的依据仍然不足,即便罕见的因素真的介入且导致了严重后果,我们谴责的也不是这种行为方式,而是后果本身。正因如此,有必要引入典型性的限制。最后,在刑法已经规定了结果犯的前提下,还必须追问单独设立抽象危险犯的原因,这就是必要性的存在理由。这样一来,我们就将抽象危险犯的立法根据转化成了一套可以在司法层面有效限制其适用的理论模型。

四、抽象危险犯的具体辩护方案

接下来,我们尝试着用前述方案对前面提到的案例进行限制。

(一)具体危险性犯的辩护

以陆勇案为例,第一步是确立明确、具体的法益。药品管理制度是理念性的"中间法益",为了有效地限定处罚范围,我们必须在药品管理制度的基础上继续追问:为什么要对药品进行管理?因为药品涉及他人的生命和健康。既然如此,该罪的法益就应当是他人的生命和健康。接下来应当对行为与法益的关联性进行验证。

首先是适格性的验证。在陆勇案发生时有效的《药品管理法》规定,依照本法必须批准而未获得批准进口的药品以假药论,刑法规定销售以假药论的药品构成销售假药罪。立法者之所以作出这样的规定,是因为在统计学上,没有获得批准而生产或进口的药品与他人健康的损害之间具有高度的关联,可以通过适格性的正向验证。但是,抽象危险犯应当给行为人留下反证的余地,如果行为人证明自己有效地控制了风险,就应当认为其行为无罪。在陆勇案中,陆勇可以通过药品生产商提供药品质量的证明,如果足以证明药品对生命、健康没有危险,就应当宣告其无罪。因此,即便《药品管理法》没有修改,即便陆勇代购药品赚取了差价、属于"销售"行为,也不能以销售假药罪对其进行处罚。这也符合普通人的直觉,我们之所以认为陆勇无罪,不是因为他没有赚取差价,而是因为这类行为不会损害甚至有助于挽回病人的生命、健康。

典型性和必要性与陆勇案没有关联,在此不予以展开。

（二）实质预备犯的辩护

赵春华非法持有枪支罪是一个典型的实质预备犯。对它的限制，也需要以明确、具体的法益为起点。枪支管理制度、免于被恐吓的自由都不是适格的法益，因为立法者设置非法持有枪支罪不是因为枪形物的威慑效果，也并非只是为了维护对枪支的行政管理，而是因为持有枪支可能会威胁人的生命和健康。

接下来，有必要对涉案的枪支有没有损害人的生命和健康的基本潜能进行检验。当然，适格性的验证在赵春华案中是可以成立的，因为即便是刚达到1.8焦耳/平方厘米的枪口比动能，击中人的眼睛的时候也足以造成重伤的结果。已经有研究表明，1.8焦耳/平方厘米的"枪支"近距离内能击穿3毫米厚的玻璃或纸板，击中人体表面可造成小面积软组织损伤，击中眼睛可致伤残。

对于典型性，赵春华案也可以满足，因为潜在的损害结果是通过枪支的"射击"能力而实现的。

对于实质预备犯，还有必要在适格性和典型性之外去追问单独处罚的必要性。具体到非法持有枪支罪，单独处罚的必要性是，一旦枪支流入到有可能杀人的行为人的手中，他杀伤他人的能力就会显著提升，立法者所预设的非法持有枪支罪中的枪，能使一般人的攻击力产生质的飞跃。这意味着，通常情形下的人获得本罪的枪支之后，杀死或重伤他人的能力将会获得质的提升，所以上游提供枪支的行为已经不是一个微不足道的行为了，而是深度地介入了下游伤害或杀人行为中。既然如此，显著性的要求意味着典型的杀伤行为可以不依赖于使用者的特殊能力、被害人的特殊体质、行为发生的特殊环境而杀人。既然如此，如果涉案的枪支仅在近距离对人的眼睛开枪时才能导致重伤,上游的行为就不足以显著提升下游行为人致人伤亡的能力。什么样的情形之下,才会有一个被害人让一个人持有枪支近距离对自己的眼睛进行射击?只有在极其罕见的情况之下才能如此,而在这种状况之下,枪的价值就已经很低了,因为手指和圆珠笔都可以实现跟枪支相同的效果。因此,尽管赵春华案中的枪支满足了枪支管理法意义上的枪支的要求,却不足以构成非法持有枪支罪,因为它无法通过必要性的验证。

(三)累积犯的辩护

累积犯的辩护也以明确、具体的法益为前提。在王力军收购玉米案中,最高人民法院认为,王力军从粮农处收购玉米卖予粮库,在粮农与粮库之间起了桥梁纽带作用,没有破坏粮食流通的主渠道,没有严重扰乱"市场秩序",且不具有与刑法第225条规定的非法经营罪前三项行为相当的"社会危害性"。可见,最高人民法院仍用了理念性的中间法益"市场秩序"以及模糊不清的法益"社会危害性"。实际上,该罪的法益应当是特殊商品或者服务自由准入时对终端消费者盘剥的危险。而在深圳鹦鹉案中,值得保护的法益是珍贵、濒危野生动物在生物学上的价值,而不是野生动植物本身。

接下来,有必要对适格性进行验证。在王立军收购玉米案中,由于粮食生产总量使收购、贩卖玉米的行为已不足以构成对终端消费者盘剥的危险,因此无法通过适格性的验证。在深圳鹦鹉案中,要分不同的情形分别处理:如果人工繁殖的动物与野生动物不具有生物学上的差别,则需要将人工驯养的动物总量与野生动物的总量加总,看一般意义上收购、出售行为是否足以累积出致该生物物种灭绝的危险。如果答案是否定的,则不仅人工驯养的动物不能作为刑法保护的对象,野生动物本身也不再具有保护的价值。刑法保护的是法益,而不是对象,当对象不足以反映法益(濒危的生物资源)时,即便对该对象有侵犯,也并不意味着对法益本身有侵犯。如果答案是肯定的,则没有获得许可的人工驯养,就足以满足适格性的正向验证。正因如此,《最高人民法院关于审理破坏野生动物资源刑事案件具体应用法律若干问题的解释》第1条规定"珍贵、濒危野生动物",包括列入保护范围的野生动物以及驯养繁殖的上述物种。但这种情形下,还应当通过适格性的反向验证,也即让行为人证明自己驯养标准不低于获得许可的情形。如果人工繁殖的动物与野生动物存在生物学上的差别,则针对人工繁殖的动物实施的行为与野生动物保护毫无联系,自然不具有适格性。

在典型性的问题上,累积犯中可能出现一种非常牵强的证成法益关联的方式。即以"没有买卖就没有伤害"来论证法益损害关联,其推论过程是:人工驯养导致买卖,买卖创造需求,需求扩张到野生动物。不过,这并非是一种典型的关联。正如徐昕教授所述:"人工驯养繁殖与野生动物保护并不矛盾,养猪几千年,也没有促进野猪的盗猎。""没有买卖就没有伤害"不足以成为一种刑法意义上的关联,在需求是一种事实的前提下,应该看到人工驯养繁殖反倒降低了对真正野生动物的捕猎需求。①

在累积犯中,"最小自重"应考虑法益的现状、法律共同体就所保护利益设定的目标、恢复能力等因素作具体判断。只要不是特别轻微的情形,这一要求通常而言都能得到满足。

这样一来,我们就确立了一套相对而言具有普适性的为抽象危

---

① 参见徐昕:《无罪辩护:为自由和正义呐喊》,清华大学出版社2019年版,第311-312页。

险犯进行辩护的思路。这种思路未必能立即获得实践的普遍认同,但限制抽象危险犯、防止其滥用已经成为法律共同体的共识。通过分析既有的案件不难发现,那些不具有充分法益关联的案件,有的被认定为无罪,有的获得了改判、得到了更宽缓的刑罚。这里的方案,是为了给法律共同体已经无意识地形成的内心倾向提供更多的理论和技术支撑,以在更大的范围内、更合理且更快地推进对抽象危险犯的限制。

第四讲
因果关系在辩护中的运用

邹兵建[*]

刑法因果关系问题是刑法学中最疑难的主题之一。如果要问刑法学中最难的主题是什么，可能不同的学者有不同的看法。但是，如果要问刑法学中最难的主题有哪几个，那么毫无疑问，刑法因果关系应该是其中的一个内容。我们知道，有学者把共同犯罪称为"令人绝望的一章"。借用这个说法，我们可以把刑法因果关系称为"令人绝望的另外一章"。当然，也正是因为它比较疑难，这个主题充满了理论魅力和实践价值。国内有很多学者对这个问题做过深入的研究。

我们首先来看一个假想的案例：甲、乙二人因迪丽热巴和古力娜扎谁更漂亮的问题争执不下，进而发生打斗，甲把乙打成重伤后扬长而去，好心人丙驾驶一辆小轿车将乙送往医院，在途中小轿车被丁驾驶的一辆大货车追尾，乙当场死亡，丙受重伤（经抢救得以生还）。丁驾驶大货车逃逸，以 80km/h 的速度驶过一个十字路口（绿灯），将一名闯红灯过斑马线的路人戊撞伤，后继续逃逸。戊被送往医院后，因医生已的诊断失误，被输入了不同型号的血液，最终因溶血反应而身亡。戊的奶奶庚与戊相依为命，听到戊死亡的消息后，悲痛万分，自觉活下去已没有什么意思，自杀身亡。

---

[*] 南开大学法学院副教授。

因为这个案件中的伤亡结果最初是由两个疯狂的粉丝引起的,我把这个案件称为"疯狂粉丝案"。这个案件里面出现了三个人的死亡和一个人的重伤,对于每个死亡或重伤的结果,我们都可以去追问,它到底应该由谁负责。在这里,我暂时不分析这个案件。大家请记住这个案情,因为我们后面讲的内容在很多地方都会提及这个案件,它是我们的一个线索。

一、刑法因果关系的适用范围

因果关系是行为和结果之间的关系,它和结果密切相关。所以,通说观点认为,只有在结果犯的场合,才需要讨论刑法因果关系问题。我个人以前也持这种看法。可是,如果你仔细思考这个问题,去看《刑法》和相关司法解释对各类犯罪的构成要件内容的解释,就会发现,不仅结果犯有结果要素,其他的犯罪包括情节犯、数额犯甚至是行为犯也都可能会有结果要素。既然有结果要素,当然就需要判断刑法因果关系。

1. 情节犯中的刑法因果关系。

刑法第139条之一规定了不报、谎报安全事故罪,这个条文的内容是:"在安全事故发生后,负有报告职责的人员不报或者谎报事故情况,贻误事故抢救,情节严重的,处三年以下有期徒刑或者拘役;情节特别严重的,处三年以上七年以下有期徒刑。"这个罪名是一个典型的情节犯。那什么叫情节严重呢?对此,两高的司法解释做了详细的规定,包含了多种情形。其中的一种情形是,"导致事故后果扩大,增加死亡一人以上,或者增加重伤三人以上,或者增加直接经济损失一百万元以上的"。显然,这是一种结果。既然这里涉及结果,当然就需要判断刑法因果关系。

2. 数额犯中的刑法因果关系。

盗窃罪中的普通盗窃,属于典型的数额犯。普通盗窃构成犯罪,需要符合"数额较大"的要求。关于何谓盗窃罪中的"数额较大",我国的司法解释划定了一个范围,各个地方执行的具体标准不太一样。另外司法解释还规定,"盗窃公私财物,具有下列情形之一的,'数额较大'的标准可以按照前条规定标准的百分之五十确定",也就是说对"数额较大"的标准打了五折。其中的一种情形是,"因盗窃造成严重后果的"。什么叫"因盗窃造成严重后果"?比如说偷了孤寡老人的财物,使他的生活失去了保障,最后被害人死了或者想不开,自杀了,这都属于"因盗窃造成严重后果"。这说明,数额犯里面也可能需要讨论刑法因果关系问题。

3. 行为犯中的刑法因果关系。

《刑法》第245条规定了非法搜查罪、非法侵入住宅罪,这个条文本身并没有对行为的情节或数额做任何要求,因此这两个罪名在形式上属于行为犯。可是,《刑法》第13条规定,情节显著轻微危害不大的,不认为是犯罪。所以,有一些罪名,尽管刑法条文本身没有对它的结果、情节、数额做任何的要求,但并不是只要行为人实施了这个行为就立即构成犯罪。要注意,相关司法解释尤其是两高出台的立案标准,可能会对这些罪名的成立条件做补充性的规定。最高检《关于渎职侵权犯罪案件立案标准的规定》指出,"国家机关工作人员利用职权非法搜查,涉嫌下列情形之一的,应予立案"。其中有两种情形是"非法搜查,情节严重,导致被搜查人或者其近亲属自杀、自残造成重伤、死亡,或者精神失常的"和"非法搜查,造成财物严重损坏的"。这两种情形都要求出现特定的结果,当然也就需要行为人的行为与特定结果之间具有刑法因果关系。

由此可见,只要在影响定罪或者量刑的要素中有结果要素,就需要判断刑法因果关系。前面我们提到了很多种结果要素,在这里我们可以对结果要素的功能做一个分类。根据功能的不同,我们可以将结果要素分为两大类。第一类结果要素影响犯罪成立与否,它可以进一步分为过失犯中的实害结果(例如交通肇事罪中的实害结果、过失致人死亡罪中的实害结果)和故意犯立案标准中的结果要素(例如非法搜查罪的立案标准中的结果要素)。如果欠缺这类结果要素,这些罪名就不能成立。第二类结果要素不影响犯罪是否成立,但是会影响对行为人的量刑。这类结果要素可以进一步分为三种。第一种是影响犯罪既遂与否的结果要素,例如故意杀人罪中的致人死亡结果。第二种是影响法定刑是否升格的结果要素。例如,侵犯公民个人信息罪包括"情节严重"和"情节特别严重"两种情形,前者对应3年以下有期徒刑、拘役的法定刑,后者对应3-7年有期徒刑的法定刑。根据相关司法解释,侵犯公民个人信息罪"情节特别严重"包括了"造成被害人死亡、重伤、精神失常或者被绑架等严重后果"的情形。所以这个结果要素属于影响法定刑是否升格的结果要素。第三种是在同一个法定刑幅度内影响量刑的结果要素,这种结果要素需要格外注意。例如,《刑法》第172条规定了持有、使用假币罪。根据《刑法》和司法解释的规定,这个罪名的法定刑完全和犯罪数额挂钩,不涉及任何结果的问题。可是,如果在司法实践中出现了这样一种情形,即行为人使用假币、数额较大,造成特别严重的后果(例如导致收到假币的被害人自杀),那么这个结果一定会对量刑产生影响,法官会在法定刑的幅度内进行从重处罚。由此可见,不同的结果要素会有不同的功能。而刑法因果关系与结果要素是密切相关的,也就是说,我们可以把刑法因果关系分为影响犯罪成立与否的刑法因果关系和影响量刑的刑法因果关系。

接下来的问题是,这两类功能不同的刑法因果关系能否适用同一个判断标准？以前学界没有认真思考过这个问题。但是我觉得这个问题很有意义,值得认真思考。我现在的初步看法是,刑法因果关系的成立门槛可能是不太一样的,会有高低之分。与其他的结果要素(刑法因果关系)相比,在同一个法定刑幅度范围内影响量刑的结果要素(刑法因果关系)在成立门槛上可能会更低一些。

另外,根据来源的不同,我们可以把结果要素分为法定的结果要素和超法规的结果要素。法定的结果要素是指刑法分则和司法解释直接规定的结果要素。我们前面讲到的结果要素基本上都属于这一类。不过,有的时候刑法分则和司法解释本身并没有规定结果要素,但是在具体案件中发生了某个结果,这个结果也会影响法官对被告人的量刑,例如前面所说的使用假币所造成的严重后果。我把这类结果要素称为超法规的结果要素。由此我们可以得出一个结论,在一个案件中,要不要讨论刑法因果关系,并不取决于相应的罪名是否属于结果犯,甚至也不取决于刑法分则和司法解释有没有规定结果要素,而是取决于在这个案件中是否发生了值得重视的法益损害结果,这就构成了对通说观点的一个质疑。通说观点认为,只有在结果犯的场合才需要讨论刑法因果关系问题。现在看来,这个通说观点是不准确的。

二、刑法因果关系的司法难点

虽然很多案件都会涉及刑法因果关系问题,但并不是所有涉及刑法因果关系问题的案件在处理刑法因果关系问题时都会特别疑难。实际上,在很多案件中,行为人的行为与法益损害结果之间的关系是非常明确的。那么,到底哪些案件在处理刑法因果关系问题时会比较疑难呢?在2015年,我对这个问题做了一个研究。我当时的研究思路是,把《刑事审判参考》《人民法院案例选》《中国审判案例要览》以及两高公报所刊载的所有涉及刑法因果关系问题的案件都挑选出来,看这些案件会呈现出什么特点。这里面包括两种情形,第一种情形是,有些案件在刊登时,它的刑法因果关系问题就已经被这些刊物认真讨论了一遍。还有一种情形是,有一些案件虽然被刊登了,但是它的刑法因果关系问题并没有引起讨论,这些刊物讨论的是其他方面的问题,但是我个人认为这些案件的刑法因果关系问题同样值得讨论。所以,这个案件挑选的过程不可避免地带有一定的主观性,但是从整体上看,案件挑选的结果还是比较可信的。我总共挑选出了179个案件,然后对这些案件所涉及的罪名做了一个统计,看到底哪些罪名的刑法因果关系问题比较疑难。统计结果为,按照出现的次数由高到低,涉及罪名分别是交通肇事罪、故意伤害罪、过失致人死亡罪、故意杀人罪、非法行医罪、玩忽职守罪、抢劫罪、滥用职权罪、重大责任事故罪、强奸罪、非法拘禁罪等。

当然,这里需要做一个说明。并不是说这些案件涉及某个罪名的次数越多,就一定说明这个罪名的刑法因果关系问题最为疑难。这里面有两个变量,一个是某个罪名的刑法因果关系判断的难易程度,另一个是这个罪名在司法实践中常见多发的程度。如果一个罪名在司法实践中常见多发,那么即便它的刑法因果关系判断的难易程度一般,它也有可能在我们上面的排名中很靠前。不过,上面的排名显然不会与司法实践中最常见多发罪名的排名情况完全一致。例如,排名第一的交通肇事罪显然不是司法实践中最常见多发的罪名。它冲在最前面,足以说明它的刑法因果关系判断起来是比较疑难的。所以我认为这个统计结果是有一定意义的。另外,虽然这个数据是2015年之前的数据,后来没有更新,但是我认为这个结果现在仍然有一定的参考价值。

通过分析这179个案件,我有两个发现。第一个发现是,一般而言,与侵犯财产法益的案件相比,侵犯人身法益的案件在判断刑法因果关系问题时会更加疑难。根据涉及的法益类别的不同,可以将这些案件分为侵犯财产法益的案件和侵犯人身法益的案件。在这179个案件中,侵犯财产法益的案件所占的比重很少,绝大多数属于侵犯人身法益的案件。也就是说,与侵犯财产法益的案件相比,侵犯人身法益的案件在判断刑法因果关系问题时会更加疑难。这是为什么呢?我认为,这是因为它们的因果流程的复杂程度不同。侵犯财产法益的案件涉及的是人与物之间的关系,它的因果流程会比较简单,不太可能会有介入因素。相反,侵犯人身法益的案件涉及的是人与人之间的关系,因果流程会比较复杂。我们常说"有人的地方就会有江湖",人与人的关系是比较复杂的,经常会有介入因素。所以,一般而言,与侵犯财产法益的案件相比,侵犯人身法益的案件在判断刑法因果关系问题时会更加疑难。

第二个发现是,与故意犯案件相比,过失犯案件在判断刑法因果关系问题时更为疑难。这是因为,刑法因果关系的判断起点是实行行为,刑法因果关系是实行行为与法益损害结果之间的关系,而过失犯的实行行为的定型程度不如故意犯。比如说,甲乙二人发生口角,相互推搡,甲朝乙的腹部踢了一脚,谁知乙有脾脏肿大这种特殊体质,甲一脚把乙的脾脏踢破了,导致乙当场死亡。这个案件的刑法因果关系判断起来就比较复杂。在司法实践中,这类案件有可能被认定为故意伤害致人死亡,也有可能被认定为过失致人死亡,还有可能被认定为意外事件。但是,如果我们换一个案件,甲朝乙的腹部开了一枪,乙倒地身亡。后来发现乙有脾脏肿大这种特殊体质,而且这一体质也加速了乙的死亡进程。正常情况下,被害人腹部中一枪,可能需要几分钟才会死亡。而乙由于脾脏肿大,腹部中枪后很快就死了。在后面这个案件中,乙同样有特殊体质,而且他的特殊体质在导致结果发生的因果流程中发挥了作用。但是即便如此,这个案件仍然会被认定为故意杀人的既遂,对此理论上不会有什么争议。上述两个案件都涉及被害人的特殊体质,但是前一个案件的刑法因果关系问题比较疑难,而后一个案件的刑法因果关系问题比较容易。为什么呢?这是因为在前一个案件中,行为人的行为到底如何定性,存在很大的争议;而在后一个案件中,行为人的行为毫无疑问属于故意杀人的行为。

  以上分析了哪些罪名的刑法因果关系比较疑难的问题。不过,我们在说因果关系问题很难的时候,实际上是一个总体的评价,并不涉及具体的罪名。那么,抛开具体的罪名,也抛开个案的差异,为什么刑法因果关系在整体上会被认为很难?我认为,至少有以下三个原因:第一个原因是因果流程的复杂性,第二个原因是判断结论的绝对性,第三个原因是成立标准的多元性。

1.因果流程的复杂性

实际上,我们开头讲的"疯狂粉丝案"就充分展示了因果流程的复杂性。这个案件中的伤亡结果,例如乙的死亡、戊的死亡、庚的死亡,都有很多介入因素。日本学者从介入因素的角度对因果流程做了非常精细的分析。他们通常把存在介入因素的情形分为三类:一是介入被害人方面的因素,二是介入第三人方面的因素,三是介入自然事件。介入被害人方面的因素包括介入被害人的特殊体质(例如刚刚说的脾脏肿大或者血友病),介入被害人的危险行为(比如说被害人为躲避行为人的追杀而横穿马路被车撞死,跳河淹死,跳楼跳车摔死等),还有介入被害人的自杀(比如说被强奸后自杀,被绑架后自杀等)。介入第三人的行为包括第三人的故意行为和第三人的过失行为。介入自然事件包括介入火灾、地灾、动物伤害等。

日本学者在研究刑法因果关系问题的时候,往往会把介入因素作为分析的切入点,逐一讨论介入被害人的因素应该怎么处理,介入第三人的因素该怎么处理,而德国学者很少从这个角度去展开研究,这其实是一个很有意思的现象。我个人认为,介入因素的分类虽然可以告诉我们因果流程的复杂性,但是它本身对于刑法因果关系问题的解决并没有太多的指导意义。我们当然可以按照介入因素的不同把案件做一个分类,可是并不是每一种介入因素后面都对应着特定的处理方案。例如,医院分不同科室,它为什么分不同科室?除了便于管理、便于引导大家外,还有一个很重要的原因是,不同科室处理的问题不一样,采用的治疗方案是不一样的。也就是说,医院科室的分类一定是和治疗方案密切挂钩的。可是,我们按照介入因素的不同将案件进行分类,这个分类和后面的处理方案并不挂钩。为什么这么说？日本学者从介入因素的角度讨论刑法因果关系问题，其实就是想搞清楚，当出现什么样的介入因素的时候，行为人的行为和法益损害结果之间的关系就会中断。对于这个问题，不同的学者存在不同的看法。不过，日本学界早先一致同意，如果在行为人的行为与法益损害结果之间介入了第三人的故意行为，那么行为人的行为与结果之间的刑法因果关系能够被中断。也就是说，在所有的介入因素中，至少第三人的故意行为能够起到中断刑法因果关系的作用。

可是，这个通说观点被日本法院的一份判决推翻了，这个案件叫"大阪南港案"。这个案件的大致案情是：行为人把被害人打成了重伤（濒于死亡），然后把被害人扔在一个仓库里。过了一段时间，第三人到仓库里看见了被害人，便拿棍子敲了被害人一下，可能加速了被害人的死亡。后来行为人被抓到了，但是第三人没有被抓到，也不知道这个人到底是谁。按照通常的观点，由于在行为人的行为与被害人的死亡结果之间介入第三人的故意行为，行为人的行为与被害人的死亡结果之间没有刑法因果关系。然而，由于第三人没有被抓到，如果这样判案，那么实际上就没有任何人为被害人的死亡结果负责。基于结论妥当性的考虑，日本法院认定行为人的行为与被害人的死亡结果之间具有刑法因果关系。其理由是，行为人的行为造成了被害人处于不可逆转地濒于死亡的状态，无论有没有第三人的殴打行为，被害人最终都难逃一死。这个判决结果意味着，即便在行为人的行为与法益损害结果之间介入了第三人的故意行为，行为人的行为和结果之间的因果关系可能也无法中断。如此一来，从介入因素的角度去研究刑法因果关系问题，讨论哪些介入因素能够中断刑法因果关系，就变得没有什么意义了。所以这份判决对日本学界的冲击很大,可以说整个日本学界都为之感到震惊。很多日本学者认为这份判决造成了"相当因果关系说的危机"——从介入因素的角度研究因果关系被认为是相当因果关系说的研究视角。当然,这份判决出来后,日本学者的反应各异。有学者站在既有的理论学说的立场上,对判决的结论提出了批评;也有学者支持判决的结论,对以往的理论学说进行了修正。我个人认为,从介入因素的角度研究刑法因果关系问题之所以会陷入危机,归根到底是因为介入因素和刑法因果关系问题的处理方案并没有当然的对应关系。所以,介入因素的分类虽然有助于我们了解因果流程的复杂性,但是对于我们解决刑法因果关系问题并没有太大的指导意义。

2. 判断结论的绝对性

刑法因果关系只有定性判断,没有定量判断。也就是说,在具体的案件中,行为人的行为和法益损害结果之间,要么有刑法因果关系,要么没有刑法因果关系,没办法进行折中。我们把刑法因果关系和民法上的因果关系做一个横向比较,就能清晰地看出它们之间的差异。在民法学上,我们可以对原因力进行分配。例如,发生某个结果后,可能会说甲的原因力是40%,乙的原因力是30%,丙的原因力是30%,三人加在一起的原因力是100%。可是,在刑法学上,我们很少使用原因力的概念,更不会对原因力进行分配。例如,在我们前面讲到的"疯狂粉丝案"中,戊的死亡与多个人有关系:首先是戊自己闯了红灯,接着是丁在逃逸的过程中以很高的速度冲过了十字路口,然后是医生已出现了诊断失误。从事实层面来看,戊的死亡结果与戊、丁、已三人都有事实关联。但是我们在对戊的死亡结果进行结果归属的时候,不能理所当然地说这三人都需要对戊的死亡结果负责,更不会计算某个人的原因力有多少。考虑到戊本人已经死亡,我们只能逐一分析丁和己是否需要对戊的死亡结果负责任。需要注意的是,这并不意味着,出现了一个结果,只能有一个人负责。在"疯狂粉丝案"中,有可能会认为丁和己都需要对戊的死亡结果负责。但是,即便认为丁和己都要对戊的死亡结果负责,我们也不能对原因力进行分配,说丁和己的原因力是五五开或者三七开。也就是说,丁是否需要对戊的死亡结果负责的判断结论,并不会直接影响己是否需要对戊的死亡结果负责的判断,反之亦然。

3. 成立标准的多元性

实际上,刑法因果关系的成立标准是一个多元的标准,受到很多因素的影响,其中的一个因素是《刑法》或司法解释的规定。也就是说,有些法条或司法解释的内容直接表明了刑法因果关系的成立标准是多元的。在这里我想举三个例子:第一个例子是强奸罪,强奸罪的法定加重情形之一是"致使被害人重伤死亡,或者造成其他严重后果"。在司法实践中,有可能会出现被强奸的妇女羞愧难当,因而自杀的情形。这种情形该怎么处理呢?在司法实践中,这种情形会被认为是"造成其他严重后果",而不属于"致使被害人重伤、死亡"。可是,无论是"致使被害人重伤、死亡",还是"造成其他严重后果",都要求行为人的行为与特定的后果之间有刑法因果关系。为什么非要把它认定是"造成其他严重后果",而不将它认定为"致使被害人重伤、死亡"呢?无外乎是说,在被强奸的妇女自杀身亡的案件中,在行为人的行为与被害人的死亡结果之间,介入了被害人的自杀行为,因而它们之间的因果链条是比较远的。而通常所理解的"致使被害人重伤、死亡"是指强奸的手段行为或目的行为直接导致被害人的重伤、死亡的结果,行为人的行为与被害人的伤亡结果之间的因果链条是比较短的。但不管是前面的比较长的因果链条,还是后面的比较短的因果链条,都成立刑法因果关系。这说明,至少在强奸罪中,刑法因果关系的成立标准不是唯一的,而是有层次性的。

第二个例子是拐卖妇女、儿童罪。它的法定加重情形之一是"造成被拐卖的妇女、儿童或者其亲属重伤、死亡或者其他严重后果"。请注意,这里不仅包括造成被拐卖的妇女、儿童重伤、死亡,还包括造成被拐卖的妇女、儿童的亲属重伤、死亡。可是,拐卖行为通常都是背着被拐卖者的亲属实施的,拐卖者与被拐卖者的亲属很少会起正面的冲突。既然如此,为什么拐卖行为有可能会造成被拐卖者的亲属重伤、死亡呢?我国以前出台过一个司法解释,这个司法解释现在已经废除了,但是对这个问题解释得非常清楚——造成被拐卖的妇女、儿童的亲属重伤、死亡,主要是指造成被拐卖的妇女、儿童的亲属自杀、自残的情形。为什么拐卖行为容易造成被拐卖者的亲属自杀、自残呢?这就涉及到拐卖妇女、儿童罪的特殊性。表面上看,拐卖妇女、儿童罪并不是不法程度最重的罪名,它的不法程度显然低于故意杀人罪。而在故意杀人案件中,被害人的亲属一般很少会选择自杀或自残。可是,在拐卖妇女儿童罪的案件中,被拐卖者的亲属比较容易选择自杀或自残,为什么呢?这是因为,在故意杀人的案件中,被害人的死亡结果是确定的;而在拐卖妇女、儿童的案件中,被拐卖者下落不明,使得被拐卖者的亲属备受煎熬,有时候还会使其非常自责、内疚,在这种复杂的情绪下,被拐卖者的亲属选择自杀、自残,并不罕见。所以,刑法将造成被拐卖的妇女、儿童的亲属自杀、自残的情形规定为拐卖妇女、儿童罪的一种法定加重情形,应当说是有其合理性的。但是问题在于,在包括故意杀人罪在内的绝大多数罪名中,行为人只需要对被害人的法益损害结果负责,而不需要对被害人的亲属的法益损害结果负责。可是,在拐卖妇女、儿童罪中,行为人不仅需要对被拐卖的妇女、儿童的法益损害结果负责,而且还需要对其亲属的法益损害结果负责。由此可见,与其他罪名中的刑法因果关系链条相比,拐卖妇女、儿童罪中的刑法因果关系链条要长很多。这也说明,在我国刑法体系中,并不存在统一的、可以适用于所有罪名的刑法因果关系成立标准。

第三个例子是非法行医罪。前面已经说到,非法行医罪是刑法因果关系比较疑难的一个罪名。我国刑法给非法行医罪规定了三档法定刑,分别是(1)情节严重的,处3年以下有期徒刑、拘役或者管制,并处或者单处罚金;(2)严重损害就诊人身体健康的,处3-10年有期徒刑,并处罚金;(3)造成就诊人死亡的,处10年以上有期徒刑,并处罚金。在以往的司法实践中,只要行为人非法行医并且出现了就诊人死亡的结果,法院往往会直接适用第三档法定刑,判处10年以上有期徒刑。这种判决丝毫没有考虑到底是什么原因造成了就诊人的死亡,所以这种判决结果是不准确的,对非法行医者过于严苛了。为此,最高法于2016年出台了一个司法解释,这个司法解释规定:"非法行医行为并非造成就诊人死亡的直接、主要原因的,可不认定为刑法第三百三十六条第一款规定的'造成就诊人死亡'。但是,根据案件情况,可以认定为刑法第三百三十六条第一款规定的'情节严重'。"根据这个司法解释,一旦出现了就诊人死亡的结果,非法行医者的刑事责任有三种可能的结果。第一,如果行为人的非法行医行为是造成就诊人死亡的直接、主要原因,那么行为人构成非法行医罪,并且适用第三档的法定刑。第二,如果行为人的非法行医行为并非造成就诊人死亡的直接、主要原因,但是确实与就诊人的死亡结果之间存在一定的因果关联,那么行为人也构成非法行医罪,不过只适用第一档的法定刑。第三,如果行为人的非法行医行为不仅不是造成就诊人死亡结果的直接、主要原因,而且与后者也没有什么因果关联,那么行为人无罪。无论是直接、主要原因,还是一定的因果关联,都属于非法行医罪的刑法因果关系。由此可见,非法行医罪至少有两种不同层次的刑法因果关系。至于如何理解这里的"直接、主要原因"和"一定的因果关联",我们后面会结合具体的案例做进一步的分析。

总之,因为因果流程很复杂,判断结论又很绝对,再加上成立标准又是多元的,所以从整体上看,因果关系的判断是非常疑难的。

三、刑法因果关系的理论变迁

为了解决刑法因果关系问题,学界提出了多种理论学说,主要包括苏俄刑法学中的必然说、偶然说,德日刑法学中的条件说、原因说、合法则性条件说、相当因果关系说、客观归责理论,英美刑法学中的近因说等。20世纪,我们受苏俄刑法学的影响很深,当时主要用必然说和偶然说。本世纪以来,我们主要受德日刑法学的影响。我们正在进行的刑法知识转型,就是以德日刑法学为师的知识转型。英美刑法学对我们的影响一直存在,但是影响比较小。

在正式梳理刑法因果关系理论学说的变迁历程之前,需要澄清一个前提性的问题,刑法因果关系理论学说到底要解决什么问题?我们以前很少思考这个问题,或者说对这个问题做了一个想当然的回答。根据我的观察,学界对这个问题的看法主要有三种观点。第一种观点认为,刑法因果关系理论学说的使命是指导刑法因果关系是否成立的判断。这种观点当然不能说是错的,可是它并不明确。刑法因果关系理论学说到底通过什么方式指导因果关系的判断?对此,这种观点不能给出进一步的回答。很多学者实际上认为,刑法因果关系理论学说的使命是发现行为和结果之间的事实关联,这是第二种观点。当然,目前还没见哪位学者宣称这个观点,这个观点是我对他们的实际看法所做的归纳。为什么我说很多学者对刑法因果关系理论学说的使命作了这种理解呢?这可以从一个例子中看出来。我们知道,德日刑法学中有一种非常重要的刑法因果关系理论学说叫条件说。条件说认为,所有引起结果发生的必要条件都属于原因。它有一个判断公式,"若无前者,则无后者,那么前者为后者之因"。条件说被提出来后,很快就取得了通说地位,但是它也受到了很多批评。其中一种批评意见认为,条件说解决不了任何问题,是一个无用的学说。批评者举了这样一个例子:一个孕妇在怀孕期间吃了一种药,后来生下来的婴儿是畸形儿,可是现有的科学手段不能查明药物与婴儿畸形之间有没有因果关系。批评者说,在这个案件中,用条件说得不出任何结论,因为你不知道如果孕妇没有吃这种药,她会不会仍然生下一个畸形儿。据此,批评者认为,条件说发现不了行为与结果之间的事实关联,因而是一种无用的学说。应当说,这种批评意见很有迷惑性。因为,条件说的确无法发现行为与结果之间的事实关联。但是需要注意,不仅条件说没有这个功能,其他的理论学说如相当因果关系说、合法则性条件说、客观归责理论等也都没有这个功能。如果据此认为条件说是无用的,那岂不是说所有的刑法因果关系理论学说都是没用的?这显然是有问题的。那么问题出在哪里呢?问题在于,发现行为与结果之间的事实关联,根本就不是刑法因果关系理论学说的使命。批评条件说不能发现行为与结果之间的事实关联,好比是批评短跑运动员参加游泳比赛不能取得好成绩。他不被淹死就很不错了,你还能指望他夺冠?

那么,刑法因果关系理论学说的使命是什么呢?我认为,它的使命是确定刑法因果关系的成立标准。这是第三种观点。我们可以把判断行为人的行为与结果之间是否具有刑法因果关系的过程理解成适用三段论的过程。在这个三段论中,大前提是刑法因果关系的成立标准(M);小前提是行为人的行为与结果之间的事实关联(P)。如果 P 符合 M 的要求,那么行为人的行为与结果之间就存在刑法因果关系;反之,如果 P 不符合 M 的要求,那么行为人的行为与结果之间就没有刑法因果关系。刑法因果关系理论学说的使命,是确定这个三段论中的大前提的内容,而不是查明小前提的内容。小前提的内容只能用科学技术的手段去查明。我们拿考研来打个比方。考生参加考试,然后有关部门组织老师阅卷,最后教育部划定一个及格线。如果你的成绩达到了及格线,那么恭喜你,有机会被录取;如果你的成绩没有达到及格线,那么很抱歉,没有机会被录取。这实际上也是一个适用三段论的过程:教育部划定及格线,确定的是大前提的内容;阅卷老师给出具体的分数,确定的是小前提的内容。如果不知道你具体的成绩是多少,即便知道教育部划定的及格线,也无法判断你是否有机会被录取。同样的道理,如果没有查清楚行为人的行为与结果之间的事实关联是什么,即便确定了刑法因果关系的成立标准,也无法判断行为人的行为与结果之间是否存在刑法因果关系。

在搞清楚了刑法因果关系理论学说的使命之后,我们很容易确定评价一个刑法因果关系理论学说优劣的标准,我认为有两点:第一点是该理论学说所划定的刑法因果关系成立标准是否明确;第二点是根据该理论学说所得出的判断结论是否妥当。

接下来,我们对德日刑法学中的刑法因果关系理论学说的演进脉络做一个简单的梳理。第一个学说是条件说。刚刚我们已经讲过,条件说认为,所有的必要条件都属于原因。为了判断行为人的行为是否属于必要条件,需要运用条件公式。条件说是德日刑法学中的通说观点,直到现在还在理论上和实务中占据着非常重要的地位。实际上,条件说和我们日常思考方式是非常接近的。在电视剧《武林外传》中,掌柜佟湘玉每当感到沮丧的时候,就会说一句话:"我错了,我真的错了,我从一开始就不应该嫁过来。如果我不嫁过来,我的夫君也不会死。如果我的夫君没死,我也不会沦落到这样一个伤心的地方……"不难发现,佟湘玉的这句话自发地适用了"若无前者则无后者"条件公式。从这一点可以看出,条件说和我们的日常思考方式是非常接近的。不过,也正是因为这一点,条件说看起来好像没什么了不起,它的理论意义和实践价值很容易被低估。需要看到,条件说给刑法因果关系的成立范围划定了一个最大的边界。诚然,在这个范围之内的行为,与结果之间未必有刑法因果关系;但是,在这个范围之外的行为,与结果之间一定没有刑法因果关系。也就是说,在判断刑法因果关系时,条件说虽然未必能够起到正向肯定的作用,但一定可以起到反向排除的作用。另外,条件说的提出和适用是以科学技术达到一定水平、科学理念深入人心为前提的。条件说的适用意味着,对于事实因果关联的查明,遵守了罪疑从无的原则。也就是说,如果以现有的科学技术查不清楚行为与结果之间有没有因果关联,那么就认为它们之间没有刑法因果关系。这种价值立场充分彰显了刑法是犯罪人的大宪章,是值得充分肯定的。

对于条件说,理论上主要有三种批评意见,分别是条件说宽松论、条件说错误论和条件说无用论。条件说无用论前面我们已经讲过,这个批评误解了刑法因果关系理论学说的使命,这里不再重复了。条件说错误论主要批评条件公式在假定因果关系场合和择一因果关系场合会得出错误结论。这种批评意见促使学界反思条件公式的准确性,但这一点的理论影响不算太大。由于时间有限,这里不再展开分析。条件说宽松论认为,根据条件说所划定的原因范围过于宽松,因而会导致刑事责任的范围过于宽松。例如在"疯狂粉丝案"中,根据条件说,所有的伤亡结果都可以回溯到甲那里,甚至还可以进一步回溯到古力娜扎和迪丽热巴那里。因为,如果不是因为这两位女星都很漂亮又有很高的热度,甲乙二人也不至于发生争执。当然,如果真要把这个案件的伤亡结果算到两位女星的头上,她们二人的粉丝肯定不答应。应当说,条件说宽松论的批评意见是有道理的。正是因此,在条件说的基础上进一步限制刑法因果关系的成立范围,便成为此后刑法学者们的努力方向。我们现在常说"不忘初心",实际上,在条件说的基础上进一步限制刑法因果关系的成立范围,就是条件说之后的其他刑法因果关系理论学说的"初心"。在条件说之后,学界提出了原因说。原因说在理论上没有什么影响力,时间关系,我在这里就不对它作分析了。

在原因说之后,学界提出了相当因果关系说。相当因果关系说是一个非常重要的刑法因果关系理论学说。当然,这个学说本身不是一成不变的,它自身经历了一个发展变迁的过程。我在这里只讲述它的成熟形态。相当因果关系说认为,因果链条一环套一环,无边无际,而判断刑法因果关系问题,就是要在这个环环相扣的因果链条之中截取一段出来,作为刑法因果关系。所以,要判断刑法因果关系问题,就要回答两个问题:一是这一段因果链条从哪里开始?二是这一段因果链条到哪里结束?我国台湾地区有一个歌手叫张宇,他有一首歌叫《一言难尽》,其中有一句歌词说"你说你的心,不再温热如昔,从哪里开始,从哪里失去"。我认为,"从哪里开始,从哪里失去"这句歌词完美契合了刑法因果关系的两大问题。为了解决这两个问题,相当因果关系说将相当性的判断一分为二,把它分成行为的相当性(广义的相当性)和因果流程的相当性(狭义的相当性)。行为的相当性是指,行为人的行为包含了导致结果发生的高度风险。行为的相当性旨在解决"从哪里开始"的问题——只有行为人的行为具有导致结果发生的高度风险,才需要考虑该行为与结果之间有没有刑法因果关系的问题。在"疯狂粉丝案"中,好心人丙送乙去医院的行为并没有包含高度的风险,欠缺行为相当性。因此,丙的行为与乙的死亡结果之间没有刑法因果关系。因果流程的相当性是指,因果流程具有通常性。因果流程的相当性旨在解决"到哪里结束"的问题——只有当行为人的行为与某个结果之间的因果流程具有通常性,才能认为该行为与该结果之间具有刑法因果关系,从而才能将该结果算到行为人的头上。一般认为,在"疯狂粉丝案"中,甲打伤乙的行为与乙的死亡结果之间介入了丁的交通肇事行为,因而它们之间的因果流程欠缺通常性,所以甲的行为与乙的死亡结果之间没有刑法因果关系。从相当因果关系说开始,刑法因果关系理论既要解决行为定性问题,还要解决结果归责的问题。从这个意义上说,刑法因果关系的判断问题,实际上就是客观构成要件的判断问题。

相当因果关系说所创立的行为相当性与因果流程相当性的分析框架非常重要,直到现在它仍然是学界通用的分析框架。其中,行为相当性的提出为实行行为理论的创立奠定了基础。另外,相当因果关系说虽然早期与条件说进行了竞争,但是后来选择与条件说合作,先用条件说将一部分行为排除在原因范围之外,然后再用相当因果关系说去进一步限制刑法因果关系的成立范围,从而确立了先归因后归责的判断步骤。所以,相当因果关系说有很多理论贡献。可以说,在刑法因果关系理论学说的演进历程中,相当因果关系说留下了浓墨重彩的一笔。然而,相当因果关系说存在一个根本性的缺陷——它试图从事实跳跃到规范。这个缺陷注定了它根本无法取得成功。因为,从理论逻辑上看,我们永远无法从事实中推导出规范。例如,相当因果关系说认为,行为具有相当性是指行为包含了导致结果发生的高度风险。可是,风险的高低是一回事,风险是否被法律允许是另外一回事。前者是事实问题,后者是规范问题。风险高的行为就一定会被法律禁止吗？未必。有一项极限运动项目叫翼装飞行。这个项目非常危险,据说它的死亡率是30%。那么,在翼装飞行的事故发生后,生产翼装飞行设备的厂家或者提供相关服务的人员,是否需要为翼装飞行人员的死亡结果承担刑事责任呢？只要他们提供的设备或服务没有任何质量问题,那么答案一定是否定的。因为,翼装飞行的风险虽然很高,但它本质上仍然是日常生活中的风险,是法律允许的风险。

另外,因果流程的通常性真的有特别重要的法律意义吗？这一点其实是值得怀疑的。在"疯狂粉丝案"中,甲的行为与乙的死亡结果之间没有刑法因果关系。对于这个结论,学界没有任何争议。需要追问的是,这个结论是如何推导出来的呢？如果采用相当因关系说，自然会认为，甲的行为与乙的死亡结果之间之所以没有刑法因果关系，是因为它们之间的因果流程缺乏通常性。可是，为什么说它们之间的因果流程缺乏通常性？如何理解相当因果关系说中的"因果流程通常性"？对此，最为常见的一种解释是，因果流程的通常性，就是指介入因素的预见可能性。在"疯狂粉丝案"中，甲难以预见到乙在被送往医院的路上被车撞这一介入因素，因而这个因果流程缺乏通常性。在我看来，这种解释似是而非。不妨设想这样一个案件：刑法专业的两名学生 A 和 B 因为对"疯狂粉丝案"有不同的见解而发生争执，进而发生打斗，A 把 B 打成重伤后扬长而去，好心人 C 驾驶一辆小轿车将 B 送往医院，在途中小轿车被 D 驾驶的一辆大货车追尾，B 当场死亡（以下简称"疯狂学生案"）。如果说，在"疯狂粉丝案"中，甲对于乙在被送往医院的路上出车祸这一点没有预见可能性，那么在"疯狂学生案"中，A 对于 B 在被送往医院的路上出车祸这一点肯定是有预见可能性的——毕竟已经有了"疯狂粉丝案"的前车之鉴。如果说因果流程的通常性就是指介入因素的预见可能性，那么毫无疑问，在"疯狂学生案"中，A 的行为与 B 的死亡结果之间的因果流程具有通常性。由此似乎可以得出结论，A 的行为与 B 的死亡结果之间有刑法因果关系。但是，这个结论恐怕很难被接受。问题并不出在如何理解因果流程的通常性，而在于因果流程的通常性这个判断标准本身无法承担起判断刑法因果关系的任务。因为，因果流程的通常性归根到底是一种事实性的、经验性的判断标准，而某个行为与结果之间有无刑法因果关系是一个规范结论。想要借助一种事实性的判断标准来得出一个妥当的规范结论，注定是行不通的。

最后我们看一下目前炙手可热的客观归责理论。客观归责论将刑法因果关系的判断分为创设法所不允许的风险（以下简称"风险创设"）和实现法所不允许的风险（以下简称"风险实现"）两个阶段。（罗克辛的客观归责理论还包括了"构成要件的保护范围"这一判断，但是这一判断能否放入构成要件阶层，学界的争议很大，这里不予讨论）。其中，风险创设的判断旨在解决行为定性的问题，而风险实现的判断旨在解决结果归属的问题。由此不难发现，客观归责理论实际上从相当因果关系说那里继承了行为定性（行为相当性）和结果归属（因果流程相当性）的分析框架。不过，在具体的判断规则上，客观归责理论做出了重大创新。为了避免像相当因果关系说那样直接从事实跳跃到规范，客观归责理论在风险创设和风险实现阶段加入了规范性的判断标准。具体而言，风险创设的判断可以分为两步，一是看行为人是否创设了高度的风险，二是看行为人所创设的风险是否被法律所禁止。不难发现，第一步是事实性的判断，而第二步是规范性的判断。另外，风险实现的判断可以分为三步，第一步是看因果流程是否具有通常性，第二步是看结果是否具有回避可能性，第三步是看结果是否属于规范保护目的的范围之内。其中，第一步是事实性的判断，而第二步和第三步的判断是规范性的判断。

客观归责理论的一个重大贡献是，发掘出了风险这个要素，从而在整体上改变了对刑法因果关系的认知。以往学界认为，刑法因果关系就是行为与结果之间的关系。而客观归责理论不同意这个看法，它在行为与结果之间加入了风险这个纽带。由此，刑法因果关系就成了"行为—风险—结果"之间的关系。实际上，相当因果关系说已经注意到风险这个要素了，并且将它用于对行为的定性——行为的相当性就是指行为包含了导致结果发生的高度风险。可惜,相当因果关系说对风险的认识还不够彻底,没有将风险纳入到因果流程相当性的判断之中。而客观归责理论充分认识了风险的重要性,并将它作为行为与结果之间的一个纽带。无论是在风险创设阶段,还是在风险实现阶段,风险都是非常重要的着力点。阿基米德曾说:"给我一个支点,我能撬动整个地球。"对于客观归责理论而言,这个支点就是风险。可以说,风险这个要素的引入,对于客观归责理论乃至未来的刑法因果关系理论研究都有着非常深远的影响。

在有些案件中,加入风险要素的判断,会改变刑法因果关系的判断结论。例如,甲以 120km/h 的速度开车,撞死了一个路人乙。这条路的最高限速是 100km/h。甲除了超速外,没有其他的违章行为(以下简称"超速肇事案")。在本案中,如果没有甲超速行驶的行为(也就是说,如果甲不开车),乙就不会被撞死。并且,甲超速驾驶撞死路人的因果流程具有通常性。所以,无论是按照条件说,还是按照相当因果关系说,都可以肯定甲的行为与乙的死亡结果之间有刑法因果关系。可是,对本案适用客观归责理论,可能会得出不同的结论。客观归责理论认为,只有当结果是对行为人所创设的法所不允许的风险的实现,才能将该结果归属于行为人。在"超速肇事案"中,甲以 120km/h 的速度开车的风险并不全然是法所禁止的风险,它可以拆分成法所允许的风险(以 100km/h 的速度开车所包含的风险)和法所禁止的风险(超出最高限速 20km/h 所额外增加的风险)两个部分。如果乙的死亡结果实现的是法所禁止的风险,那么就应当将这个结果归责于甲的超速驾驶行为;反之,如果乙的死亡结果实现的是法所允许的风险,那么就不能将这个结果归责于甲的超速驾驶行为。问题是,虽然我们可以从观念上将 120km/h 分为

100km/h 和 20km/h 两部分,但在真实案件中,这两部分是完全融合在一起的,没办法分开。那该如何判断乙的死亡结果到底是对哪一部分风险的实现呢?这就是客观归责理论中的结果回避可能性理论旨在解决的问题。根据这一理论,判断乙的死亡结果是对哪一部分风险的实现,需要借助合义务替代行为这个理论工具,考察乙的死亡结果有无回避可能性。具体而言,假设甲以 100km/h 的速度行驶,看此时甲是否仍然会撞死乙。如果答案是肯定的,此时乙的死亡结果欠缺回避可能性,那么就应当认为该结果是对法所允许的风险的实现;反之,如果答案是否定的,那么就应当认为乙的死亡结果是对法所禁止的风险的实现。当然,也有可能出现以下这种情况:在甲以 100km/h 的速度行驶时,他有可能会撞死乙,也有可能不会撞死乙。这个时候怎么办?对此,学界存在可避免性理论与风险升高理论之争。这是学界正在激烈讨论的一个热点问题。由于时间有限,这里就不予展开。应当说,在行为与结果之间加入风险这个要素,会使得刑法因果关系的判断更加精细,也会使得刑法因果关系的成立门槛更高。换言之,相对于条件说和相当因果关系说,客观归责理论的判断结论对被告人更为有利。

在另外一些案件中,加入风险要素的判断,虽然不会改变刑法因果关系的判断结论,但是能够为判断结论提供更具说服力的理由。例如,在前面提到的"疯狂粉丝案"中,理论上没有任何争议地认为,甲的行为与乙的死亡结果之间没有刑法因果关系。问题是,这个结论是如何得出来的呢?相当因果关系说对此给出的理由是,甲的行为与乙的死亡结果之间的因果流程没有通常性。但是前面我们已经分析了,这个理由是没有说服力的。如果采用客观归责理论,就可以很好地解释为什么甲的行为与乙的死亡结果之间没有刑法因果关系：甲将乙打成重伤的行为给乙创设了两种风险，一是乙因为伤情恶化而死亡的风险，二是乙在被送往医院的路上被车撞的风险，前者是法所禁止的风险，而后者是法所允许的风险，乙在被送往医院的路上被车撞死，对于甲而言，实现的是其所创设的法所允许的风险，因而不能将乙的死亡结果归责于甲的行为。应当说，这个解释是有说服力的。

　　客观归责理论的另一个贡献是，采用了规范性的判断标准，从而避免了像相当因果关系说那样直接从事实跳跃到规范。结果回避可能性和规范保护目的都具有浓厚的规范色彩。为什么说结果回避可能性具有规范色彩呢？前面已经说到，结果回避可能性理论认为，在行为人违反注意义务的行为引发了法益损害结果的场合，如果合义务的替代行为会引发相同的结果，那么就不能将该结果归责于行为人违反注意义务的行为。换言之，如果法所允许的风险能够单独引发相同的结果，就应当认为该结果实现的是法所允许的风险。需要指出的是，这个论断并不完全符合真实情况。对此，我在一篇论文里做过分析，由于时间关系，这里只给出这个结论，不作详细分析了。我们说上述论断未必符合真实情况，是不是构成对了这个论断的批评呢？这倒不是。因为，上述论断本来就是一个规范性的推论。既然是规范性的推论，当然有可能与真实情况不符。例如，"罪疑从无"就是一个规范推论，它当然有可能会导致错放杀人凶手。对于规范推论而言，评价它的标准不是它是否与真实情况完全符合，而是它的价值取向是否值得肯定。我认为，在合义务的替代行为可以引发相同结果的情况下，拒绝将该结果归责于行为人违反注意义务的行为，在一定程度上体现了"罪疑有利于被告人"的价值立场，是值得肯定的。

当然,规范色彩更浓的还是规范保护目的理论。规范保护目的理论是近几年非常火的一个理论,很多学者对它做了深入研究,从而也给它披上了一层神秘的面纱。这个理论说白了也很好理解,就是说在有些案件中,要把某个法益损害结果算到行为人的头上,结论会不合理,但是又没有其他的理由排除结果归责,那么就用规范保护目的理论来加以排除。例如,在"疯狂粉丝案"中,能否将庚的自杀结果归责于丁驾驶大货车的行为呢?答案当然是否定的。可是,用什么理由去排除这个结果归责呢?相当因果关系说要去回答这个问题就很费劲,而客观归责理论则可以用规范保护目的理论去解释:法律要求驾驶者遵守交通规则,是为了避免因驾驶者违章驾驶而给在公共道路上的其他人带来危险,而不是为了避免因驾驶者违章驾驶致人死亡而导致被害人的亲属自杀。在无法用其他理由去排除结果归责的情况下,才会使用规范保护目的理论,由此可见规范保护目的理论具有兜底的性质,需要放在所有判断规则的最后。关于结果回避可能性和规范保护目的的先后顺序,学界目前还存在一定的争议。通说观点认为应当先考察结果回避可能性再讨论规范保护目的,但是也有个别学者认为应当先讨论规范保护目的再考察结果回避可能性。在这一点上,我同意通说的观点。因为,规范保护目的具有兜底性质,当然要放在最后。

那么,客观归责理论是不是已经完美无缺了呢?当然不是。实际上,客观归责理论也有很多问题。在客观归责理论的发源地德国,这个理论也遭受到了很多批评。我个人认为,客观归责理论最大的问题在于还没有提供足够完备的判断规则。如果说客观归责理论是一栋房子,那么我认为它还属于毛坯房,外面的框架没有问题,但是里面的装修还不够精致。为什么这么说呢?因为,对于某些类型的案件该如何处理,客观归责理论保持了沉默,没有提供相应的判断规则。例如,在被害人特殊体质的案件中,能否将被害人的伤亡结果归责于行为人的轻微暴力行为?这是一个规范判断。而对于这个规范判断,客观归责理论没有提供任何判断规则。又如,在"疯狂粉丝案"中,戊的死亡既与丁的交通肇事行为有关,也与医生已的诊断失误有关。那么,医生已的诊断失误能否中断丁的交通肇事行为与戊的死亡结果之间的刑法因果关系呢?这仍然是一个规范判断。同样地,客观归责理论对于这个判断没有提供任何判断规则。所以,我认为,客观归责理论还处于"未完成形态"。在既有的框架范围内,我们还需要发展出更多的判断规则。在这个过程中,我们中国学者有机会做出自己的理论贡献,这也是刑法因果关系理论给中国学者的一个机会。

四、刑法因果关系的辩护思路

前面我们分析了刑法因果关系的适用范围、司法难点和理论变迁,其实都是为这一部分服务的。尤其是我们在第三部分评述的各种刑法因果关系理论学说,是解决刑法因果关系问题的理论武器。当然,不同武器的价值大小是不一样的。前面已经说过,在目前既有的刑法因果关系理论学说之中,客观归责理论的判断最精细,它所划定的刑法因果关系成立门槛最高。所以,在刑法因果关系的辩护中,应当重点采用客观归责理论。那么,如何采用客观归责理论展开辩护呢?我认为,需要抓住两个关键词,一个是"风险",另一个是"规范"。具体而言,我提出了五种辩护的角度,分别是:从风险程度的角度提出辩护、从风险性质的角度提出辩护、从风险作用的角度提出辩护、从结果回避可能性的角度提出辩护、从规范保护目的的角度提出辩护。

（一）从风险程度的角度提出辩护

前面已经说过，刑法因果关系是实行行为和结果之间的关系，所以实行行为是刑法因果关系判断的起点。实行行为是包含了法所禁止的高度风险的行为。需要注意的是，不同的构成要件行为对行为所包含的风险程度的要求是不一样的。所以我们要结合具体罪名的构成要件行为，判断行为人的行为所包含的风险是否达到了相应的程度。

案例 4-1：罗靖故意伤害案[①]

2002 年 2 月 12 日（正月初一）下午 7 时许，被告人罗靖在同乡莫庭友家聚会饮酒。晚 9 时许，罗靖又到果场办公楼顶层客厅打麻将，莫庭友站在旁边观看。由于罗靖在打麻将过程中讲粗话，莫庭友对罗靖进行劝止，二人为此发生争吵。争吵过程中莫庭友推了一下罗靖，罗靖即用右手朝莫庭友的左面部打了一拳，接着又用左手掌推莫庭友右肩，致使莫庭友在踉跄后退中后脑部碰撞到门框。在场的他人见状，分别将莫庭友和罗靖抱住。莫庭友被抱住后挣脱出来，前行两步后突然向前跌倒，约两三分钟后即死亡。经法医鉴定，莫庭友后枕部头皮下血肿属钝器伤，系后枕部与钝性物体碰撞所致，血肿位置为受力部位。莫庭友的死因是生前后枕部与钝性物体碰撞及撞后倒地导致脑挫伤、蛛网膜下腔出血所致，其口唇、下颌部及额下

[①] 参见中华人民共和国最高人民法院刑事审判第一庭、第二庭主编：《刑事审判参考》2003 年第 1 辑（总第 30 辑），法律出版社 2003 年版，第 49—56 页。

损伤系伤后倒地形成。案发后罗靖自动投案并如实交代自己的犯罪事实经过。随后其家属与被害人家属达成赔偿协议。

法院经审理后认为：罗故意掌推被害人致其后脑部碰撞木门边后倒地形成脑挫伤、蛛网膜下腔出血死亡，其行为已构成故意伤害罪。被告人在对被害人作出拳击掌推的行为之前虽确实没有预见到其行为会导致被害人碰撞门边倒地死亡的严重后果，但被告人的掌推行为仍是在其意志支配下所故意实施，是故意伤害他人身体的行为，且被害人死亡的后果与被告人的行为之间具有刑法上的因果关系。被告人主观上有伤害他人身体的故意以及致人死亡的过失，符合故意伤害（致死）罪的构成要件，应以故意伤害（致死）罪追究其刑事责任。被告人辩称其掌推被害人并非出于故意，其行为不构成故意伤害罪的理由不充分，不予采纳。鉴于被告人犯罪后自首并积极赔偿死者家属的部分经济损失，可对其减轻处罚。依照《刑法》第234条第二款、第67条第一款之规定，判决：被告人罗靖犯故意伤害罪，判处有期徒刑六年。

这个案件属于轻微暴力引发被害人死亡结果的案件。在司法实践中，轻微暴力引发被害人伤亡结果的案件，通常都介入了被害人的特殊体质。但是这个案件并没有介入被害人的特殊体质，而是介入了一种意外情况（被害人在后退中后脑部撞到门框）。对于轻微暴力引发被害人伤亡结果的案件，司法实践中同时存在三种不同的处理方案，分别是以故意伤害罪论处、以过失致人死亡罪或过失致人重伤罪论处、不以犯罪论处。在本案中，法院判决被告人构成故意伤害罪，判处有期徒刑六年。但是在我看来，这个判决结果值得商榷。

如果要认定被告人构成故意伤害罪，首先要肯定其实施了故意伤害行为。尽管我国刑法第234条对故意伤害的结果门槛没有做任何要求，但是司法解释和司法实践的惯例都认为，故意伤害只有造成被害人轻伤以上的结果，才会构成故意伤害罪。随之而来的问题是，作为故意伤害罪的构成要件行为，故意伤害行为对其所包含的风险程度有没有要求？是否需要其包含通常能够致人轻伤以上结果的风险？对此，《刑事审判参考》的编写者给出了否定答案。但是我不同意这种观点。如果认为故意伤害罪的构成要件行为对其所包含的风险程度没有任何要求，那么实际上就是以结果倒推行为，行为的定型性便丧失殆尽，故意伤害罪的实行行为的判断也就没有任何意义。为什么要追求行为的定型性呢？这是为了保障国民的行动自由。大家知道，在评价一个人的行为是否构成犯罪以及构成何罪的过程中，行为和结果是两个非常重要的判断要素。在真实世界中，我们实施一个行为，而这个行为会引发一些结果。在这个过程中，我们对自己所实施的行为的支配程度是比较高的，但是对由自己的行为所引发的结果的支配程度是很低的，甚至可以说我们无法支配结果，因为结果的发生或多或少都带有一定的偶然性。这就是德国学者所说的"结果委身于偶然"。如果放弃对行为定型性的要求，而只是以结果反推行为的性质，那么，我们在实施某个行为时，很难确定该行为的性质是什么，因为我们当时并不知道这个行为会引发什么结果。所以，我们在实施某个行为时，内心会充满恐惧，因为我们需要等待未知的结果的审判。在这种环境下，出于自我保护的本能，大家就只能尽量少做事。如此一来，国民的行动自由就被禁锢了。因此，我认为，应当坚持行为的定型性，要求故意伤害罪构成要件行为包含通常能够致人轻伤以上结果的风险。

接下来的问题是,在本案中,被告人的行为(朝被害人脸部打了一拳,用手推了被害人一把)是否包含了通常能够致人轻伤以上的风险?我个人倾向于否定答案。当然,这个判断也是比较复杂的,不仅需要考察被告人行为本身的强度,而且还要考察被告人实施该行为的周边环境以及被告人与被害人的平素关系。时间关系,我在这里就不展开了。总之,我个人倾向于认为,本案中的被告人不构成故意伤害罪,不过有可能构成过失致人死亡罪。

(二)从风险性质的角度提出辩护

自客观归责理论在行为与结果之间加入风险这个纽带之后,因果流程不再呈现为行为人的行为直接引发结果,而是呈现为行为人的行为创设了一种或多种风险,而其中的某种风险引发了结果。在行为人的行为创设了多种风险时,需要注意判断,其中哪些风险是法所禁止的风险,哪些风险是法所允许的风险。如果法益损害的结果是由法所允许的风险引发的,那么就不能将该结果归责于行为人的行为。

案例 4-2:张兴等绑架案①

一日,张兴等人密谋绑架王凤英。次日中午,王凤英打电话约张兴见面,张兴等七人即到东莞市道滘镇小河村一出租屋租下房间,符安仁、张启刚、符来贵、张启明、陈勇五人在该房间守候,由张兴、张文青将王凤英带至该房间。此后,张兴等人殴打王凤英并索要人民币(以下币种同)5000元钱。王凤英被迫拿出1000元后,又打电话给其他亲戚朋友,要他们将钱汇至张

---

① 参见中华人民共和国最高人民法院刑事审判第一、二、三、四、五庭主编:《刑事审判参考》2012年第4辑(总第87辑),法律出版社2013年版,第32—36页。

兴提供的账户。后张兴等人怕被发现，欲将王凤英转移。张兴、符安仁、张启刚三人挟持王凤英搭乘一辆出租车，张文青等人随后。当张兴等人行至道滘镇绿福酒店门前路段时，所乘出租车与一辆小汽车发生碰撞，张兴、符安仁、张启刚三人逃离，王凤英因钝性外力打击头部致严重颅脑损伤死亡。

法院认为，被告人张兴、符安仁、张文青、张启刚以勒索财物为目的绑架他人，其行为均构成绑架罪，依法应当惩处。张兴等人在控制被害人王凤英的过程中，虽有殴打行为，但在转移王凤英途中发生交通事故，在案证据不足以证实王凤英头部损伤系殴打行为所致，且不能排除王凤英头部受到损伤系交通事故所致，故不认定张兴、符安仁、张文青、张启刚的行为属绑架致人死亡情形。据此，依照《中华人民共和国刑法》第二百三十九条第一款、第二十五条之规定，东莞市中级人民法院判决被告人张兴犯绑架罪，判处有期徒刑十五年。

在本案中，发生了被绑架人死亡的结果。这里需要交代一个背景，本案发生于2009年，彼时我国刑法规定，行为人犯绑架罪，"致使被绑架人死亡或者杀害被绑架人的，处死刑，并处没收财产"（后来这一规定在2015年被《刑法修正案（九）》修改）。因此，本案是否属于"致使被绑架人死亡"的情形，直接关乎被告人的生死。法院认为，本案不属于"致使被绑架人死亡"的情形，其理由是："在案证据不足以证实王凤英头部损伤系殴打行为所致，且不能排除王凤英头部受到损伤系交通事故所致"。我认为，法院的结论是正确的，但是法院给出的理由并不充分。在上述理由中，法院采用了"罪疑有利于被告人"的原则，这是值得肯定的。可是，退一步而言，即便查明了被害人王凤英的脑部损伤确实系交通事故所致，就能直接得出本案不属于"致使被绑架人死亡"情形的结论吗？非也！法院似乎认为，只有在被绑架人死于被告人的殴打行为的场合，才能肯定被告人构成"致使被绑架人死亡"。应当说，这种理解显然是极其狭隘的。刑法并没有限制被告人以何种方式"致使被绑架人死亡"。即便被绑架人是直接死于交通事故，也仍然有可能构成"致使被绑架人死亡"。例如，行为人绑架被害人后，逼迫被害人喝下迷药，使其陷入昏迷状态，并在深夜将其扔在公共道路上，致使被害人被过往的车辆碾压致死（以下简称"迷晕案"）。在这个案件中，被害人直接死于交通事故，但是显然构成绑架罪中"致使被绑架人死亡"。那么，为什么张兴等绑架案不属于"致使被绑架人死亡"的情形呢？我认为，需要从风险性质的角度去分析。在本案中，被告人给被绑架人王凤英带来了两种风险：一是殴打王凤英，将其打伤甚至打死的风险；二是在转移她的过程中被车撞的风险。显然，第一种风险是法律禁止的风险，而第二种风险是日常生活中的风险，是法律允许的风险。所以，本案不构成"致使被绑架人死亡"的情形。而在"迷晕案"中，行为人迷晕被害人并将其扔在有车辆来往的道路上，给被害人创设了法所禁止的风险。虽然被害人死于车辆的碾压，但这个结果仍然是对行为人创设的法所禁止的风险的实现，因而该案属于"致使被绑架人死亡"的情形。

（三）从风险作用的角度提出辩护

行为人的行为包含了风险，但风险不一定会持续发挥作用。如果某个结果是在风险的作用结束后发生的，那么就不能将该结果归责于该风险。例如，德国学者讨论过这样一个案例：行为人超速驾驶十分钟后将速度降至最高限速以内，继续行驶了十分钟，然后发生车祸,致人死亡。行为人除了此前的超速驾驶,没有任何其他的违章行为。那么,行为人的超速驾驶行为与被害人的死亡结果之间是否有刑法因果关系呢?如果行为人在前十分钟不超速驾驶,那么其在后十分钟就不会在那个时间地点遇到被害人,因而也就不会发生被害人死亡的结果。由此可以肯定,行为人的超速驾驶行为与被害人的死亡结果之间存在条件关系。而且,行为人驾车撞死被害人,在因果流程上具有通常性。所以,如果按照条件说或者相当因果关系说,应当肯定行为人的超速驾驶行为与被害人的死亡结果之间存在刑法因果关系。但是,客观归责理论需要考察风险的作用。在行为人将其速度降至最高限速以内,其之前超速驾驶行为所带来的风险的作用就结束了。因此,行为人的超速驾驶行为与被害人的死亡结果之间没有刑法因果关系。我国也发生过类似的案件。

案例 4-3:龚晓玩忽职守案[①]

1998 年 12 月,彭水县村民蒋明凡持有的驾驶证有效期届满后(蒋于 1994 年 5 月申请办理准驾 B 型车辆的正式驾驶证),向彭水县公安局交通警察大队申请换证。彭水县公安局交通警察大队对蒋明凡的申请初审后,将其报送给黔江地区车辆管理所审验换证。1999 年 3 月 22 日,时在黔江地区车辆管理所负驾驶员体检工作的被告人龚晓收到蒋明凡的《机动车驾驶证申请表》后,在既未对蒋明凡进行体检,也未要求蒋明凡到指定的医院体检的情况下,违反规定自行在其《机动车驾驶证申请表》上的"视力"栏中填写上"5.2",在"有无妨碍驾驶疾病及生理缺陷"栏中填上"无",致使自 1995 年左眼视力即失明

[①] 参见中华人民共和国最高人民法院刑事审判第一庭、第二庭主编:《刑事审判参考》2004 年第 2 辑(总第 37 辑),法律出版社 2004 年版,第 78—84 页。

的蒋明凡换领了准驾 B 型车辆的驾驶证。此后,在 2000 年、2001 年及 2002 年的年度审验中,蒋明凡都通过了彭水县公安局交通警察大队的年度审验。2002 年 8 月 20 日,蒋明凡驾驶一辆中型客车违章超载 30 人(核载 19 座)从长滩乡驶向彭水县城,途中客车翻覆,造成乘客 26 人死亡、4 人受伤和车辆报废的特大交通事故,蒋明凡本人也在此次事故中死亡。事故发生后,经彭水县公安局交通警察大队调查,认定驾驶员蒋明凡违反《中华人民共和国道路交通管理条例》第二十六条第九项"在患有妨碍安全行车的疾病或过度疲劳时,不得驾驶车辆"的规定和第三十三条第一项"不准超过行驶证上核定的载人数"的规定,对此次事故负全部责任,乘客不负事故责任。

  黔江区人民法院认为,被告人龚晓在蒋明凡申请换证时,未能正确履行职责,致使蒋明凡驾驶证换证手续得以办理,但其效力仅及于当年,此后年审均在彭水县交警大队办理,且现有证据不能确定发生车祸的具体原因,被告人龚晓的行为不构成玩忽职守罪,依照《中华人民共和国刑事诉讼法》第一百六十二条第(三)项的规定,判决被告人龚晓无罪。一审宣判后,黔江区人民检察院向重庆市第四中级人民法院提出抗诉。重庆市第四中级人民法院经开庭审理认为,根据《中华人民共和国机动车驾驶证管理办法》的规定,在对驾驶员审验时及驾驶员申请换领驾驶证时,黔江地区车辆管理所均负有对驾驶员进行体检的义务。驾驶员蒋明凡在申请换证时,被告人龚晓未履行对其身体进行检查的职责,其玩忽职守行为客观存在,但其失职行为与"8.20"特大交通事故之间不存在刑法上的因果关系,因此,不能认定被告人龚晓的玩忽职守行为已致使公共财产、国家和人民利益遭受重大损失,进而,不能认定其行为已构成玩忽职守罪。据此依照《中华人民共和国刑事诉讼法》第一百八十九条第(一)项的规定,裁定驳回抗诉,维持原判。

在本案中,被告人在应当对驾照申请人蒋明凡进行体检的情况下,没有对其进行体检就直接认定其体检合格,这个行为属于玩忽职守的行为。关键的问题在于,被告人玩忽职守的行为与重大交通事故的发生有无刑法因果关系?对此,法院认为,被告人在蒋明凡申请换证时未能正确履行职责,致使蒋明凡驾驶证换证手续得以办理,但其效力仅限于当年,据此否定了其行为与重大交通事故之间的刑法因果关系。应当说,这个判断是非常准确的。因为准驾 B 型车辆的驾驶证每年都需要年检,被告人玩忽职守行为所创设的风险只在当年发挥作用。而重大交通事故发生于三年之后,此时被告人玩忽职守行为所创设的风险早已结束其作用。因此,不能将重大交通事故的发生这一结果归责于被告人玩忽职守的行为。

(四)从结果回避可能性的角度提出辩护

行为人的行为可能同时创设了多种风险,其中有的是法所允许的风险,有的是法所禁止的风险。这个时候需要搞清楚结果实现的到底是法所允许的风险还是法所禁止的风险。如果这两种风险是相互独立的,那么很容易查清结果是对何种风险的实现。可是,如果这两种风险完全融合在了一起,那么就无法正面查清结果到底是对何种风险的实现。这个时候需要运用结果回避可能性理论。具体而言,假设行为人完全遵守了注意规范的要求,看此时相同的结果是否仍然会发生。如果答案是肯定的,那么结果就是对法所允许的风险的实现;反之,如果答案是否定的,那么结果就是对法所禁止的风险的实现。

案例 4-4：贺淑华非法行医案①

被告人贺淑华无行医执业证照在重庆市垫江县桂溪镇松林路 18 号租住房内非法行医多年。2003 年 5 月 25 日 9 时,贺非法给刘福琼接生时滥用"缩宫素",致刘福琼宫缩过强引发羊水栓塞,导致刘及胎儿死亡。经鉴定:刘福琼及胎儿的死亡与贺淑华非法行医有直接关系。重庆市垫江县人民法院认为,被告人贺淑华无行医执照,非法为他人接生,致人死亡,其行为已构成非法行医罪。根据《中华人民共和国刑法》第三百三十六条第一款、第五十二条、第五十三条的规定,判决被告人贺淑华犯非法行医罪,判处有期徒刑十年,并处罚金人民币一万元。宣判后,贺淑华不服,提出上诉。上诉理由及其辩护人的辩护意见为:1.原判决认定贺滥用"缩宫素"的证据不足;2.重庆市医科大学附属第一医院所作的鉴定结论有误;3.刘福琼的死亡与贺的非法行医行为间无因果关系,贺不应对刘的死亡承担刑事责任。请求二审宣告被告人无罪。

重庆市第三中级人民法院认为,上诉人贺淑华在没有取得行医资格的情况下非法行医多年,其行为构成非法行医罪;其在为他人接生过程中造成就诊人死亡,应当承担相应的刑事责任。重庆市医科大学附属第一医院是在认定贺淑华滥用"缩宫素",致刘福琼宫缩过强而产生羊水栓塞的基础上作出的鉴定

---

① 参见中华人民共和国最高人民法院刑事审判第一、二、三、四、五庭主编:《刑事审判参考》2006 年第 6 辑(总第 53 辑),法律出版社 2007 年版,第 50—59 页。

结论。但公安机关在尸体检验时既未从死者刘福琼体内提取任何检材，也未对其在现场提取的药液中是否含"缩宫素"成分作过鉴定。一审认定贺淑华对刘福琼使用过"缩宫素"无充分的证据支持，应予纠正。重庆市医科大学附属第一医院作出的鉴定结论所依据的基础事实有误，其结论意见必然缺乏客观性。上诉人贺淑华及其辩护人提出原判认定贺淑华滥用"缩宫素"的事实不清，证据不足，鉴定结论有误的上诉、辩护理由成立；贺淑华在非法为他人接生时应该预见到产妇在分娩过程中可能会发生各种分娩综合征，但其明知如果在产妇分娩过程中发生各种分娩综合征时，其没有相应的医疗设备和医疗技术予以实施及时、恰当的抢救措施，产妇的生命危险性必然会大大增加。贺淑华对产妇在分娩中可能会发生的危险心存侥幸，以致刘福琼分娩中出现并发羊水栓塞时无力采取及时、恰当的抢救措施，造成刘福琼死亡，其非法行医行为与刘福琼的死亡后果存在因果关系。贺淑华及其辩护人提出，刘福琼的死亡后果与贺淑华的非法行医行为无因果关系的上诉、辩护理由不能成立，请求二审宣告被告人无罪的上诉意见，不予采纳。一审判决认定贺淑华非法行医并造成产妇刘福琼及胎儿死亡的事实清楚，证据充分；但认定贺淑华滥用"缩宫素"致刘福琼发生羊水栓塞的证据不足。原判适用法律正确、定罪准确、量刑恰当。依照《中华人民共和国刑事诉讼法》第一百八十九条第（一）项的规定，裁定如下：驳回上诉，维持原判。

这个案件是非法行医出现就诊人死亡的案件。前面已经说过，在2016年，最高法出台了一个司法解释，对非法行医罪中的因果关系做了一个规定："非法行医行为并非造成就诊人死亡的直接、主要原因的,可不认定为刑法第三百三十六条第一款规定的'造成就诊人死亡'。但是,根据案件情况,可以认定为刑法第三百三十六条第一款规定的'情节严重'。"根据这个司法解释,一旦出现了就诊人死亡的结果,非法行医者的刑事责任有三种可能的结果。第一,如果行为人的非法行医行为是造成就诊人死亡的直接、主要原因,那么行为人构成非法行医罪,并且适用第3档的法定刑(十年以上有期徒刑,并处罚金)。第二,如果行为人的非法行医行为并非造成就诊人死亡的直接、主要原因,但是确实与就诊人的死亡结果之间存在一定的因果关联,那么行为人也构成非法行医罪,不过只适用第1档的法定刑(三年以下有期徒刑、拘役或者管制,并处或者单处罚金)。第三,如果行为人的非法行医行为与就诊人的死亡结果之间没有任何因果关联,那么行为人无罪。如何理解这里的"直接、主要原因""一定的因果关联"以及"没有任何因果关联"呢?我认为,"直接、主要原因"是指非法行医者明显操作不当,造成医疗事故;"一定的因果关联"是指非法行医者没有明显不当,但是由于技术或设备与正规医院相比存在差距,给就诊人增加了风险;"没有任何因果关联"是指即便就诊人到正规医院治疗,也仍然会发生就诊人死亡的结果,亦即就诊人的死亡结果欠缺回避可能性。

虽然本案发生在上述司法解释出台之前,但是这个司法解释的内容对于我们正确处理本案还是有一定的指导意义。首先要考察的是,被告人是否存在明显的操作不当?换言之,就诊人的死亡是否属于医疗事故?对此,一审法院认定被告人滥用了"缩宫素",因而存在明显的操作不当。但是,二审法院否定了这一事实。接下来的问题是,与正规医院的接生行为相比,被告人的接生行为是否因技术或设备存在差距而给孕妇增加了风险?对此,二审法院给出了肯定的回答,并由此肯定被告人的行为与孕妇死亡的结果之间存在刑法因果关系。不难发现,二审法院的分析思路暗合了客观归责理论中的风险升高理论,这是值得肯定的。但是,二审法院的上述分析存在两个问题。其一,被告人的非法行医行为是否升高了就诊人的风险,是一个有待查明的事实问题,需要事后去搜集证据去加以判断。其答案既可能是肯定的,也可能是否定的。不能认为只要行为人非法行医了,其行为必然会增加就诊人的风险。二审法院在没有搜集证据去查明事实的情况下,仅仅是通过理论分析就得出了被告人的非法行医行为增加了就诊人的风险的结论。应当说,这一结论是不可靠的。其二,即便肯定了被告人的非法行医行为确实给就诊人增加了风险,并由此肯定其行为与就诊人的死亡结果之间存在刑法因果关系,也应当认为,被告人属于"非法行医,情节严重"的情形,而非"非法行医,造成就诊人死亡"的情形。换言之,应当对其适用第1档的法定刑,而非第3档的法定刑。

(五)从规范保护目的的角度提出辩护

如果行为人的行为创设了一种法所禁止的风险,并且这种风险在导致结果发生的因果流程中发挥了作用,但是刑法之所以禁止这种风险并非为了防止这种结果的发生,那么不能将该结果的发生归责于行为人的行为。这就是规范保护目的理论的基本主张。前面说过,规范保护目的理论主要适用于这类案件:若要将结果归责于行为人的行为,结论难言妥当,但是我们又很难从其他的角度排除对结果的归责。所以规范保护目的理论具有兜底的性质,这个辩护角度也要放在最后用。

案例 4-5：穆志祥被控过失致人死亡案[①]

1999年9月6日10时许,被告人穆志祥驾驶其苏GM2789号金蛙农用三轮车,载客自灌南县孟兴庄驶往县城新安镇。车行至苏306线灌南县硕湖乡乔庄村境内路段时,穆志祥见前方有灌南县交通局工作人员正在检查过往车辆。因自己的农用车有关费用欠缴,穆志祥担心被查到受罚,遂驾车左拐,驶离306线,并在乔庄村3组李学华家住宅附近停车让乘客下车。因车顶碰触村民李学明从李学华家所接电线接头的裸露处,车身带电。先下车的几名乘客,因分别跳下车,未发生意外,也未发现车身导电。后下车的乘客张木森由于在下车时手抓挂在车尾的自行车车梁而触电身亡。张木森触电后,同车乘客用木棍将三轮车所接触的电线击断。现场勘验表明,被告人穆志祥的苏GM2789号金蛙农用三轮车出厂技术规格外型尺寸为长368cm、宽140cm、高147cm。穆志祥在车顶上焊接有角铁行李架,致使该车实际外形尺寸为高235cm。按有关交通管理法规规定,该种车型最大高度应为200cm。李学明套户接李学华家电表,套户零线、火线距地面垂直高度分别为253cm、228cm,且该线接头处裸露。按有关电力法规规定,安全用电套户线对地距离最小高度应为250cm以上,故李学明所接的火线对地距离不符合安全标准。

灌南县人民法院经审理认为：被告人穆志祥的行为虽然造成了他人死亡的结果,但既不是出于故意也不存在过失,而是由于不能预见的原因引起的,属意外事件,不构成犯罪。公诉

[①] 参见中华人民共和国最高人民法院刑事审判第一庭、第二庭主编：《刑事审判参考》2002年第5辑(总第28辑),法律出版社2003年版,第31—37页。

机关指控被告人穆志祥犯过失致人死亡罪的定性不当,指控的罪名不能成立,不予支持。依照《中华人民共和国刑事诉讼法》第一百六十二条第(二)项《,最高人民法院关于执行(中华人民共和国刑事诉讼法)若干问题的解释》第一百七十六条第(三)项和《中华人民共和国刑法》第十六条的规定,于2000年5月30日判决:被告人穆志祥无罪。一审宣判后,灌南县人民检察院在法定期限内向连云港市中级人民法院提出抗诉,认为原判对原审被告人穆志祥犯罪性质认定错误,原审被告人穆志祥在主观上有过失,客观上造成了张木森死亡的结果,穆志祥的行为与张木森死亡有必然的因果关系,故穆志祥的行为不属意外事件,而符合过失致人死亡罪的犯罪构成要件,应当定罪处罚。连云港市中级人民法院在审理过程中,连云港市人民检察院认为抗诉不当,申请撤回抗诉,连云港市中级人民法院认为连云港市人民检察院撤回抗诉的申请,符合法律规定,依照《中华人民共和国刑事诉讼法》第一百七十二条的规定,于2000年6月19日裁定:准许连云港市人民检察院撤回抗诉。

这是一起由车身太高和电线太低引发的触电身亡案件。在这起案件中,穆志祥对车辆进行了改装,从而使车身超过了交通管理法规所规定的车型的最大高度,因而创设了法所禁止的风险。李学明在套接电表时,使得电线离地面的距离小于电力法规规定的最小高度,因而也创设了法所禁止的风险。只要其中任何一个人遵守了注意规范的要求,被害人触电身亡的结果就不会发生。由此可见,在导致结果发生的因果流程中,上述两种风险都发挥了作用。那么,被害人触电身亡的结果到底是对哪种风险的实现?对此,需要考察两种注意规范的规范保护目的。交通法规对每一种车型的最大高度都做了明确规定。交通法规之所以要规定这个内容,主要是考虑到,如果车身太高,重心便会很高,容易导致翻车。而电力法规之所以要规定电线离地面的最小高度,主要是考虑到如果电线过低,容易引发触电事故。由此可以看出,避免触电的发生,是电力法规规定电线最小距离的规范保护目的,而不是交通法规规定车身最大高度的规范保护目的。因此,应当将被害人触电身亡的结果归责于李学明,而不能将其归责于穆志祥。

第五讲
间接故意与过于自信过失的实务判断

马寅翔*

一、相关案例的数据分析

关于间接故意与过于自信过失的区分,无论是在理论界或是实务界,都存在着争议,刑法理论界的争议尤其激烈。面对这一情况,德国学者威尔泽尔曾经感慨道:"间接故意和过于自信过失的分界问题是刑法学上最困难也是最有争议的问题之一。它的主要难点在于人的意欲是一种原始的、终极的心理现象,它无法从其他感性或理性的心理流程中探索出来,只能尽量去描述它,而无法准确地对它下一个定义。"当然,威尔泽尔教授坚持的是一种物本逻辑的思考,他主要是从事实层面看待间接故意与过于自信过失的区分。现在看来这种视角属于刑法理论上所说的存在论的思考,这与目前学界流行的规范论的思考是存在明显差别的。当然,视角的区别也会影响我们对间接故意与过于自信过失的区分。在讲课过程中,我也会在最后提出自己认为有一定道理的标准,并给大家作一个比较详尽的讲解。

当然,以上主要是从理论层面来说的,作为律师,从实务角度来看,可能我们更加关心的是审理案件的法官如何看待两者的区分。

---

* 华东政法大学刑事法学院教授。

为了更为直观地了解法官的想法,我们首先看一下相关的审判数据。

(一)案件来源

需要说明的是,本次案例的收集、整理工作是我委托我指导的硕士研究生邹宏建和宁东两位同学进行的,在这里要向他们表示感谢!这些审判数据来自于华政购买的威科先行法律数据库,搜索关键词是"间接故意"+"过失"。通过搜索,在威科先行法律数据库中共得到了1223份刑事判决书,其中近三年的判决书有555份,近五年的判决书有870份。

(二)样本筛选

为了兼顾样本统计的数量与质量,接下来的分析主要是围绕近五年的870份判决书展开。在搜集了这些案例后,我们又进一步对样本进行了筛选。由于部分判决书过于简单模糊,难以从中提炼出故意犯罪与过失犯罪的界分标准,因而我们再次进行了筛选。经统计,在870份判决书中,能够体现间接故意与轻率过失的判决书共有678份,总占比为78%。

(三)罪名统计

为了了解在司法实践中界定间接故意与过于自信过失的争议点主要集中在哪些罪名中,我们对所有有效判决涉及的罪名作了统计分析,在所有统计的罪名中,排名第一的是故意伤害罪,总共有301份判决书,占比达到了44%。排名第二的则是以危险方法危害公共安全罪,共有88份判决书,占比13%。第三的是故意杀人罪,有80份判决书,占比12%。其他罪名主要涉及过失致人重伤/死亡罪、放火罪、交通肇事罪、故意毁坏财物罪、污染环境罪、寻衅滋事罪、抢劫罪等。经过统计我们发现,从所属的刑法分则章节来看,占比最多的罪名是侵犯人身权利类的犯罪,总共有412件,占比高达61%,其中最为主要的罪名是故意伤害罪。其次是危害公共安全类的犯罪,总共有142件,占比21%,其中最主要的罪名是以危险方法危害公共安全罪。由于这两类罪名占比高达82%,接下来的内容将主要围绕它们而展开。可以说,从哪些罪名存在轻罪辩护的空间来看,这些罪名的分布为我们提供了一个较为明确的方向。

二、司法实务部门采用的界分标准

(一)整体适用状况概览

整体来看,对于间接故意与轻率过失的区分,司法实践中主要是从间接故意的认定着手的,这也为今后的辩护提供了一种可能的方向。我国《刑法》第14条第1款规定:"明知自己的行为会发生危害社会的结果,并且希望或者放任这种结果发生,因而构成犯罪的,是故意犯罪。"根据该规定,行为人要成立间接故意必须明知自己的行为会发生危害社会的结果,还必须具有放任的心理态度,因此在实务中普遍以所谓的放任理论为依据,从意志因素的角度界分间接故意与有认识的过失。经过统计分析发现,在678份有效判决书中,运用放任理论的有587份,没有运用的只有91份。可见,在实务当中适用放任理论是绝对主流的做法。但需要注意的是,从判决书中的定性分析来看,司法实务中运用的放任理论与理论界所理解的放任理论还是存在细微差别的。审理案件的法官倾向于认为,如果行为人为了实施某种行为或者出于某种动机不计后果,对于危害结果的发生听之任之、漠不关心、不管不顾,就存在一种放任的心理态度。

案例5-1：项链勒颈案

被告人马小林开始因为劝架,后来又因债务问题与被害人发生争吵与撕扯。期间,马小林遭到了被害人的辱骂和殴打,在撕扯过程中,马小林从后面抱住了被害人,两人同时摔倒在客厅沙发旁的地板上。被害人压在了马小林的身上,于是马小林左手抱住其左胳膊,右手抓住其脖子上的项链,勒住了被害人的脖子。过了数分钟,马小林感觉被害人已经不动了,当其松手查看时,发现被害人脸色已经发青,没有了呼吸。

对于马小林的行为,检察院以过失致人死亡罪提起公诉,但审理该案的法官认为,从马小林的用力程度和勒颈的时间看,他虽然不具有积极追求被害人死亡后果的发生,对死亡的发生是一种过失的心态,但伤害的故意是明显的,即明知自己的行为可能造成被害人伤害的后果,而放任伤害后果的发生,应以故意伤害罪定罪量刑,后来二审法院也维持了这一行为定性。

在该案中,马小林是为了制止马某甲的反抗而勒住了他的脖子,时间长达数分钟,法院据此认为其能够认识到这种行为可能带来的伤害后果,因此存在放任伤害结果的故意。这种从认识层面理解间接故意的做法,和学界的主流见解存在一定的区别。在理解间接故意时,刑法理论通说更为关注放任这种意志的形成和发展过程,将放任解释为放纵、纵容,强调间接故意的有意性,也就是强调间接故意必须具有意志因素。可见,在理解放任时,实务界和理论界是存在差别的,恰恰正是这种差别,对于判定行为人的罪过心态发挥了重要的影响。

(二)放任理论的具体适用细节

在很多场合,法官仅根据放任理论对案件进行定性,但实际上,仅根据放任理论还不足以区分间接故意和有认识的过失。根据统计分析我们发现,在 587 份运用了放任理论的判决书中,虽然有 205 份只是单纯根据放任理论就得出了结论,也就是注重考查行为人对危害结果的发生是否听之任之、漠不关心、不管不顾,但还有 382 份补充性地运用了其他一些理论。它们主要分为五种情形:

1. 放任理论+可能性理论

这种做法根据行为是否具有高度危险性,也就是实现构成要件结果的具体可能性,以及行为人对此是否存在认知,来推断行为人是否具有放任心理。实际上,在这种思路中,法官并没有将放任理论置于一个非常重要的地位。虽然在判决书中,法官也提到对于结果的发生行为人主观上具有放任心态,但是在裁判理由中,却没有对这种放任心态进行具体分析。也就是说,放任理论其实并没有发挥任何实质性的作用。可见,这种思路其实与完全不考虑意志因素的纯粹的可能性理论是比较接近的。根据可能性理论,如果行为人对具体结果发生的可能性有具体的认识,他仍然还去实施可能引发这种具体结果发生的行为,那么通常而言,法官就倾向于认为行为人在实施这种行为时是具有犯罪故意的,至少也具有间接故意。

案例 5-2:钢珠射击案

被告人周团圆使用螺丝钉在小区楼顶栏杆上设置了一个

目标,多次从居住的阳台上使用弹弓夹着钢珠对目标进行射击,其中部分钢珠掉落下来,对部分被害人造成一定财产损失。虽然对于这些财产损害,并没有直接证据证明是掉落的钢珠导致的,但被告人还是积极地进行了赔偿。

审理该案的法官认为,周团圆作为成年人,应当认识到其行为可能对他人的人身、财产造成一定危险,但其仍然对此予以放任,其主观上属于间接故意而非过失。在这个裁判理由中,法官只是强调了在发射钢珠时,行为人能够认识到其钢珠一旦跌落到地上,会给其他人的人身、财产造成威胁,就据此直接得出其对危害结果有一种间接故意的心态,从而构成以危险方法危害公共安全罪。法官只是用"予以放任"这四个字肯定了行为人主观上属于放任,但并未就此展开进一步的分析。这起案件明确表明,法官在本案中只是强调了行为人的认识要素,而没有强调意志要素。前面已经提及,这种理解实际上和理论上所说的放任还是存在一定区别的。这也是为什么我会说,这种思路其实与不考虑意志因素的纯粹的可能性理论比较接近。

2. 放任理论+实现意志说

实现意志说是以行为人对其行为可能造成的某种具体危害结果有认识为前提的。通过判断行为人在认识到其行为可能造成的客观危险之后,对于回避结果有怎样的计算,来判断行为人对结果是否有一种实现的意志。如果行为人认识到结果发生的具体可能性,在没有可以回避该结果发生的自信时,却仍然实施了可能引发该结果的行为,通常就认为其属于间接故意。其主要具有以下特点:

(1)在作为犯中,大多注重对于行为人动机的考察,根据动机推断实现意志,进而肯定间接故意的成立;少数做法则是根据行为人

没有采取避免结果发生的措施,来肯定间接故意的成立;

(2)在不作为犯中,部分判决根据行为人没有采取有效避免结果发生的措施,来肯定间接故意的成立。

案例5-3:推人入水案

被告人高心林驾驶一辆白色面包车到某一交易市场,发现四下无人,准备将那里的一个铁筛子搬运回家,却在该过程中被保安抓到。两人抓扯至市场内部一个水塘边,高心林为了躲避抓捕,用力将保安推开,结果将其推入水塘不幸溺亡。

对于该案,高心林的辩护人认为高心林将保安推入水塘的行为是一种临时起意的行为,因此对于死亡结果存在一定过失。但审理该案的法官认为,高心林将被害人推入水塘后就对被害人具有了救助义务,但其并没有采取任何措施,而是放任死亡结果的发生,因此应认定其属于间接故意。

总体来说,在进行判断时,对于作为犯,法官通常是看行为人事先有没有采取防止危害结果发生的措施;而对于不作为犯,法官通常是看在出现了可能导致危害结果发生的状态后,行为人有没有采取避免措施。在进行辩护时,法官所关注的这些要点是必须予以注意的,否则可能会导致无效辩护。

3.放任理论+可能性理论+实现意志说

这种做法相当于把前两种情形糅合在一起,属于一种综合判断,其考察内容包括:

(1)行为本身的风险;

(2)行为人对于风险的认知情况;

(3)行为人的内心倾向;

(4)行为人于行为前或行为时是否采取了一定的避免措施;
(5)事后的举措与表现。

案例 5-4:驾车逃检案

被告人符秀山驾驶着一辆重型货车行驶到某一检查点时,被三位执法人员拦住。他因为存在违章行为,为了逃避检查而驾车逃离现场。当时他只是看到了两位检查人员避开了其车头,但不确定站在车前方的另一检查人员是否避开。在这种情况下,符秀山依然加速行驶,致车前方的检查人员被车带走。另外两名执法人员发觉后,追着拍打货车车身,但符秀山没有加以理会,而是继续加速前行。在驾车离开检查点大概 400 余米后,符秀山发觉车后轮出现明显颠簸,便停车检查,结果发现那名检查人员被车辆碾压。于是他马上拨打 120 请求救助,医疗人员到场时发现被害人已经死亡。

审理该案法官认为行为人在驾车逃跑过程中明知被害人可能在车正前方,并且其行为可能造成伤亡后果,其依然没有去避免结果发生的意图,也没有在客观上采取积极举动,而是放任危害结果的发生,因此其行为应当构成故意杀人罪而非交通肇事罪。

需要指出的是,虽然这个案件同时结合了三种理论进行分析,但其关键理论仍然是看行为人在当时有没有采取客观的避免举措,这也是法官将符秀山的行为认定为间接故意而不是过失犯罪的核心依据。

4.放任理论+回避意识说

这种做法认为,如果行为人采取了避免结果发生的措施,则肯定行为人内心具有回避意识,排除间接故意的成立。如果行为人没有采取回避措施,则表明其主观上不想避免结果发生,因此存在间接故意。

案例 5-5：私拉电网案

被告人李存年未经批准在自己承包的土地周围私拉电网电击野生动物，用于保护自己的玉米地。某晚他将电网通电后，将三轮车停在旁边在车上睡觉，以此守护玉米地。被害人外出寻找走失的狗，由于天黑没有发现裸露的电线，最终由于触电导致重伤二级。

对于该案，法官将其定性为以危险方法危害公共安全罪，理由是李存年明知道他设置的电网曾击伤过村民，此次依然没有采取比较醒目的提醒措施，说明他对危害结果其实是持一种放任态度，存在一种间接故意。二审法院经审查发现，李存年将通电时间选择在村民下山之后的晚上，并在电网上安装了报警器。在通电之前，他曾在田地里转了一圈排查情况；通电后，他也在承包地旁睡觉看护。这些举动都足以表明，李存年其实是采取了一些防护措施，只是高估了这些措施的有效性，因此其主观上并非放任心态，而是过于自信的过失，最终结果的发生实际上违背了他的意愿，因此充其量应当以过失以危险方法危害公共安全罪进行处罚。

因此我们可以发现，在回避意识说当中，实际上还是根据行为人是否采取了一定的避免措施，来推定行为人当时的主观心态。

5. 放任理论+可能性理论+回避意识说

就采取这种解决方案的判决所体现的思路来看，其实和上述第四种思路差不多，但法官在判决中突出强调了以下两点：

(1)行为本身的风险以及行为人对于风险的认知情况；

(2)根据行为人有无采取避免措施考察行为人有无回避意识。

考虑到这种类型的判决书实际上比较少，我打算在第四部分讲解辩护思路时再展开具体分析。

（三）采用其他标准的情形

除了以上五种情况外，我们在整理判决书的过程中还发现，虽然当前的实务界主要采用的是放任说，但依然有一部分判决书没有采用放任说，而是基于其他视角判断故意是否存在：

1. 可能性理论

在采纳可能性理论的判决书中，法官仅根据行为本身所具有的可能引发具体危害结果的风险，来肯定间接故意的成立。

案例5-6：硫酸泼脸案

被告人字春高为了报复已经结婚的前女友，准备了一碗浓硫酸。在敲开前女友家的房门后，将浓硫酸泼到了她头上，致其面部灼伤。浓硫酸还溅到前女友丈夫身上，致其头部、背部多处灼伤。经鉴定，其前女友的损伤程度是重伤二级，前女友丈夫的损伤程度是轻伤二级。

对于前女友的重伤结果，字春高存在故意毋庸置疑。但对于前女友丈夫的伤害结果，字春高在自我辩护时声称属于过失。对此，法官在审理过程中认为，硫酸是具有强腐蚀性的危险品，在案发当时，既然字春高明知房内还有其他人员，他就应当认识到硫酸极有可能泼到其他人身上。根据这一点，法官直接认定字春高的行为属于间接故意而非过失。如果我们作一个反面理解就会发现，法官之所以没有认定为过失，是因为字春高在当时并未采取避免其他无关人员受到伤害的措施，这一点和下述的回避意识说有一脉相承之处。

2. 回避意识说

在采纳回避意识说的判决中，法官仅根据行为人是否具有回避意识来判断间接故意是否成立。

案例5-7：手枪射杀案

被告人张军由于回家较晚,和妻子发生争吵,过程中张军拿出其私藏的手枪对准妻子的眉心假装开枪。半躺在床上的妻子见此情形,试图起身夺枪。张军扣动扳机,结果打中妻子眉心,致其当场死亡。

张军在审理过程中辩称其属于过失心理,应当认定为过失致人死亡罪。审理该案的法官认为,张军在购买该枪支后曾两次试过枪,说明其对涉案枪支有一定了解,更为关键的是,他在并未确定枪内是否有子弹的情况下就开枪射击,这表明他对被害人的死亡持一种放任态度,其行为符合间接故意杀人的特征。

通过此裁判理由我们可以发现,法官实际上是将被告人没有回避意识作为理由,认定其主观上具有间接故意的罪过心态。

3. 认真对待理论

该理论认为,对于可能发生结果的危险是认真对待的,并为了追求某种目标而放任该结果发生的,系间接故意。个别判决书的裁判理由体现了这种理解。

案例5-8：挖掘文物案

孙景阁、何军认识到损害文物的结果很可能发生,但出于迎接检查的考虑,在作业过程中指使工人用挖掘机挖掘文物开采现场,导致土中文物遭受损失。

在该案的裁判理由中,我们能够捕捉到法院对于认真对待理论的支持态度,也就是如果行为人对于危害结果的发生进行过计算,并且是认真对待的,就属于故意。在该案中,行为人认识到损坏文物的结果很可能发生，但仍然出于迎接检查的考虑而使用了挖掘机，导致文物受损，这表明其计算过利弊得失，认为完成检查更重要，因而对于文物受损的结果持放任心态，属于间接故意。

除了上述三种情形外，还值得我们重视的是存在被害人过错的情形。在个别案件中，如果被害人存在过错，也可能对法官判断行为人主观心态产生影响。

三、实务标准的理论剖析

（一）实务判断标准的类型划分

从理论角度来看，我们可以将实务中的做法划分为两种类型：仅要求存在认识要素的标准和同时要求存在意志要素的标准。前者主要体现为可能性理论，其判断标准是看行为本身在客观上是否可能会引发某种具体危害结果的发生。后者主要体现为放任理论、实现意志说、回避意识说以及认真对待理论，它们都要求对于危害结果的出现，行为人在主观上至少要有一种容忍心态。

（二）各种判断标准的简要评价

可能性理论的优点在于客观化地把握问题，不足之处则在于没有认识过失的存在余地和过于扩张故意的存在范围。放任理论的优点是承认意志因素的重要作用，其不足在于主观化的内心状态难以把握、过于强调有意性、容易导致成立范围过广以及容易导致论心定罪，且存在不良政策导向。实现意志说、回避意识说、认真对待理论的优点在于根据有无回避进行客观判断，不足的地方则在于三个概念的核心并无本质差异，徒增繁琐。

（三）理论重塑：判断标准的客观化

从理论角度来看，我们完全可以从规范论角度将判断标准进行客观化处理，对此可以从正反两个方面进行理解。从正面是看行为风险，即明知行为可能招致法律所不允许的某种具体风险而仍决意为之，据此我们可以得出一个结论：行为人可能存在放任心态。这实际上倾向于可能性理论。但如果单纯依靠这一理论可能过分扩大间接故意的存在范围，因此我们还需从反面进行考察，也就是看行为人是否采取了一定的避免措施。如果采取了具有一定合理性的避免措施，或者虽然没有采取措施但存在着足以令人信服的理由，即便是结果发生了，也应当排除间接故意的成立。如果行为人认识到其行为具有引发某种危害结果的具体可能性，但为了追求某个更为重要的目标，他未采取避免该风险实现的相应措施，以致发生危害结果的，则属于间接故意；反之，如果采取了回避措施或者有足够令人信服的客观依据，则属于过于自信的过失。

四、针对性的辩护思路

我们需要明确的前提是，进行辩护时首先需要明确辩护目标。在绝大多数案件中，无罪辩护都是比较难以实现的，我想听讲的各位律师可能都深有体会，鉴于此，我们次优的策略是尽可能将案件辩护为过失犯罪，为此我们就要突出强调所谓认识到的结果必须是某种具体的结果，而不能是某种不确定的结果。在明确了这样一个前提之后，我们来看看具体的辩护思路。

（一）行为人没有认识到构成要件结果的发生具有现实可能性

对此可以分为三种类型：

1. 结果发生前，行为人采取了一定的避免措施

案例 5-9：电网捕猎案

被告人段岁祥在某条小道上设置了电网捕猎野猪，结果导致被害人触电身亡。案发后经侦查发现该条小路已废弃不用，并经过长年雨水冲刷导致行人较少。并且，案发前又下过大雨，道路泥泞，不适于行走，而被告人在案发当天通电后还在附近路口观察等待了一段时间，确定无人之后才离开现场。

对于该案，审理法官认为，段岁祥在供人通行的公共道路上私设电网捕猎，已经预见到自己的行为可能危害不特定多数人的生命、健康或财产安全，但根据案发道路的现实情况其低估了结果发生的可能性，因此构成过失以危险方法危害公共安全罪。在法官看来，段岁祥虽然预见到私设电网可能发生危害结果，但这只是一种模糊的预见。为避免结果发生，他还采取了一定的防果措施，并进行了观察，据此可以认为，案发当时他并没有认识到其行为存在引发某种危害结果的具体危险。从这个角度来看，在辩护时我们可以以本案属于过于自信的过失而非间接故意进行辩护。

2. 结果发生后，行为人未采取避免措施

之所以行为人未采取避免措施，是因为他没有认识到其行为可能会导致某种具体危害结果的出现。我们不能说他没有采取措施就是没有避免意识，因而属于间接故意，而是应当结合具体案件情况分析其没有采取避免措施的原因。

案例 5-10：发射毒针案

被告人邱冲用弓弩朝狗发射毒狗针时，被害人恰好从树林旁走出，毒狗针射在其右腿上，致其毒发身亡。邱冲在案发后供述说，他在当时没注意到狗旁边有人。

因此我们可以发现其主观上是反对结果发生的，他之所以没有采取施救措施，是为了逃避责任，并且没有证据证明其如果施救就必然可以避免死亡结果发生。也就是说，没有履行救助义务并不一定是引发死亡的重要原因。一审法官将邱冲的行为进行切割评价，只侧重评价了他之后没有履行救助义务的行为。对此，二审法院认为，这种做法会导致因果关系的失衡和法律评价的不当。结合两个行为来看，该案更应当认定为过失犯罪，二审法院据此将邱冲的行为改判为过失致人死亡罪。

3. 结果发生后，行为人采取了一定的避免措施

在这种情况中，行为人有积极避免结果发生的举动，因此辩护空间较大。因为当行为人有这种举动时，就表明其主观上至少存在一定回避的意志。值得注意的是，在某些案件中，在最终结果发生前，行为人一开始并没有采取积极措施，而是隔了一段时间后才采取的，在这些情况下我们就要仔细甄别行为人一开始没有采取避免措施的原因，如果原因足够合理，仍然有可能将其认定为过失犯罪。

案例 5-11：吵架跳楼案

被害人酒后与被告人赵某 2（被害人的丈夫）因琐事发生口角，于是从三楼阳台跳到庭院中，被告人下楼查看时误以为其只是酒后昏睡，因此没有采取急救措施，也没有拨打急救电话。第二天早上他发现被害人仍然躺在院内并且意识不清，于是赶

忙拨打急救电话送去抢救。事后查明,如果及时施救很可能避免死亡结果的发生。

审案法官根据查明的证据认为,被害人在坠楼后曾要求喝水并昏睡,其身上也没有明显出血性外伤或其他严重伤势。作为一名未经过专业医学训练的普通人,被告人赵某2确实没有能力准确区分当时被害人究竟是醉酒昏睡还是受伤昏迷,也没有证据证实赵某2主观上明知被害人当时处于颅脑损伤且危及生命的状态。此外,后续抢救行为表明他并不希望结果发生。据此,法官认定赵某2的行为构成过失致人死亡罪。当然,这也是从不作为犯的角度展开的分析。

对于该案,实际上还可以从被害人过错的角度展开辩论,即对于被害人故意实施的自陷风险的行为,行为人究竟有无救助义务。通常认为,这种情况下行为人是没有救助义务的,但这已经不是在讨论主观罪过的问题。在这里就不再展开。

(二)行为人虽然认识到行为的危险性,但有合理依据认为结果不会发生

对此可以分为两种类型:

1. 行为人虽未采取避免措施,但存在合理依据

案例5-12:带病驾车案

被告人王巍在驾车时知道自己身患疾病,但自以为不足以影响驾驶,不料驾车途中疾病加重,导致其驾驶的车辆与多名行人碰撞,发生了较为严重的交通事故。

该案一审被认定为以危险方法危害公共安全罪。在二审过程

中,法官经审理查明,王巍在生活中并未遇到什么矛盾,不存在报复社会或泄愤等犯罪动机和目的,不存在希望或放任发生危害公共安全后果的心态。专家分析意见及王巍的供述证明,王巍肇事案发时听到"车把人挂了",在本能应激状态下出现慌乱、急躁,继而操作失误。王巍作案时意识并未丧失,作为职业司机,王巍具有17年的驾龄,在身体不适的情况下,其过于相信自己的驾驶技术,在人流密集的早市上违章逆行、快速超车,轻信能够避免危害后果的发生,在撞倒被害人后惊慌失措,继而操作失误未能停车继续冲撞,其主观心态系过于自信的过失。据此,该案最终被改判为过失以危险方法危害公共安全罪。

在该案中,二审法官实际上采信了三类证据,一是行为人的品格;二是操作失误系行为人的应激反应;三是行为人有足够长的驾龄,使其足以自信不会发生危害后果。这些都为类似案件的辩护提供了可能的努力方向。

2. 行为人采取了一定的避免措施

案例 5-13:推人落水案

被告人孔凡伟开着采砂船与划着简易小船的被害人发生纠纷,被害人站立在小船船头从孔凡伟身后抓拽孔凡伟,孔凡伟在挣脱的同时反身猛推了被害人一把,致被害人落水。孔凡伟开船离开,后发现被害人出现危险状况,便又返回案发地并跳入水中施救,但未成功,被害人最终不幸溺亡。

在该案审理过程中,辩护人指出,因为被害人系自行划船靠近采砂船,落水后又有游向土坡的举动,孔凡伟据此认为"被害人是渔民、水性好",便没有立即施救,而是开船驶离案发地,发现异常后又返回案发地并跳入水中施救。这些行为表明，被害人死亡这一后果并不符合孔凡伟的意愿，他对危害结果持否定、排斥的态度。孔凡伟系错误地判断了被害人的水性，轻信可以避免死亡后果的发生，以致延误了施救时机，最终导致被害人死亡，他在主观上存在过于自信的过失，其行为构成过失致人死亡罪。该辩护意见最终为法官所采纳。

（三）行为人未意识到先前行为造成一定后果，后续行为又导致结果发生

对此也可以分为两种类型：

1. 行为人对于先前行为造成的后果并不明知

在通常情况下，在交通肇事后又驾车逃逸，对于发生的二次碰撞事故，法院都倾向于将其认定为以危险方法危害公共安全罪。曾闻名全国的"孙伟铭案"，便是采取了这种认定思路。对此，最高人民法院也将该案作为指导案例加以推广。但是，对于二次碰撞事故，仍存在将其辩护为过失犯罪的空间。

> **案例 5-14：二次肇事案**
>
> 被告人邵伟民醉酒驾驶，在发生第一次刮擦事故后，继续驾驶车辆约 2 公里，沿途有数个交通信号灯。行驶过程中，邵伟民驾驶较为平稳，没有明显违反交通规则的行为，但仍醉酒导致判断失误，发生了第二次事故，造成一人死亡、一人重伤、电动车严重损坏的严重后果。碰撞发生后，邵伟民减速行驶约 100 米，将车停至路旁下车查看，明知他人报警而在现场等候处理。

对于该案,一审法院将其认定为以危险方法危害公共安全罪。二审法院经审理认为,不能认定邵伟民对第一次刮擦具有明确认知。邵伟民在第一次刮擦事故发生后的一系列行为表明,对于第二次肇事结果,他在主观上并不具有希望或放任的心态,其对事故发生的主观心态仍属于过失,不具备以危险方法危害公共安全罪的主观特征。并且,从客观行为来看,除醉酒驾车外,邵伟民亦无其他诸如故意连续冲撞、恶意冲撞、反复冲撞、高速冲撞不同车辆、行人等危害公共安全的行为,其醉酒驾车的行为虽然侵害了公共安全,但交通肇事罪针对此类行为已经给予单独的立法评价。

综上,二审法院认为邵伟民不构成以危险方法危害公共安全罪,而应当以交通肇事罪定罪处罚。应当说,该案同样为将来类似案件的辩护工作提供了重要的参考。

2. 结果发生后,采取符合法规范期待的行为

这种情况通常也会被认为是行为人对结果持回避态度的直接证据。上面刚刚提到的【案例14】恰好也体现了这一点,也就是邵伟民在意识到发生第二次事故后,停车等候处理。这种行为就是符合法规范期待的行为。它可以作为一个很好的辩护点。但考虑到时间有限,我在这里就不再结合其他案例展开讲解。

(四) 被害人存在特殊情形,导致行为人未认识到结果发生的可能性

这种情形同样还可以被划分为两类:

1. 被害人具有特殊体质

虽然从客观层面来看,被害人的特殊体质并不能切断行为人所实施的行为与危害结果之间的因果关系,但如果行为人与被害人之

间并不存在特殊关系,没有预见被害人具有特殊体质的可能性,则通常情况下可以排除行为人具有希望结果发生的心态。

2. 被害人实施了特殊举动

在实践中,还有被害人在案发后举止正常,并未要求救助的情形。

> **案例 5-15:逃逸致死案**
>
> 被告人钱竹平驾驶一辆货车,往水泥厂运石头,在驾驶过程中,因遇情况采取措施不当而撞到前方公路上的一名行人,致该人受伤。被告人钱竹平下车察看并将被害人扶至路边,经与其交谈后,被告人钱竹平认为被害人没有大的伤害,便驾车离开现场。后被告人钱竹平再次路过此处,看到被害人仍然坐在路边,但他并未停车询问,而是直接驾车离开。当天下午,被害人因腹膜后出血引起失血性休克死亡(经了解,被害人若及时抢救可避免死亡)。

对于该案,在肇事后,钱竹平在询问被害人伤情时,被害人示意并无大碍,据此其认为不需要将被害人送往医院。通常情况下,被撞的被害人都会要求行为人将其送往医院诊治,但该案的被害人却没有这么要求,而是示意钱竹平可以离开,这种特殊举动使钱竹平误以为被害人没有出现大问题,因而也就没有采取什么避免措施。由于这种误认的出现具有较为合理的原因,因而不能认为钱竹平对于死亡结果存在放任心态,而是仍然应当认定为过失。

五、总结

通过结合上述案例分析可以发现,实务部门在区分间接故意与过于自信的过失时，实际上主要还是从行为人事前有无采取避免措施、事后有无采取抢救措施进行判断的。这也是我所赞同的从客观角度判断行为人主观心态的做法。但需要指出的是，一方面，正如某些案例所展示的那样，即便行为人没有采取某些措施，或者是没有及时采取某些措施，只要有证据表明行为人没有这么做具有足够合理的理由，也仍然应当将其认定为过失犯罪。另一方面，根据行为人的客观举动判断其主观心态的做法，实际上属于根据客观证据进行的刑事推定。对于这种推定，如果存在相反证据，是可以进行反证的，因此在梳理辩护意见时，必须注意各种证据的收集。这是需要注意的。

第六讲
错误论在辩护中的运用

柏浪涛*

近年来,关于认识错误的案件在我国不断出现,如天津赵春华非法持有枪支案、内蒙古王力军非法经营案等。这类案件因为涉及法律认识错误或者事实认识错误,是极易混淆的难点案件。事实认识错误与法律认识错误的区分标准是什么?法定犯中有哪些认识错误的问题?事实认识错误与法律认识错误的体系性地位是怎样的?以及事实认识错误,法律认识错误和涵摄的错误之间有什么关系?我试图通过这次报告对认识错误的这些问题进行解答。

一、事实认识错误与法律认识错误的区分

认识错误就是指主客观不一致,即主观想法和客观事实不一致,主要包括事实认识错误、法律认识错误和涵摄的错误,每一种错误中又有不同的分类。从辩护策略的角度出发,第一步首先要辨认是哪一种错误,辨认工作完成后,相关的处理并不难。

(一)区分标准

事实认识错误是针对事实产生的认识错误,法律认识错误是针

---

* 华东师范大学法学院教授。

对刑法的禁止性产生的认识错误。此处存在一个认识的区分问题,比如,行为人实施一个行为时,主观上应该有两个认识活动,第一个认识活动是必须认识到在实施何种行为,这就是对事实的认识;第二个认识活动是判断这个行为在法律(主要是刑法)上如何评价,如果刑法是允许的,该行为无罪,如果刑法是禁止的,该行为构成犯罪,这就是对法律的认识。因此,事实认识错误是一个对事实判断的认识错误,而法律认识错误是对价值评价的认识错误。

事实判断和价值评价是哲学上按照判断内容来划分的两种基本判断类型。对事物本身事实的描述和指陈判断称为事实判断,而对主客体之间价值关系的肯定或者否定判断称为价值评价。比如,这朵花是红色的,是一个事实判断,而这朵花很美,就是一个价值评价。

1. 事实认识错误

事实认识错误中的事实是客观构成要件的事实,包括危害行为、行为对象、危害结果和因果关系。例如,故意杀人罪的构成要件就包括行为主体、杀人行为、行为对象、死亡结果和因果关系,这些都是客观构成要件事实。

为了加深对客观构成要件事实的理解,下面以对象错误为例,深入理解构成要件事实。例如,张三看见远处树下站着一个人,通过外形判断是仇人李四,于是开枪射击致其死亡,但走近后发现是路人王五。这是一个对象认识错误的案件,即张三误将王五当作李四射杀。以前,理论上对此类对象认识错误的案件争议很大,有具体符合说和法定符合说的争论,但如今,对象认识错误已经没有任何争议了。这个所谓的对象认识错误,只是对大树下被害人的身份产生了认识错误,即以为是仇人李四实际是路人王五。但这个身份并不是故意杀人罪的构成要件事实,因为故意杀人罪的行为对象只要求是一个"活着的他人",至于这个人的身份、性别、年龄、户籍地、宗教信仰等因素都不是故意杀人罪的构成要件的事实,也不是行为对象所需要认识的要素,所以被害人的身份不是故意的认识内容,关于身份的认识错误也就无关紧要了。这个认识错误只影响行为人的犯罪动机的实现,所以德国将这种认识错误称为动机错误。但动机有没有实现并不重要,因为犯罪的本质是法益侵害性,而不是犯罪的目的与动机是否实现。

因此,本案应该这样分析,张三看到树下站着一个人,显然认识到这是一个"活着的他人",带着杀害的故意向被害人开枪致其死亡,此时故意杀人罪的故意心理已经满足,主客观是一致的,直接以故意杀人罪论处。因此,事实认识错误的事实一定要限定为某个罪的客观构成要件事实。

这个原理在日本刑法学界被称为构成要件的故意规制机能,即一个犯罪的客观构成要件决定了主观故意的认识内容。我们国家没有这个概念,只是泛泛地提出主客观相一致。主客观相一致本身是没错的,但只是揭示了主观和客观的一致性要求,没有揭示决定与被决定的逻辑关系。而构成要件的故意规制机能就揭示了决定与被决定的关系,即一个罪的客观构成要件事实的内容决定了主观故意认识的内容。如果一个要素是某一犯罪的客观构成要件要素,则主观就必须认识到;反言之,如果一个要素不是某一犯罪的客观构成要件要素,则主观就不需要认识到。就故意杀人罪的客观构成要件事实而言,他人的身份并不是故意杀人罪的客观构成要件要素,所以他人的身份就不是故意杀人罪这个犯罪故意的认识内容。

再比如，我国刑法理论的通说认为盗窃是指秘密窃取公私财物，但新理论却承认公开窃取行为构成盗窃罪。通说观点误将一个罪的常见情形当作了必要条件，这是不正确的。按照逻辑推理，就会发现这最终也是一个认识错误的问题。

例如，甲在公交车上扒窃乘客乙的钱包，除乙以外其他乘客均看到了，只是没有阻止甲的行为。此时行为人属于光天化日之下实施盗窃行为，没有秘密性可言，按照传统理论，就不能认定为盗窃罪。为了解决这个问题，传统理论对秘密性作了解释，认为秘密性只要求被害人没有察觉，至于其他人是否察觉，则在所不问。但这种观点依然无法解决另一问题，比如，甲入室盗窃，因甲人高马大，凶神恶煞，主人乙为了防止甲对自己实施加害行为，于是就躺在床上看着甲实施完盗窃行为而未反抗。此时，按照传统理论，盗窃罪要求秘密性且秘密性只需要被害人没有察觉，依然不能定盗窃罪，因为被害人乙知晓盗窃的全过程。为了解决这一问题，传统理论又做出让步，认为秘密性是指主观上的秘密性，即只要行为人主观上认为是秘密窃取即可，至于客观上他人或者被害人是否察觉则无关紧要。但即使如此，秘密性必要说依然存在不足，因为秘密性必要说给行为人主观上增加了一个要求，即要求行为人自以为是秘密实施盗窃行为。但在主观上增加这个要求是没有根据的，因为按照客观构成要件的故意规制机能，主观认识的内容是由客观构成要件要素决定的，所以要求盗窃罪具有秘密性是不合理的。持秘密性观点的学者一方面认为客观上不需要秘密性，另一方面又在主观上给行为人课加认识到秘密性的要求。秘密性学说错误的根源在于没有把握住客观构成要件的故意规制机能，所以秘密性必要说由早期的多数说逐渐变成少数说。

决定主观故意认识内容的事实必须是刑法规定的构成要件事实,司法解释和行政法规对于刑法所作的具体解释,并不是客观构成要件事实,因此不是故意的认识内容。例如,张三开车与朋友聚会,醉酒后用自带的酒精测量仪测量,酒精含量为75mg/100ml,未达醉驾要求。于是开车回家,但途中被交警拦下,使用交警的测量仪测量,酒精含量为81mg/100ml,达到了醉驾的要求,经鉴定张三的仪器有故障。

对于该案件,有人认为不应当认定张三构成危险驾驶罪,因为行为人为了避免达到醉驾的标准,特意用仪器测量了酒精含量,确认未达到标准才开车上路,行为人没有认识到此时自己已经处于醉酒驾驶的状态,危险驾驶罪是一个故意犯罪,张三主观上没有故意,所以不构成危险驾驶罪。

但这种思考和分析的方式是有问题的。本案的一个焦点问题是:每100ml的血液中含有80mg酒精这一标准是不是刑法中故意所要求的认识内容。如果血液中的酒精含量是故意所要求的认识内容,行为人没有认识到,则不构成此罪,相反,则构成危险驾驶罪。根据"两高"、公安部2013年12月18日公布的《关于办理醉酒驾驶机动车刑事案件适用法律若干问题的意见》,在道路上驾驶机动车,血液酒精含量达到80mg/100ml以上的,属于醉酒驾驶机动车,以危险驾驶罪定罪处罚。但这并不是刑法本身的规定,而是司法解释或者行政法规对醉酒驾驶的补充以方便实务中具体认定此罪。危险驾驶罪中酒精含量的标准并不是行为人的认识内容,行为人只需要认识到自己处于酒后驾驶的状态,就满足危险驾驶罪中故意的认识内容了。否则,只要行为人不测量,就永远不可能认识到血液中的酒精含量是否达到醉驾的标准,那也就永远不可能构成危险驾驶罪,所以认为血液中的酒精含量是故意的认识内容不当缩小了醉酒驾驶的范围,是不妥当的。

2. 法律认识错误

法律认识错误也被称为违法性认识错误、禁止性认识错误,由于法律认识错误的术语比较多,所以很多人对法律认识错误的内容混淆的比事实认识错误中事实的含义更严重。违法性认识错误是从德日刑法中引进的,如果使用这一概念,就必须先准确界定"违法性"的含义。

刑法中有两个"违法性",一个是违法性阻却事由中的"违法性",违法性阻却事由中的"违法性"是指法益侵害性,违法性阻却事由就是指阻却了法益侵害性。例如昆山龙哥案,龙哥杀于海明,于海明反击把龙哥砍死,按照三阶层的犯罪体系审查,于海明杀人的行为符合构成要件的该当性,具有法益侵害性。但审查第二阶层的违法性时,于海明的行为属于正当防卫,所以正当防卫就阻却了违法性,即于海明的行为最终没有制造法益侵害事实,刑法上把这种"违法性"称为实质违法性。

另一个是违法性认识错误中的"违法性",违法性认识错误中的"违法性"是指刑法的禁止性,即刑法对行为人行为的否定态度和否定评价。违法性认识错误中的"违法性"也被称为形式的违法性。德国更多的将违法性认识错误称为禁止性认识错误,这样就不容易引起歧义。我认为这种描述是更加准确的,也更应该提倡。

法律认识错误是针对刑法的禁止性产生的认识错误,法律认识错误的内容是指刑法对行为人实施行为的态度是允许还是禁止。例如,甲拘禁吸毒的乙数日,甲认识到其行为剥夺了乙的自由,但误以为《刑法》不禁止普通公民实施强制戒毒行为,甲认为其在帮助乙戒毒,因此不构成犯罪。甲在事实判断上没有认识错误,只是在法律评价上有认识错误,他以为刑法对其行为是允许的,实际上刑法对其是禁止的。因此,刑法的禁止性就是法律认识错误的认识内容。

(二) 法定犯中的区分问题

法定犯也称行政犯,是指以违反某个行政法规为前提的犯罪,比如非法捕猎、杀害珍贵、濒危野生动物罪、非法经营罪都是法定犯。值得注意的是,该行政法规是指广义的行政法规,包括行政法律、行政法规和部门规章。有人认为,既然法定犯是以违反行政法为前提的犯罪,那赵春华案就是一个法律认识错误,理由是赵春华以为她的枪支不属于《中华人民共和国枪支管理法》规定的真枪,而实际上已经达到了真枪的标准,赵春华对行政法规有认识错误,所以是法律认识错误。这种观点是错误的。法律认识错误中的"法律"是指刑法,具体来说是指刑法的禁止性,不包括广义的行政法规。对行政法规的认识错误,不是刑法中的法律认识错误。因为行政法上对一个行为评价的态度是认为其具有行政违法性,但具有行政法上的违法性不等于构成犯罪。刑法必须保持谦抑性,一个行为违反行政法,应该先用行政法的处罚方式,只有当这个违法性严重到触犯刑法时,才可以启动刑法进行惩罚。此外,对刑法的认识并不需要行为人具体认识到行为触犯哪一条刑法规定,只需要认识到该行为是刑法禁止的,即认识到刑法的禁止性即可,否则,就只有精通法律的人才可能构成犯罪,这显然是错误的。

当某项行政法规范服务于某个构成要件事实时,对该行政法有认识错误导致对构成要件事实有认识错误,属于事实认识错误,因此赵春华案是一个事实认识错误。虽然她对枪支管理法这个行政法规确实有认识错误,但是这个管理法规是服务于解释行为对象的。非法持有枪支罪的客观事实当然有行为对象,也就是枪支,要搞清楚枪支的含义、范围就要参照枪支管理法,所以说行政法规最终还是在解释一个客观事实,因此赵春华对行为对象的认识错误,属于事实认识错误。德国把事实认识错误称为构成要件事实认识错误,简称为构成要件认识错误。至此就可以得出结论,在法定犯里确实存在行政法规,但对行政法规的认识错误不等于对刑法的认识错误,如果这个行政法规的功能只是补充说明某个客观构成要件,那对行政法规的认识错误就只是事实认识错误。

(三)两种认识错误的审查顺序

有人认为,既然法律认识错误是指对刑法禁止性的认识错误,那赵春华当然存在法律认识错误。因为赵春华没有认识到枪支属于真枪,也就不可能认识到行为具有刑法上的禁止性。这就涉及到事实认识错误和法律认识错误的体系性地位的问题。

不管是四要件、两阶层还是三阶层体系都有一个共识,即事实认识错误的判断在前,而法律认识错误的判断在后。二者都处在主观责任阶层,事实认识错误处在前面的"主观要件"的故意要件中,法律认识错误处在后面的"责任阻却事由"中。

由于事实认识错误和法律认识错误存在一个顺序关系,所以在具体案件中,应当先审查事实认识错误,后审查法律认识错误。一旦基于事实认识错误而排除犯罪,就不需要再考虑法律认识错误。比如赵春华案中,一旦认定其构成事实认识错误,就表明其没有非法持有枪支罪的故意,就可以得出不构成非法持有枪支罪的结论,这个案件的审查便到此结束,无须判断之后的法律认识错误。因此我们不否认事实认识错误也会引发法律认识错误,但这个法律认识错误已经不在审查的范围了,换言之,真正需要考察的法律认识错误应是不依赖于事实认识错误而独立产生的认识错误。比如前面提到的甲为了帮助乙戒毒而非法拘禁乙,这就是一个标准的法律认识错误。甲在事实层面没有认识错误,但误以为刑法不禁止普通公民实施强制戒毒行为,因此存在法律认识错误。这样的认识错误才是需要考查的法律认识错误。

当然,从辩护策略上可以步步为营,但是前后顺序一定要理清楚。比如王力军案中,王力军对于事实没有认识错误,而且认识到了其行为具有行政法上的违法性,但没认识到刑法的禁止性,属于真正的法律认识错误。在实务中,许多人没有把由事实认识错误产生的法律认识错误与不依赖事实认识错误而产生的法律认识错误分清楚,因此无从辩护,这也是区分两种认识错误的现实意义。

二、法律后果

(一)事实认识错误

事实认识错误,排除犯罪故意,因而不成立故意犯罪,只能在过失犯罪或者意外事件中寻找结论,即俗语所说的"不知者不为罪"。其中的"不知"是指不知构成要件事实。

此处又牵涉另外一个问题,即对象错误、打击错误和因果关系错误等事实认识错误都是有罪的,这里为什么又是无罪呢?因为事实认识错误分为两种,第一种是行为人主观上有犯罪故意,并在事实上发生了认识错误。比如,刘德华被邀请为蜡像馆揭幕,甲想杀死刘德华,于是开枪,却把蜡像当作刘德华,打碎了蜡像。由于甲主观上有杀人的故意,此时可以认定为故意杀人罪未遂。第二种是行为人主观上没有犯罪故意,但在事实上发生认识错误。比如,小明在森林里打猎,看到前方树下有一头野猪,于是开枪射击,却击毙了小刚。小明没有杀人的故意,此时只需要探讨小明是构成过失致人死亡罪还是意外事件的问题。因此,事实认识错误分为有犯罪故意的事实认识错误和没有犯罪故意的事实认识错误,对象错误、打击错误和因果关系错误是在有犯罪故意的事实认识错误的框架中探讨既遂和未遂的问题,此次我们主要探讨事实认识错误与法律认识错误的区分,因此是在没有犯罪故意的事实认识错误中探讨是构成过失犯罪还是意外事件的问题,二者的区分必须明确。

(二)法律认识错误

前面已经明确,此处的法律认识错误是指不依赖事实认识错误而独立产生的认识错误。法律认识错误原则上不能阻却责任,即"不知法者不免责"。因为知法是国民的义务,不能以不知法律作为出罪的理由。但如果行为人连知法的可能性都没有则可以阻却责任,即缺乏违法性认识可能性的行为人不具有可谴责性。

下面以司法解释的时间效力规定为例进行说明。如"两高"2001年12月16日公布的《关于适用刑事司法解释时间效力问题的规定》第2条指出:"对于司法解释实施前发生的行为,行为时没有相关司法解释,司法解释施行后尚未处理或者正在处理的案件,依照司法解释的规定办理。"从规定的内容来看,司法解释似乎是有溯及力的,如果司法解释具有溯及力是否存在违反罪刑法定原则的问题呢？对此张明楷教授认为是不违反罪刑法定原则的，因为司法解释并不是刑法本身，既然是对刑法的解释（而且排除了类推解释），那么对现行司法解释以前的行为，只要是在现行刑法施行之后实施的，就可以按照司法解释适用刑法。司法解释不存在从旧兼从轻的问题。应当先肯定这种观点是正确的，但是这也会遇到一些问题，比如，《关于办理非法放贷刑事案件适用法律若干问题的意见》和《刑法修正案（十一）》分别把民间放高利贷和高空抛物规定为犯罪，如果一个人在司法解释以前高空抛物但没有砸到人，按现在的司法解释构成以危险方法危害公共安全罪。司法解释公布以前，类似行为不胜枚举，如果司法解释对其都有溯及力是否意味着要将以前高空抛物的行为都定罪处罚？这肯定是不行的。因此我们认为，当司法解释名为解释实为立法时，必须适用从旧兼从轻的原则，不具有溯及力。由于其实为立法而名为司法解释，则普法力度也会不一样。因此又带来另一个问题，比如，2019年10月21日起实施的《关于办理非法放贷刑事案件若干问题的意见》将民间放高利贷的行为入刑。如果行为在该意见施行前实施了放高利贷的行为，由于该意见不具有溯及力，因而不构成犯罪。但如果行为人在该意见生效的第二天实施放高利贷的行为，按照法律规定应当适用该司法解释，但实际上依然应当认为行为人不具有违法性认识的可能性，因为司法解释普法力度不够大。公民是有知法的义务，但司法机关也要创造知法的条件，否则很可能出现违法性认识可能性不具备的情况。

（三）法律依据

虽然法律认识错误中缺乏违法性认识可能性可以作为出罪的理由，但实务中几乎没有法官采用违法性认识可能性作为判决依据，因为我国刑法条文中没有明确的规定。缺乏违法性认识可能性可以认定行为人无罪，这一结论目前仅停留在理论层面，只要没有法条依据，法官就不能将其作为判决的依据。近期，我在《法律科学》上发表了一篇文章《违法性认识的属性之争：前提、逻辑与法律依据》，专门在找法律依据并进行了论证，下面简单列举两个依据。

第一个依据是《刑法》第 14 条规定："明知自己的行为会发生危害社会的结果，并且希望或者放任这种结果发生，因而构成犯罪的，是故意犯罪……"本条其实是针对事实认识错误的依据，但是故意说主张，《刑法》第 14 条规定了发生危害社会的结果，危害社会的结果就是社会危害性，认识到社会危害性也就认识到违法性，因此《刑法》第 14 条是违法性认识的法条根据。但我认为这一观点值得商榷，因为社会危害性和刑法禁止性并不等同，一个行为具有社会危害性不代表具有刑法禁止性，行为人即使认识到自己的行为具有社会危害性，也不一定认识到该行为具有刑法禁止性，这两种认识的内容是不一样的。刑法具有谦抑性，不可能把所有具有社会危害性的行为都规定为犯罪。

第二个依据是《刑法》第 16 条规定："行为在客观上虽然造成了损害结果，但是不是出于故意或者过失，而是由于不能抗拒或者不能预见的原因所引起的，不是犯罪。"传统理论认为"不能抗拒的原因"指的是不可抗力，"不能预见的原因"指的就是意外事件。但我认为"不能预见"的意涵包括两项：第一项意涵是指不能预见客观事实，得出的结论是意外事件；第二项意涵是指不能预见违法性，亦即缺乏违法性认识或预见的可能性。有人认为将"不能预见"的内容解释为客观事实和刑法禁止性是矛盾的。但实际上并不矛盾，刑法中有一个术语叫"同一用语含义的相对化"，即同一用语可能有不同的理解,这是能够解释通的。只是以前的学者没有通过这个角度找到这一依据,但却不可否认其存在。采用这一依据至少有了一个可以逻辑自洽的辩护理由,至于法官是否采纳就是另一回事了。

三、涵摄的错误

涵摄是一种三段论推理活动,判断小前提是否符合大前提,大前提能否涵摄小前提。涵摄错误是指将大前提不当地缩小解释,进而认为小前提不符合大前提。理论上通常把涵摄错误、事实认识错误和法律认识错误理解为平等的并列关系,但实际上并不是并列关系,涵摄错误是导致事实认识错误和法律认识错误的常见原因。

涵摄错误可能产生事实认识错误。例如,赵春华没有认识到自己持有的枪是法律禁止的真枪,产生了事实认识错误。产生该事实认识错误的原因在于,赵春华认为,(大前提)真枪应是指杀伤力极大的枪支,(小前提)自己的枪支杀伤力不大,(结论)因此自己的枪不属于真枪,这就是一个涵摄的过程,只是赵春华对大前提的"枪支"做了一个缩小解释,因而导致涵摄错误。至于将真枪的杀伤力标准定得过低是否合理,这是立法论的问题,不是认识错误要解决的问题。

涵摄错误也可能导致法律认识错误。例如,狗蛋将小芳的珍贵戒指扔进大海里。狗蛋认为,这种行为没有毁损戒指,不属于故意毁坏财物罪中的"毁坏"。他对事实没有认识错误,此时狗蛋就属于法律认识错误,产生该法律认识错误的原因是其存在涵摄错误。狗蛋认为,(大前提)故意毁坏财物罪中的"毁坏"必须是物理性毁损,(小前提)自己的行为不是物理性毁损,(结论)自己的行为不是毁坏财物。此处涵摄错误产生的原因也是对大前提作了不当的缩小解释。

因此，涵摄错误既不属于事实认识错误，也不属于法律认识错误，更不是与事实认识错误、法律认识错误相并列（平起平坐）的第三种认识错误，而是后两种认识错误的产生原因。涵摄错误本身不具有独立意义，最终要看它导致了哪种认识错误，然后再进行处理。

四、结语

厘清事实认识错误与法律认识错误的区别，便可以妥当地解决实务案件中的认识错误问题。法定犯虽然以违反具体的行政法规为前提，但对行政法规内容的认识错误并不是法律认识错误而是事实认识错误。事实认识错误与法律认识错误存在体系地位的区别，在实务判断中事实认识错误在前，法律认识错误在后，一旦属于事实认识错误就不再判断法律认识错误，所以只有不依赖事实认识错误而产生的法律认识错误才是真正的法律认识错误。事实认识错误分为有犯罪故意的事实认识错误和没有犯罪故意的事实认识错误，当探讨事实认识错误与法律认识错误的区分时，事实认识错误专指没有犯罪故意的事实认识错误。法律认识错误原则上不能阻却违法性，但当行为人缺乏违法性认识可能性时可以阻却违法性，但法条中很难找到依据。涵摄错误是产生事实认识错误和法律认识错误的原因，与事实认识错误和法律认识错误并不是平等关系。

第七讲
违法阻却事由的辩护思路

陈　璇[*]

一、违法阻却事由的一般原理

违法阻却事由的一般原理所涉及的问题很多，这里我主要谈两个问题。

第一，对于客观上具有法益损害性的行为，我国《刑法》设置的出罪路径主要有三类：一是赋权事由，即法律在特定情形下授予行为人以侵犯他人法益的权利，从而使得该行为及其造成的结果均能获得法秩序的肯定性评价。二是免责事由，即行为人并不享有损害他人法益的权利，其行为造成的损害结果始终受到法秩序的否定性评价，但由于该结果的发生对于行为人来说缺乏避免可能性，故不可归责于他。三是量微事由，即尽管某一法益损害既为法秩序所反对、亦可归责于行为人，但其严重程度尚未达到可罚的要求，故应将之排除在犯罪圈之外。赋权事由区别于其他两类出罪事由的本质特点在于，既然赋权事由的成立意味着行为人拿到了侵入他人法益空间的许可证；那么相应的，受损者就有义务对行为人行使该权利的举动及其招致的损害加以忍受，他既无权向对方展开反击，也不得将损害转嫁给第三人。然而，免责事由和量微事由中的行为人却

---

[*] 中国人民大学法学院教授。

自始至终未获得侵犯他人法益的权利,故受损方并不负有忍受的义务。赋权事由决定了正当防卫、紧急避险、公民扭送权不是专属于刑法领域的出罪事由,它建立在以宪法为基础的全体法秩序的基础之上,所以在判断时必须具有全体法秩序的视角。

第二,"见义勇为"是一个意义宽泛的日常用语,而非内涵外延相对确定的法律概念。一方面,违反他人的意志对其实施追逐,这本来是一种非法行径,故只有当该行为符合了某种正当化事由的成立要件时,才能认为它具有合法性。但"见义勇为"却可以涵盖一切为保护他人法益或者抓捕犯罪人而实施的义举,既包括扭送也包括正当防卫。所以,我们在说明朱振彪的行为具有合法性时,必须将论证落实到某个具体的正当化事由之上,而不能大而化之地直接以见义勇为作为行为合法化的根据。另一方面,"见义勇为"一词更多强调的是行为人"路见不平拔刀相助"的道德动机,但在法律看来,即便是义举也有可能突破权利允许的边界,进而转化为违法行为。所以,只有借助正当化事由的规定和理论,才能真正廓清行为合法与违法的界限。

近年来在违法阻却事由的领域,尤其是在正当防卫领域,最高司法机关发布了若干指导性案例,2020 年 8 月 28 日更是联合公安部颁布了一个系统的司法解释,即《关于依法适用正当防卫制度的指导意见》(以下简称《指导意见》)。这些都是我们在进行刑事辩护时应当特别注意运用的资源。

二、正当防卫案件的辩护思路

正当防卫的成立,一个是前提条件,另一个是限度条件。

（一）正当防卫的前提条件

只要能够认定具备了前提条件，那么针对不法侵害人所实施的损害行为，就具有了防卫的属性，至少可以认定为防卫过当，享受减免处罚的待遇，如果进一步可以认定为没有明显过限，则可以得出无罪的结论。比如，在"于欢故意伤害案"中，一审断然否定于欢的行为具有防卫属性，以故意伤害罪判处于欢无期徒刑，剥夺政治权利终身。二审认定于欢的行为具有防卫性质，但属于防卫过当，维持原判故意伤害罪的罪名，判处于欢有期徒刑5年。所以，在刑事辩护中，防卫前提的认定至关重要。

在存在正在进行的不法侵害的情况下，不能再对正当防卫的前提条件进行不当的限制。

1. 不应要求公民在面临不法侵害时履行逃避义务

不少判例提出：只有当行为人因事发突然而不及躲避时，不法侵害才具有紧迫性；反之，若行为人在对不法侵害的发生有明确预见且完全有可能离开现场的情况下，非但不逃避，反而操持凶器积极应战，则应否定不法侵害的紧迫性。以该观点为根据，被判例认定为不具有紧迫性的典型情形包括：

（1）被害人追打被告人，但前者难以追上后者，被告人在本可逃离的情况下回击被害人。例如：

案例 7-1：沈荣高故意伤害案

2014年6月2日7时40分许，上诉人沈荣高在佛山市南海区桂城街道平洲平西梅园大道沙基工业开发区24号路段清理广告贴纸时，将其工作用的喷壶放置于墙边后离开。其时,在该路段某某废品的被害人罗某某夫妇发现沈的喷壶并取走。沈返回时发现喷壶被罗夫妇取走,遂向其要回。后双方因争抢喷壶发生矛盾,沈在索要喷壶遭拒后径自取走喷壶跑步离开,罗夫妇在争抢喷壶不成后,用啤酒瓶、秤砣砸沈,并从后追赶沈。沈跑至其放置清洁工具的位置后,捡起铲刀并转身将铲刀对着罗,罗此时亦从旁边的地下捡起一块砖头,随后砸向沈,沈遂用铲刀捅向罗的腹部致其受伤倒地,后沈逃离现场。同日8时许,沈荣高主动到公安机关投案,公安人员在其租住的出租屋内起获作案工具铲刀一把。罗某某经送医院抢救无效于同月3日死亡。

主审法院认为:尽管罗某某在争执时用啤酒瓶、秤砣等物砸击沈荣高,并追打后者,可以认为存在侵害行为,但罗某某在案发时已达74岁高龄,现场监控录像亦反映罗夫妇行动迟缓,罗在沈跑离第一现场时已无法赶上他,沈完全可以离开现场,故不存在实施防卫的紧迫性和必要性。

(2)双方发生纠纷后,被告人预料到被害人可能来犯,在本有充足的时间离开现场、避免矛盾升级的情况下,却准备刀具严阵以待,等对方人员到场开始侵害后实施反击。例如:

案例7-2:曹小军故意伤害案

2013年8月17日14时许,被告人曹小军与工友朱家大在车间嬉戏,因朱家大触碰曹小军裆部,二人发生争执、扭打,曹小军将朱家大按倒在地,后被工友劝止。18时许下班后,曹小军担心遭到朱家大报复,从剪板车间废料堆里挑选了一块尖刀状金属片藏在身上。当曹小军走出厂门口时,等候在此的朱家大以及他叫来的朱启杨、杨某对曹实施殴打,曹小军拿出尖刀状金属片刺中朱家大胸部、肋部及杨某手臂等处,致朱家大右肺破裂大失血经抢救无效死亡,致杨某轻微伤。

主审法院认为:曹小军在预料到可能与被害方遭遇的情况下,下班时并未回避,而是提前准备凶器,做好了一旦遭遇就持械斗殴的准备,故曹小军持锐器刺戳的行为不具备防卫的紧迫性要求。

但是,要求公民在面临不法侵害时履行逃避义务的观点,是不正确的。按照《宪法》第51条的规定,只要不对他人的自由构成妨碍,公民就尽可以理直气壮地行使其权利,而国家也有义务为其畅通无阻地行使自由营造安全的环境。因此,应当瞻前顾后、畏首畏尾的恰恰不该是合法行使自由的公民,而应当是试图不法侵袭他人者。一旦法律要求公民在遭遇不法侵害之时忍气吞声、退避三舍,那就意味着法律仅仅为了避免冲突的加剧而不问情由地强迫受到侵害的一方接受不平等的法律地位。这无异于是以国家的名义破坏个人尊严和社会公义。正因为如此,虽然《日本刑法典》第36条明确将不法侵害的急迫性规定为正当防卫的前提要件,但自20世纪70年代以来,无论是理论还是判例均倾向于认为,不能仅仅因为行为人预先估计到可能会遭受侵害,就否定侵害的急迫性,进而为行为人科以躲避的义务。具体结合我国司法实践的现状,笔者想进一步说明以下两点:

第一,在大量判例中,法院之所以根据紧迫性要件否定行为人的防卫权,一个重要的理由在于,侵害行为是由双方先前的某种纠纷所引发。在许多法院看来,既然先前的纠纷是案件发生的导火索,那就说明双方对于矛盾升级为暴力冲突均负有责任,故遭遇侵害的一方就有义务通过躲避来缓和事态。然而,这恐怕是一种将法律与道德相混淆、只求息事宁人而不分是非曲直的观念。公民之间发生利益纠纷和争端，这本来就是社会生活中普遍存在的正常现象。只要没有越过法律禁令的红线，那么任何人为主张自身利益诉求所进行的活动，即便有些偏激或与伦理道德不符，也仍然属于行使个人自由的正当行为，同样受到法律的保护。同理，任何人只要在纠纷过程中突破了法律允许的边界，那么其行为就是不折不扣的不法侵害。因此，事前纠纷的存在，绝不意味着一方享有侵害另一方的权利，更不意味着遭受侵害的一方丧失了反击的权利。法律不能不分青红皂白地将平息冲突的义务强加在遭受不法侵害的一方身上。

第二，对于行为人本可以轻易逃脱的案件，许多法院之所以倾向于禁止行为人实施防卫，或许是基于这样的考虑：行为人若选择迎头反击不法侵害，则势必面临着在搏斗过程中负伤甚至丧命的风险；反之，若行为人选择逃离是非之地，则他既能够成功使法益免遭侵害，又可以避免陷入搏斗带来的风险，两全其美，何乐而不为呢？故此，法律为行为人施加躲避的义务，也完全是出于对其自身利益最大化的考虑。这种想法固然用心良苦，但它混淆了自由和义务的界限。既然我们承认正当防卫是公民的一项权利，那么究竟是选择行使还是放弃该权利，就只能交由公民自己来决断。权利的赋予并非只有在权利行使行为能够实现最大功利的前提下才有效；在个人自由的范围内，公民没有义务非要作出符合一般人理性的明智决定。纵然公民对自己的利益作出了在第三人看来不可理喻的决定，国家也不能越俎代庖。

目前，已有指导性判例采取了正确的立场。例如：

案例 7-3：胡咏平故意伤害案

2002 年 3 月 19 日下午 3 时许，被告人胡咏平在厦门伟嘉运动器材有限公司上班期间,与同事张成兵因搬材料问题发生口角,张成兵扬言下班后要找人殴打胡咏平,并提前离厂。胡咏平从同事处得知张成兵的扬言后即准备一根钢筋条磨成锐器藏在身上。当天下午5时许,张成兵纠集邱海华、邱序道在厦门伟嘉运动器材有限公司门口附近等候。在张成兵指认后,邱序道上前拦住刚刚下班的胡咏平,要把胡拉到路边。胡咏平不从,邱序道遂殴打胡咏平两个耳光。胡咏平即掏出一根钢筋条朝邱序道的左胸部刺去,并转身逃跑。张成兵、邱海华见状,立即追赶并持钢管殴打胡咏平。尔后,张成兵、邱海华逃离现场。被害人邱序道受伤后被"120"救护车送往杏林医院救治。被告人胡咏平被殴打后先到曾营派出所报案,后到杏林医院就诊时,经邱序道指认,被杏林区公安分局刑警抓获归案。经法医鉴定,被害人邱序道左胸部被刺后导致休克、心包填塞、心脏破裂,损伤程度为重伤。

一审厦门市杏林区人民法院认定胡咏平防卫过当,以故意伤害罪判处其有期徒刑1年。厦门市杏林区人民检察院则以被告人的行为不具有防卫性质为由,向厦门市中级人民法院提出抗诉。抗诉的理由主要有二:其一,胡咏平主观上具有斗殴的故意。因为当他得知张成兵扬言要叫人殴打他后,应当向公司领导或公安机关报告以平息事态,或退让回避。而胡咏平不但不报告,反而积极准备工具。其二,胡咏平没有遭受正在进行的不法侵害。他被打的两耳光属于轻微伤害,对其人身安全造成的危害并不重大、紧迫,不属于"正在进行的不法侵害",不符合防卫的前提条件。厦门市中级人民法院经二审审理后,裁定驳回抗诉,维持原判。针对抗诉的第一个理由,二审法院指出:首先,行为人在人身安全受到威胁后但尚未受到危害前准备工具的行为本身,并不能说明他是为了防卫还是斗殴。从本案的事实情况来看,胡咏平在从同事处得知张成兵扬言下班后叫人殴打他之后,并不知道张会叫多少人,在何时、何地实施殴打,为应对威胁、以防不测,他事先准备工具的行为不足以表明其具有与对方争勇斗狠的斗殴意图。而且胡咏平的确是在下班路上被张成兵一伙拦住殴打之后才反击,这说明其准备工具的目的是防卫而不是斗殴。其次,像本案抗诉机关所认为的那样,当一个人的人身安全面临威胁时,只能报告单位领导或者公安机关,而不能作防卫准备,出门时只能徒手空拳,受到不法侵害时,只能呼救或者逃跑,只有在呼救或逃跑无效时才能就地取材或夺取对方工具进行防卫,这显然不合情理,不利于公民合法权利的保护,也与正当防卫的立法精神相悖。

《指导意见》第9条第3款规定,双方因琐事发生冲突,冲突结束后,一方又实施不法侵害,对方还击,包括使用工具还击的,一般应当认定为防卫行为。不能仅因行为人事先进行防卫准备,就影响对其防卫意图的认定。

2. 不应禁止公民为制止轻微不法侵害而实施正当防卫

大量判例认为,如果对方没有使用器械工具,只是徒手实施殴打、破坏财物等侵害,那么由于该行为的杀伤力轻微,不会对他人的生命健康法益构成重大威胁,故侵害缺乏紧迫性。例如:

案例7-4:丛建宇故意伤害案

2014年9月22日,被告人丛建宇在工作中与同事乌某某因琐事发生口角,乌某某将此事告诉男友徐某某。2014年9月23日21时许,徐某某与其找来的被害人于某某、韩某某、赵某某、李某丁等人，与乌某某在丛建宇下班路上等候。当丛建宇与同事李某甲、李某乙出现后，乌某某向徐某某指认丛建宇。徐某某等人遂尾随丛建宇至长春经济技术开发区北海新居12栋楼之间，期间李某乙先行离开。徐某某上前将丛建宇喊住，并先动手推丛建宇一下，李某丁踢丛建宇一脚，双方开始发生厮打，李某甲跑出小区找李某乙。在厮打中，徐某某手持甩棍击打丛建宇头部一下，丛建宇用随身携带的卡簧刀，向徐某某腿部、韩某某腰部、于某某胸部、肋部、臀部连刺数刀，徐某某等人见状相继逃离现场。徐某某逃离现场不远，被赶过来的李某甲、李某乙抓住。随后，丛建宇拨打电话报警。被害人于某某被刺伤后在该小区2栋楼东侧楼角附近倒地死亡。经法医鉴定，于某某系单刃锐器刺切作用致心脏、肝脏破裂造成失血死亡。被害人徐某某外伤致左下肢刀刺伤已构成轻伤二级。

对于辩护人提出的丛建宇之行为属于防卫过当的辩护意见，主审法院认为：要认定防卫过当，不仅要求不法侵害正在发生，而且要求侵害具有紧迫性；现有证据虽然能够证实徐某某等人先动手殴打丛建宇，但不能证实这种侵害行为对丛建宇的身体健康甚至生命具有紧迫性，故不能认为丛建宇拿刀反击的行为具有防卫的属性。

禁止公民为制止轻微不法侵害而实施正当防卫，是不合理的。无论不法侵害所指向的具体法益是重大还是微小，它在本质上都是对公民不受他人强制和支配之平等法律地位的挑战。正因为如此，《刑法》第20条第1款关于防卫前提的规定并未对不法侵害的严重程度作出任何限制。所以，无论不法侵害如何轻微，受到侵害的公民原则上都不负有忍受的义务；绝非只有针对可能严重危及生命、健康的不法侵害，公民才有反击的权利。不法侵害的严重程度至多只能影响防卫限度的宽严。

顺便值得一提的是,《指导意见》第 10 条规定:"……对于显著轻微的不法侵害,行为人在可以辨识的情况下,直接使用足以致人重伤或者死亡的方式进行制止的,不应认定为防卫行为……"对此,指导意见起草小组所撰写的《〈关于依法适用正当防卫制度的指导意见〉的理解与适用》解释道:"这是因为,所谓'防卫'行为与加害行为有明显、重大悬殊,严重不相称,无法认定行为人具有防卫意图。例如,为防止小偷偷走 1 个苹果而对其开枪射击的,即使当时没有其他制止办法,也不能认定行为人具有防卫意图,不成立正当防卫或者防卫过当。"可见,对于保护法益与损害法益极端失衡的情况,《指导意见》的处理方式有两个特点:其一,认定该行为不成立正当防卫的理由不在于防卫过当,而在于欠缺防卫意思;其二,由于已经从根本上否定了行为的防卫属性,故对于行为人不存在适用《刑法》第 20 条第 2 款减免处罚的规定。笔者认为,这一解释意见似乎还有进一步商榷的余地。首先,只要存在不法侵害,那就存在对公民权利地位的侵犯,故行为人在对侵害事实有所认识的情况下实施的足以制止该侵害的行为,也就具有维护公民权利地位的属性,这一点并不会因为双方法益相差悬殊而存在疑问。既然如此,就不应否定行为人享受"应当减轻或者免除处罚"待遇的资格。其次,不论是为苹果园主为制止小偷偷走一颗苹果而对其进行射击,还是押车人员在处于绝对优势的情况下,直接持枪将徒手拦截运钞车的单个侵害人击毙,行为人都对侵害事实有着明确的认知,并且都积极追求保护财产法益免遭侵害的目的,其防卫意思的存在是难以否认的。至于说行为人在此之外还有给侵害人造成严重侵害的意图,这丝毫不能影响防卫意思的存在,它只是在确定行为超出防卫限度的情况下,对于确定行为人对于过当结果的罪过形式具有意义。最后,防卫意图是行为客观的防卫属性在行为人主观上的映射。所以,在行为人对于自己行为的事实状况没有发生错误认识的情况下,如果行为人真的缺乏防卫意图,那就必然意味着,该行为在客观上就完全不符合正当防卫的前提条件,或者说从客观上就可以直接认定该行为不具有防卫的性质。换言之,应当是行为在客观上不具有防卫的性质,决定了防卫人在主观上缺乏防卫意图;而不是反过来,防卫人缺乏防卫意图决定了行为不具有防卫的性质。然而,《指导意见》一方面既不否认存在着不法侵害,也不否认行为具有制止不法侵害的功能,另一方面却以行为人缺乏防卫意图为由否定行为的防卫属性,这是自相矛盾的。

3. 不能仅仅因为第三人在场便勒令公民放弃防卫

某些判例主张,如果案发现场人流量较大,或者有多名亲友在场,那么由于行为人可以通过请求他人劝阻的方式制止不法侵害,故防卫行为就不属于紧迫情形下的必要之举。

案例 7-5:黄某某故意伤害案

2014 年 9 月,被告人黄某甲因琐事与被害人梁某丙发生矛盾,公安机关出警予以处置。2015 年 11 月 29 日 12 时许,梁某丙在德保县新城市场路口摆摊卖水果,在看见黄某甲路过该处时,便上前拦截、纠缠黄某甲,并率先动手攻击黄某甲。后黄某甲用拳头打中梁某丙鼻子,梁某丙被打后仰面倒地。后梁某丙先后被送往德保县人民医院、右江民族医学院附属医院进行治疗,经右江民族医学院附属医院诊断,梁某丙系颅脑两侧顶叶挫裂伤、蛛网膜下腔出血。经德保县公安局法医学鉴定,被害人梁某丙的人体损伤程度为轻伤一级。

主审法院认为没有采纳被告人及辩护人关于黄某甲的行为属于正当防卫的辩解意见,理由是:案发时段为中午12时许,案发地点人流量较大,结合现场的情况,本案缺乏正当防卫的紧迫性,故黄某甲的行为不属于正当防卫。

案例7-6:于欢故意伤害案

2014年7月,山东源大工贸有限公司(位于冠县工业园区)负责人苏某向赵某1借款100万元,双方口头约定月息10%。2016年4月14日16时许,赵某1以欠款未还清为由纠集郭某1、程某、严某十余人先后到山东源大工贸有限公司催要欠款,同日20时左右杜某2驾车来到该公司,并在该公司办公楼大门外抱厦台上与其他人一起烧烤饮酒,约21时50分,杜某2等多人来到苏某和苏某之子于欢所在的办公楼一楼接待室内催要欠款,并对二人有侮辱言行。22时10分许,冠县公安局经济开发区派出所民警接警后到达接待室,询问情况后到院内进一步了解情况,被告人于欢欲离开接待室被阻止,与杜某2、郭某1、程某、严某等人发生冲突,被告人于欢持尖刀将杜某2、程某、严某、郭某1捅伤,出警民警闻讯后返回接待室。令于欢交出尖刀,将其控制,杜某2、严某、郭某1、程某被送往医院抢救。杜某2因失血性休克于次日2时许死亡,严某、郭某1伤情构成重伤二级,程某伤情构成轻伤二级。

于欢案一审法院认定本案不存在防卫前提的理由在于:"虽然当时其人身自由权利受到限制,也遭到对方辱骂和侮辱,但对方均未有人使用工具,在派出所已经出警的情况下,被告人于欢和其母亲的生命健康权利被侵犯的现实危险性较小,不存在防卫的紧迫性"。很明显,判决之所以否认于欢的行为具有防卫性质,主要是基于两点,一是侵害不严重,二是警察已经出警并抵达现场。

仅仅因为第三人在场便勒令公民放弃防卫,是武断的。在此情形下,需要结合个案的具体情况,借助"事态接管"的标准来确定行为人能否实施正当防卫。即只有当在场的其他公民或者警察已经切实控制住了或者确定能以更优的方式控制不法侵害时,才可以认为第三人已经有效接管了事态,不允许行为人防卫。具体来说,应当区分以下三种不同的情况来加以分析:①当其他公民或者警察已经通过劝阻、扣押等方式使侵害人停止了侵害或者丧失了继续加害的能力时,由于不法侵害已经结束,故行为人此后对侵害人所实施的打击行为无法成立正当防卫。②在场的其他公民或者警察虽然尚未完全控制侵害人,但确定能够以更为理想的防卫手段有效制止不法侵害。尤其是对于警察来说,由于他们经过了严格和专业的体能、技术训练,配备了较为齐全和精良的防暴器具,故其在有效制止不法侵害的前提下尽量降低侵害人所受损害的能力,就远远高于普通公民。若行为人能够易如反掌地获得其帮助,则法律有理由要求他将防卫权交由这类人员行使。因为:其一,这一要求始终是以确保防卫效果不受减损为前提的,故绝不意味着迫使人向不法侵害让步和屈从,也丝毫没有牺牲行为人的自由与尊严。其二,这一要求是防卫限度条件的应有之义。因为,防卫的必要性本来就是指,行为人应当在同样能够有效制止不法侵害并保障自身安全的多种防卫手段中,选择给不法侵害人造成损害最小的那一种。③如果其他公民或者警察由于救助意愿不坚定、防卫能力有欠缺等原因而未能成功地接管事态,那么他们的在场便无法保证受侵害者的法益安全,在此情况下应当允许行为人实施防卫以自保。例如,即便有多名行为人的亲友在场,但若他们既手无寸铁也缺少体力和打斗技能方面的优势,仅凭其劝阻行为难以保证能使对方彻底放弃侵害意图,则行为人有权选择反击。

结合于欢案来看:一审判决的这一见解是不能成立的。一方面,既然能够成为正当防卫前提的不法侵害并不限于针对生命健康的严重犯罪,而且法院也肯定了被告人及其母亲的人身自由和人格尊严当时正受到侵犯,那就没有任何理由禁止其实施防卫。另一方面,虽然民警接到报警后旋即抵达案发现场,但他们只是询问、警告一番,在没有解除被告人及其母亲受拘禁状态的情况下,就离开了接待室。这说明,民警并未有效地将事态置于自己的管控之下,没有从根本上使被告人及其母脱离险境。因此,二审判决关于"原判认定于欢捅刺被害人不存在正当防卫意义上的不法侵害确有不当,应予纠正"的判断,是正确的。

4. 不应用既遂标准去判断不法侵害是否结束

这是一个老生常谈的问题了。不法侵害结束的时间点是否需要与犯罪既遂的时间点完全重合?对于侵害人身权的犯罪来说,既遂的时间点往往意味着不法侵害已经结束。比如,犯罪人已经将被害人杀害或者致被害人重伤,只要其后续未继续实施杀害或者伤害行为,那么此时,既遂就意味着不法侵害已经结束。侵犯财产权的犯罪有所不同,比如,犯罪人先前通过抢劫或者诈骗已经取得了对财物的占有,此时,物主或者第三人通过追击的方式将财物抢回。那么,该物主或者第三人是否构成正当防卫呢?

案例 7-7：温演森等故意伤害、盗窃案

广东省惠州市中级人民法院："……在本案中，被害人张某在实施盗窃他人手机的行为之后就已逃走，被盗财物已完全脱离失主的控制，盗窃行为完全终了，温演森……随后的追击行为并不是针对正在发生的盗窃行为，亦不符合正当防卫的时间性条件。"

对于法院的观点，目前，许多学者提出了批判，因为不法侵害的结束时间点和犯罪既遂时间点的立法目的是不同的。犯罪既遂时间点是确定犯罪刑事责任的因素；在正当防卫案件中，确定不法侵害的结束时间点，并不是为了确定不法侵害人的刑事责任，而是为公民能够合理行使正当防卫权、保护自己的合法权益提供一个相对合理的空间。因此，这两个时间点并不需要必然重合，因为二者的立法目的就是不同的。目前，学者在这一观点上也基本达成了共识，例如，《指导意见》第 6 条规定："……在财产犯罪中，不法侵害人虽已取得财物，但通过追赶、阻击等措施能够追回财物的，可以视为不法侵害仍在进行……"

5. 超时型的反击行为仍然具备防卫属性

所谓"超时型反击行为"，是指由于侵害人已经丧失了继续侵害的能力，或者侵害人已经自动放弃了侵害行为，又或者侵害行为已经实现既遂，故不法侵害在事实上已经结束，但防卫人继续对侵害人造成了损害。例如：

案例 7-8：胡某某等故意伤害案

2004 年 10 月 2 日 15 时许，胡某某、胡某甲在一公园内摆摊售卖小货品时，王某某因强行拿走货品不给钱而与胡某某发生争执,继而胡某甲与王某某发生打斗,王某某被打倒在地后离开。为实施报复,王某某从一西瓜档拿了两把西瓜刀返回公园,对胡某某、胡某甲进行追砍。胡某甲在背部被砍两刀后躲开,胡某某见状即拿一根甘蔗前去阻拦,被王砍伤右前臂。胡某甲反身上前蹬了王胸口一脚,致其站立不稳,胡某甲乘机夺得王手中西瓜刀一把,但其间被对方砍中额部一刀。后胡某甲与王某某持刀对砍,胡某某则拾起掉在地上的另一把西瓜刀砍伤王某某双脚后跟及头部,直至后者倒地。胡某甲、胡某某见王倒地不起,仍继续各持西瓜刀砍伤王某某的左腿及双脚腕前部位。经法医鉴定,上述三人伤情均属轻伤。

我国刑法理论的主流观点向来习惯于将该情形归入"事后防卫",主张不可能成立防卫行为,根据防卫人主观上是否有过失,分别按照故意犯罪、过失犯罪或意外事件处理。本案的主审法院认为,在原审被告人王某某倒地不起、已失去侵害能力的情况下,二人出于泄愤仍持刀砍伤原审被告人王某某的腿、脚部,此前的防卫行为已转变成故意伤害行为,由于该行为并非是超过必要限度的造成重大损害的防卫行为,因而不属防卫过当。

乍看起来,侵害行为是否仍在持续,似乎也就是侵害是否存在的问题,所以在"超时型反击行为"的案件中,一概否认行为的防卫属性,似乎顺理成章。然而,如果仔细观察,我们就会发现,这种情形与防卫前提要件完全不存在的情况,比如假想防卫是存在差别的。因为:在假想防卫中,被防卫者自始至终并未以违反法义务的方式制造利益冲突,故一方面,其法益的值得保护性从未发生减损,另一方面,行为人的误判也无法在法律上归责于他。与此不同,在"超时型反击行为"中,毕竟是被防卫者以不法行为引起了利益冲突在先。这里有两个问题：第一，如何判断不法侵害是否结束？第二，如果确定侵害已经结束，那么能否按照防卫过当来加以处理？

（1）不法侵害是否结束，应当根据行为当时的情境而不是从事后的角度来加以判断。相对于被动应战的防卫人而言，主动发起进攻的侵害者在对侵害事实的认知和支配方面具有明显的优势，侵害行为将会进行到何种程度、冲突状态将会持续至哪一时点，在很大程度上都处于侵害者的掌控之下。因此，在防卫人对侵害的持续时间存在合理"多虑"的情形下，即便侵害在事实上已经结束，也不能自动使侵害人法益的值得保护性复原，误判所生的风险在一定条件下仍需由侵害人承担。如果站在行为当时的时点，可以认为行为人继续实施反击是为及时、有效和安全制止不法侵害所必要，那么即使从事后的角度来看不法侵害已经结束，还是应当认为侵害仍在进行当中。

案例7-9：王新元、赵印芝致王磊死亡案

被害人王磊于2018年1月结识王某某后，多次要求与其进一步交往，均被拒绝。同年5月至6月期间，王磊采取携带甩棍、刀具上门滋扰，以自杀相威胁，发送含有死亡威胁内容的手机短信，扬言要杀王某某兄妹等方式，先后六次到王某某家、学校等地对王某某及其家人不断骚扰、威胁。王某某及家人先后躲避到县城宾馆、亲戚家居住，并向涞源县、张家口市、北京市等地公安机关报警，公安机关多次出警，对王磊训诫无效。2018年6月底，王某某的家人借来两条狗护院，在院中安装了监控设备，在卧室放置了铁锹、菜刀、木棍等，并让王某某不定期更换卧室予以防范。

2018年7月11日17时许，王磊到达涞源县城，购买了两把水果刀和霹雳手套,预约了一辆小轿车,并于当晚乘预约车到王某某家。23时许,王磊携带两把水果刀、甩棍翻墙进入王某某家院中,引起护院的狗叫。王新元在住房内见王磊持凶器进入院中,即让王某某报警,并拿铁锹冲出住房,与王磊打斗。王磊用水果刀(刀身长11cm、宽2.4cm)划伤王新元手臂。随后,赵印芝持菜刀跑出住房加入打斗,王磊用甩棍(金属材质、全长51.4cm)击打赵印芝头部、手部,赵印芝手中菜刀被打掉。此时王某某也从住房内拿出菜刀跑到院中,王磊见到后冲向王某某,王某某转身往回跑,王磊在后追赶。王新元、赵印芝为保护王某某追打王磊,三人扭打在一起。王某某上前拉拽,被王磊划伤腹部。王磊用右臂勒住王某某脖子,王新元、赵印芝急忙冲上去,赵印芝上前拉拽王磊,王新元用铁锹从后面猛击王磊。王磊勒着王某某脖子躲闪并将王某某拉倒在地,王某某挣脱起身后回屋拿出菜刀,向王磊砍去。期间,王某某回屋用手机报警两次。王新元、赵印芝继续持木棍、菜刀与王磊对打,王磊倒地后两次欲起身。王新元、赵印芝担心其起身实施侵害,就连续先后用菜刀、木棍击打王磊,直至王磊不再动弹。经鉴定,王磊头面部、枕部、颈部、双肩及双臂多处受伤,符合颅脑损伤合并失血性休克死亡;王新元胸部、双臂多处受刺伤、划伤,伤情属于轻伤二级;赵印芝头部、手部受伤,王某某腹部受伤,均属轻微伤。

涞源县人民检察院认定王新元、赵印芝的行为构成正当防卫,决定对其不起诉。检察院认为,王磊倒地后王新元、赵印芝继续刀砍棍击的行为依然属于正当防卫,理由在于:其一,王磊身材高大,年轻力壮,所持凶器足以严重危及人身安全,王磊虽然被打倒在地,还两次试图起身,王新元、赵印芝当时不能确定王磊是否已被制伏,担心其再次实施不法侵害行为,又继续用菜刀、木棍击打王磊,与之前的防卫行为有紧密连续性,属于一体化的防卫行为。其二,根据案发时现场环境,不能对王新元、赵印芝防卫行为的强度过于苛求。王新元家在村边,周边住宅无人居住,案发时已是深夜,院内无灯光,王磊突然持凶器翻墙入宅实施暴力侵害,王新元、赵印芝受到惊吓,精神高度紧张,心理极度恐惧。在上述情境下,要求他们在无法判断王磊倒地后是否会继续实施侵害行为的情况下,即刻停止防卫行为不具有合理性和现实性。在此,检察院对于防卫限度的判断很明显采取了事前的判断立场。因为,该不起诉决定没有将王磊倒地作为侵害的结束时点,而是将两名行为人当时的合理担心以及他们的精神情绪对于其判断能力所产生的影响作为认定防卫是否必要的关键因素。

(2)即便认定不法侵害已经结束,但只要不法侵害结束前后的损害行为之间在时空上具有紧密的关联性,使得不法侵害结束后发生的损害行为可以被看成是由先前反击措施直接发展而来的延伸或者溢出部分,则仍可以认定其为防卫过当。

在胡某某等故意伤害案中,在原审被告人王某某倒地不起、已失去侵害能力的情况下,二人出于泄愤仍持刀砍伤原审被告人王某某的腿、脚部,此前的防卫行为已转变成故意伤害行为,由于该行为并非超过必要限度的造成重大损害的防卫行为,因而不属防卫过当。

(二)正当防卫的限度要件

《指导意见》已经承认,行为过限和结果过限作为两个相对独立的要件,对于防卫过当的成立来说缺一不可。

什么是超过必要限度？我国刑法学通说在防卫限度的问题上，采取了将必需说和基本相适应说相综合的折中理论（又名"相当说"）。通说据此认为，所谓"明显超过必要限度"是指防卫行为的性质、手段和强度明显超过不法侵害的性质、手段和强度。在通说的影响下，审判实践在判断防卫限度时往往将注意力集中在防卫和侵害之间的法益均衡性之上，从而将防卫行为在强度和危险性上显著高于侵害行为这一点，作为认定防卫行为明显过限的依据。

于欢案二审法院在论述于欢的行为属于防卫过当时指出："根据本案查明的事实及在案证据，杜某2一方虽然人数较多，但其实施不法侵害的意图是给苏某夫妇施加压力以催讨债务，在催债过程中未携带、使用任何器械；……当民警警告不能打架后，杜某2一方并无打架的言行；……在于欢持刀警告不要逼过来时，杜某2等人虽有出言挑衅并向于欢围逼的行为，但并未实施强烈的攻击行为。"法院的上述论证旨在说明：侵害者一方所实施的行为虽有暴力的属性，但其程度并不严重，而于欢却采用了刀刺致死的防卫措施，两者相差明显。可见，二审判决仍然是以重大损害结果作为判断防卫过当的重心，仍然是以受保护之法益与受损害之法益在价值上的失衡作为认定防卫过当的核心依据，这说明它承袭了已受到广泛质疑的基本相适应说。

既然决定防卫行为是否处于必要限度之内的关键问题在于，防卫人所采取的反击手段是否为及时、有效和安全地制止不法侵害所必不可少，那么所谓"明显超过必要限度"，就只能是指防卫行为超出为制止侵害所必要的多余部分明显，而不是指防卫行为在强度上高出侵害行为的部分明显。换言之，在确定过限程度是否明显时，拿来进行比较的双方应该是案件中的防卫行为与必不可少的防卫行为，而不是案件中的防卫行为与侵害行为。

第八讲
犯罪未完成形态在刑事辩护中的运用

李世阳[*]

一、刑事辩护的定位

我国《律师法》第 31 条明文规定,律师担任辩护人的,应当根据事实和法律,提出犯罪嫌疑人、被告人无罪、罪轻或者减轻、免除其刑事责任的材料和意见,维护犯罪嫌疑人、被告人的诉讼权利和其他合法权益。因此,从辩护方向上而言,可以分为无罪辩护和罪轻辩护,从辩护内容上而言,可以分为实体辩护和程序辩护。由于两种分类所依据的标准不同,因此经过排列组合可得出以下四种辩护方案:①实体上的无罪辩护,也就是说证明公诉机关所指控的犯罪嫌疑人所实施的某个具体行为并不构成所指控的犯罪。于是,辩护律师应找到将该行为出罪的窗口。而这一过程其实是犯罪认定的逆向过程,也就是与犯罪论体系紧密关联。长期以来,我国刑法学界和实务界在犯罪论体系上采用四要件体系,该体系是以社会危害性为出发点,以处罚必要性为核心的封闭式、入罪化的体系,在该体系内并未设置相应的出罪窗口,背后体现出了有罪推定的逻辑。在这一体系下,辩护律师要做无罪辩护将首先遭遇实体障碍。与此相对,在无罪推定的理念之下,犯罪的认定以及刑罚权的发动应受到

---

[*] 浙江大学光华法学院副教授。

合理限制,罪刑法定原则应成为刑法的灵魂与解释论大厦的基石。据此,在犯罪认定过程中应设置相应的可以出罪的窗口,这些窗口就成为辩护律师的重要突破口,换句话说,犯罪论体系的构建本身应客观中立,在为控方输送攻击炮弹的同时,也应为辩方设置相对应的防御措施。在这一点上,不论是大陆法系的阶层式犯罪论体系,还是英美法系的实体与程序一体化的犯罪认定体系,都是共通的。在这一意义上,作为一名刑辩律师,必须掌握并用好阶层式犯罪论体系这一理论武器,这对于辩点的选择与辩护方案的制定非常有帮助。例如在三阶层犯罪论体系中,在构成要件该当性、违法性、有责性这三个阶层中均设置了出罪窗口。当然,在做实体上的无罪辩护时,能在构成要件该当性阶段就出罪是最理想的效果。②实体上的罪轻辩护,即证明行为人所实施的行为并不符合被指控的较重的犯罪,最多只构成一个相对较轻的犯罪,或者虽然符合被指控的犯罪的构成要件,但存在违法减轻事由或责任减轻事由或可罚性减轻事由,因此应当从轻或减轻处罚。③程序上的无罪辩护,这种辩护策略的制定取决于在程序法上是否充分保障犯罪嫌疑人、被告人的诉讼权利,尤其是非法证据排除规则、疑罪从无、诉因制度等是否得到坚守,这不论是在制度层面上还是司法实践中,都存在巨大困难。④程序上的罪轻辩护,在刑事诉讼法上正式确立认罪认罚从宽制度之后,这一辩护策略得到广泛运用。

  本文的主题是犯罪未完成形态在刑事辩护中的运用。犯罪未完成是相对于犯罪既遂而言,包括预备、未遂、中止等各种形态,根据刑法的相关规定,当犯罪停留于未完成形态时,相比于既遂犯而言,可以或应当从轻或减轻处罚,可以说是实体上罪轻辩护的明文依据。近年来,来自德国与日本的大量的刑法解释论产品涌入我国,对既有的普遍处罚预备犯的规定、未遂犯的处罚根据、未遂犯与不能犯的区分、中止犯的减轻处罚根据、未遂犯与中止犯的区分等问题形成强烈的冲击。那么,律师在刑事辩护中应如何用好这些理论资源从而制定更加合理、稳固的辩护方案。以下我将结合具体案例重点谈一谈预备犯的认定与辩护、未遂犯当中危险的判断、中止犯中自动性的认定这三个问题。

二、预备犯的认定与辩护

根据《刑法》第 22 条的规定,犯罪预备是指,为了犯罪,准备工具或制造条件的行为,对于预备犯,可以比照既遂犯从轻减轻或者免除处罚。该规定传达了以下三个信息:第一,准备工具或制造条件的客观行为必须是在主观犯意的支配之下实施的,这两者必须同时存在,缺乏客观外在行为将变成单纯惩罚思想犯,缺乏主观犯意将完全丧失构成要件的定型性,过分扩大打击面。第二,刑法采取了一般性处罚预备犯的立场,只是可以比照既遂犯减轻处罚。第三,预备犯本身并不具有独立的构成要件,而是依附于既遂犯的构成要件,但预备犯和未遂犯及既遂犯侵犯的行为规范是完全一样的,例如都是对"禁止杀人"这一行为规范的违反,只是因为违反的程度不同,也就是对构成要件背后所要保护的法益造成的危险及侵害程度不同,才做阶段性区分。

根据《刑事诉讼法》第 51 条的规定,公诉案件中被告人有罪的举证责任由人民检察院承担,据此,公诉方应以排除合理怀疑的程度证明犯罪嫌疑人是在实施某一具体犯罪的意思支配下准备了相应工具或制造了相应条件。此时,应区分以下两种情形:

第一种情形是犯罪嫌疑人所准备的工具或制造的条件本身就具有类型的危险性,例如所准备的是管制刀具、枪支弹药、违禁品等。在这种情形中,如果符合刑法所规定的非法携带管制枪支、弹药、管制刀具、危险物品危及公共安全罪,或者非法持有型犯罪,则以相应的罪名定罪处罚。如果尚未达到犯罪程度,例如携带的管制刀具数量没有达到司法解释要求的数量标准,能不能结合犯罪嫌疑人的口供证据,直接认定为相应的犯罪?例如犯罪嫌疑人在接受讯问时供述了准备管制刀具是为了杀人就直接认定为故意杀人罪的预备犯。我个人认为,犯罪嫌疑人准备危险的工具是为了实施特定的某一犯罪这一点,应当由公诉方承担举证责任,根据《刑事诉讼法》第52条的规定,严禁刑讯逼供和以威胁、引诱、欺骗以及其他非法方法收集证据,不得强迫任何人证实自己有罪。与此同时,《刑事诉讼法》第55条规定,对一切案件的判处都要重证据,重调查研究,不轻信口供。只有被告人供述,没有其他证据的,不能认定被告人有罪和处以刑罚。而证据确实充分的要求之一是:综合全案证据,对所认定事实已排除合理怀疑。但在上述情形中,管制刀具与犯罪嫌疑人的口供证据显然可以得出不同的罪名组合,此时在罪名的确定上几乎依赖于犯罪嫌疑人的供述,如果犯罪嫌疑人说自己想杀人就定故意杀人罪,如果他改口称自己想抢劫出租车司机可能就定抢劫罪,但如果犯罪嫌疑人说自己只是想带出来耍帅,又应当定什么罪呢,寻衅滋事罪吗?从这个意义上说,公诉方几乎不可能以达到排除合理怀疑的程度证明这一点,这样的话,本着存疑有利于被告人的基本原则,犯罪嫌疑人仅仅在非法携带危险工具的限度内承担相应的刑事责任或接受相应的行政处罚,不能简单根据犯罪嫌疑人的供述直接确定相应罪名。

第二种情形是行为人所准备的工具或制造的条件并不具备类型的危险性，换言之，最多是用法上的凶器，例如羊角锤、扳手、斧头、尼龙绳、钢锯等。在这种情形中，基于工具本身的中立性，购买及准备工具的行为一般而言都在整体法秩序所容许的限度范围内。在这个意义上，准备工具或制造条件的行为在客观上并没有制造出被法所不允许的危险，这样的话，准备工具或制造条件的行为并不能被评价为违反相应的行为规范，也就不足以发动相应的制裁规范对行为人加以处罚。借用德国学者施特拉腾韦特的话来表述：预备行为从其外在形象来看，大多时候完全符合社会规范的要求，如果不顾其表现形式而加以处罚，那么，大量本来根本不是犯罪的行为方式就会受到怀疑，一个极可能没有做出犯罪决意，或者随时可能放弃决意的人也会受到刑罚制裁。

总之，不论是在刑法解释论、刑事诉讼法的法理上还是在刑事政策上，刑法所设置的一般性处罚预备犯的规定都面临巨大障碍，从刑法保护法益的根本任务以及刑法的辅助性、谦抑性品格出发，都应当对现行《刑法》第 22 条规定的普遍处罚形式预备犯的立场进行限缩解释。结合上文所分析的两种情况，只有当行为人所准备的工具或制造的条件本身并不是中立的，而是具有类型性地侵犯法益的属性时，才能纳入刑法的规制范围。以这一点为核心，在刑法上限缩对预备犯的处罚主要有以下两种方法：第一是在分则的条文中明确规定实质预备犯，例如准备实施恐怖活动罪、非法利用信息网络罪。第二是在删除普遍处罚预备犯的规定，在刑法分则中仅仅针对特定的重大犯罪规定处罚预备犯。在目前《刑法》第 22 条第 2 款仍然没有被废除的框架下，显然应当着重考虑第一种方案。

三、未遂犯中危险的判断

（一）未遂犯的处罚根据

如前所述，我国刑法对预备犯采取了普遍处罚的态度，那么，作为预备犯的下一个阶段的未遂犯，其对法益的威胁程度显然更高，我国刑法对未遂犯当然也采取了普遍处罚的态度。我国《刑法》第23条规定了未遂犯的概念及其处罚。具体而言，已经着手实行犯罪，由于犯罪分子意志以外的原因而未能得逞的，是犯罪未遂。对于未遂犯，可以比照既遂犯从轻或者减轻处罚。相比于预备犯的处罚程度而言，不能免除对未遂犯的处罚，这显然对未遂犯采取了更严厉处罚的立场。但与预备犯一样，未遂犯的处罚同样面临着处罚的正当性根据是什么这一问题。立足于不同的刑法观，对这一问题将作出不同的回答，而这又进一步决定了未遂犯的成立范围。

1. 主观危险说

例如，基于行为人刑法的主观刑法立场，未遂犯之所以受处罚，是因为实施犯罪的行为人显示出了与既遂犯同样的人身危险性和主观恶性。如果将这一立场贯彻到底的话，甚至会将既遂犯所造成的构成要件结果视为客观处罚条件，未遂犯应遭到和既遂犯同样的处罚。于是，只要客观外在的行为事实足以表征行为人的主观犯意，就成立未遂犯并受处罚。这样的话，甚至连迷信犯都将作为未遂犯处罚，因此，几乎没有不能犯的成立空间。伴随着主观刑法立场的消退，这种极端的观点既没有得到立法上的支持，也没有被刑法学界所采纳。例如，几乎没有国家在刑法中直接规定未遂犯与既遂犯受同样的处罚,相反,很多国家甚至都没有对未遂犯采取一般性处罚的立场,而只是在分则条文中对特定的重大犯罪规定处罚未遂犯。而且,即便处罚未遂犯,也比照既遂犯从轻或减轻处罚。与此相对,在当前刑法学界中也没有学者支持主观危险说的立场。

2. 抽象危险说

与主观危险说同样可以归入主观未遂论立场的学说还有抽象危险说。从该学说开始,危险的判断才迈出客观化的第一步。具体而言,根据抽象危险说,行为人所实施的行为虽然反映了行为人的主观恶性与人身危险性,但行为人自认为危险的、可以导致构成要件结果发生的行为,还应当结合社会一般人的判断,也就是说社会一般人是否也同样认可该危险及由该行为导致结果实现的可能性。根据抽象危险说,误把白糖当砒霜给他人食用的行为,将作为未遂犯处罚。因为该行为显示出了行为人的杀意,行为人也认识到了砒霜的致死危险性,该危险性也被社会一般人认可,只是因为行为人误拿才没有实现结果而已。围绕该学说,我们来看看下面的案件应如何处理。

案例 8-1:制毒失败案

2013 年 3 月,被告人蒋某、宋某为牟取非法利益,预谋制造"冰毒",邀约被告人刘某某具体实施。经共谋,由蒋某出资,宋某辅助采购制毒工具及原料,刘某某在本市某村某农房内制造毒品甲基苯丙胺。2013 年 4 月 15 日 17 时许,公安民警将正在制毒的刘某某现场挡获,查获制毒液体 12807 克。经某鉴定中心分析鉴定,所查获的液体中每 100 克含甲基苯丙胺小于 0.001 克。所制毒品含甲基苯丙胺约 0.128 克。

本案中，实际负责制毒的刘某某只有初中文化水平，没有受过类似的专业教育或工作经历，所谓的制毒方法是从网上自学的，其所使用的原料和制毒工艺，根本不可能制造出冰毒成品或半成品，基本上可以说就是一通瞎操作。但检察院仍然以制造毒品罪既遂起诉到法院。在本案的辩护中，首先应否定既遂犯的成立。虽然《刑法》第357条第2款规定，毒品的数量以查证属实的走私、贩卖、运输、制造、非法持有毒品的数量计算，不以纯度折算。然而，对于制造毒品罪而言，只有当制造出来的成品被认定为毒品时才有可能构成既遂犯。根据刑法第357条第1款的规定，所谓的毒品是指，鸦片、海洛因、甲基苯丙胺(冰毒)、吗啡、大麻、可卡因以及国家规定管制的其他能够使人形成瘾癖的麻醉药品和精神药品。据此，毒品必须是能够使人成瘾的麻醉药品或精神药品，本案中，最后查获的毒液的甲基苯丙胺含量只有百万分之一左右，且该液体经公安机关的侦查实验也无法提炼冰毒，无法进一步提纯固化为晶体或粉末。因此，不能将查获的纯度低到可以忽略不计的液体认定为毒品。如果成功否定既遂犯的成立，问题就接着转化为是否成立未遂犯。如果根据上述的抽象危险说，很显然将会得出成立未遂犯的结论，因为行为人在购买了制毒原料和工具之后已经开始实施制毒行为，制毒的犯意已经表露出来，社会一般人也认可通过该制毒原料和工具进行制毒的危险性。

在上述案例中，公诉机关以制造毒品罪既遂起诉，如果最终法院能认定为制造毒品罪未遂犯，已经是成功的辩护。然而，连依照被归入主观刑法阵营，并遭受猛烈批判的抽象危险说都能得出未遂犯结论，却已经是成功的辩护，足以可见刑事辩护的困难程度有多高。

3. 具体危险说

在主观刑法消退,客观刑法占据支配地位的今天,刑法的基本功能在于保护法益这一核心思想得以确立,据此,刑法应首先评价行为人所实施的行为是否侵犯被刑法认可的法益或使法益陷入危险状态,而不是一上来就评价实施行为的行为人是否具有主观恶性及人身危险性。换言之,如果行为人实施的行为本身并未侵犯或威胁法益,即使行为人的犯意再邪恶,行为人的人品再低劣,也不能对其科处刑罚。将这一核心思想适用于未遂犯的认定上,那么,就会得出以下共识:在结果犯中,只有相应的构成要件结果最终发生,才能认定为对法益造成实害后果,如果结果没有产生,则应考察行为人所实施的行为对构成要件所保护的法益所形成的危险状况,只有在该法益危险状况是具体的而非抽象的,是现实的而非假设的,是急迫的而非轻缓的情形中,才能发动刑事制裁规范对行为人施加刑罚。一言以蔽之,行为人所实施的行为必须具备高度的法益侵害性,由该行为导致构成要件结果的发生具有高度盖然性时,才能认定未遂犯的成立。

围绕法益危险的判断,在客观未遂论的内部形成了具体危险说与客观危险说的争论。具体危险说认为,对于行为人所实施的行为是否以及在多大程度上造成法益危险的判断,应立足于社会一般人的视角,以行为人实施该行为当时的客观事实作为判断资料,进行事前判断。因为诸如故意杀人罪这一构成要件背后所隐藏的"禁止杀人"这样的行为规范是面对全体国民而言的,因此某一行为是否对生命法益产生危险,也应结合全体国民的一般性认知进行判断,与此同时兼顾行为人的特殊认知。我们接着看以下案例:

案例 8-2：谋财害命案

　　被告人胡斌因赌博、购房等原因欠下债务,遂起图财害命之念。先后准备了羊角铁锤、纸箱、编织袋、打包机等作案工具,以合伙做黄鱼生意为名,骗取被害人韩尧根的信任。1997年11月29日14时许,被害人韩尧根携带装有19万元人民币的密码箱,按约来到被告人胡斌的住处。胡斌趁给韩尧根倒茶水之机在水中放入五片安眠药,韩喝后倒在客厅的沙发上昏睡。胡见状即用事先准备好的羊角铁锤对韩的头部猛击数下致韩倒地,又用尖刀乱刺韩的背部,致使韩因严重颅脑损伤合并血气胸而死亡。

　　次日晨,被告人胡斌用羊角铁锤和菜刀将被害人韩尧根的尸体肢解为五块,套上塑料袋后分别装入两只印有球形门锁字样的纸箱中,再用印有申藤饲料字样的编织袋套住并用打包机封住。嗣后,胡斌以内装毒品为名,唆使被告人张筠筠和张筠峰帮其将两只包裹送往南京。被告人张筠筠、张筠峰按照胡斌的旨意,于1997年11月30日中午从余姚市乘出租车驶抵南京,将两只包裹寄存于南京火车站小件寄存处。后因尸体腐烂,于1998年4月8日案发。

　　上海铁路运输中级法院认为：被告人胡斌为贪图钱财而谋杀被害人韩尧根,并肢解尸体,其行为已构成故意杀人罪,且手段残忍、情节严重,依法应予严惩；被告人张筠筠、张筠峰明知是毒品仍帮助运往异地,均已构成运输毒品罪,但因二人意志以外的原因而犯罪未得逞,系未遂,应依法从轻处罚。

　　本案中,法院在几乎不说理的情况下直接认定张筠筠与张筠峰构成运输毒品罪,如果从理论上加以说明的话,只有根据最极端的主观危险说才有可能得出未遂犯的结论,因为从该学说出发,危险的判断视角是立足于具体行为人,判断资料也是来源于行为人的认知范围。然而,如前所述,该学说是主观主义刑法、行为人刑法的产物,直接违反无行为则无犯罪这一基本原则。在本案中,张筠筠与张筠峰是在对运输的对象物产生认识错误的状态下实施的运输行为,此时应在刑法上分别考察对实际对象物的运输和对误认的对象物的运输这两种行为,很显然,单纯运输尸体的行为在刑法上并不构成犯罪,运输毒品则构成犯罪。据此,本案可以简单评价为:行为人误以为自己在实施犯罪,而事实上却不构成犯罪。这种情形在刑法上被称为幻觉犯,对幻觉犯的处理当然是不认定为犯罪。然而,本案却被认定为运输毒品罪未遂,可见在我国司法实践中主观未遂论的基本主张还有很大的市场,如何转变这一观念,从而让客观未遂论的基本立场运用于司法实践,需要所有法律人的共同努力。在本案中,除了上述的将其认定为幻觉犯从而认定为无罪的方案之外,完全可以通过具体危险说的适用,得出不能犯的结论。具体而言,刑法规定运输毒品罪是为了防止毒品的传播与泛滥,运输行为直接导致了毒品的扩散,使毒品处于流通状态。运输行为本身是完全合法的,关键在于运输的对象物是否是在法律上允许流通的物品。因此运输毒品罪的法益危险性并不在于运输本身,而是运输的对象物是毒品的可能性有多大。本案中,行为人实际运输的对象物是尸块,尸块成为毒品的可能性为零,即使尸体腐烂释放出有毒有害气体也不能解释为毒品。换言之,从社会一般人的视角出发,运输尸块的行为并不具有实现运输毒品的类型性危险,因此误把尸体当毒品运输的行为应视为运输毒品罪的不能犯。

4.客观危险说

如前所述,在客观未遂论的阵营中,还有另一种学说,那就是客观危险说。该学说认为具体危险说是以行为当时社会一般人的危险感为基准判断未遂犯的成立与否,该判断基准不够客观化,而且一般人的危险感的有无及其程度的判断缺乏可操作性。据此,客观危险说认为,行为人实施的行为是否具有侵害法益的危险性,应立足于裁判当时,从法官的视角出发,以科学的因果法则为基准,以行为之后发生的事实作为判断资料进行判断。例如,甲向乙开枪,子弹没有打中。如果将客观危险说贯彻到底,甚至会得出甲不成立故意杀人罪的未遂犯,而是不能犯的结论。这是因为,例如,在裁判当时,根据事后查明的原因,子弹之所以没有打中,是因为甲的枪口往左偏离了5度,综合两人的站位、距离、风向、风速、湿度等因素,甲从这个角度的开枪行为根本不可能打中乙,因此不具有威胁乙生命法益的客观危险性。由此可见,如果将所有的事实都进行事后性地客观考虑的话,最终构成要件结果的不发生是一开始就已经注定的结局。我建议刚失恋的男生或女生都要好好学一下这个学说,因为根据这个学说,你的分手在导演的安排下,从一开始就是必然的,没什么好伤心的。不过话说回来,这样的结论,恐怕所有的吃瓜群众都不答应吧,因为这个学说以科学的因果法则为名直接否定了法益危险的存在,这样也就完全丧失了区分法益侵害与侵害危险的必要性,只要行为人所实施的行为最终没有实现构成要件结果,都将作为不能犯处理。对于这一结论,即使支持客观危险说的学者都不能答应,因此对客观危险说进行了修正,对危险的判断按照以下两个步骤进行:首先,查明最终没有发生构成要件结果的原因,根据科学的自然因果法则确定客观事实发生怎样的变化,结果就将会发生,而这一点与社会一般人能够认识到怎样的事实无关,据此与具体危险说相区别。接着,比较实际存在的客观事实与根据自然法则导致结果发生所需要具备的客观事实这两者的差距,判断前者向后者转变的可能性有多大,也就是判断假定事实的存在可能性。当可能性高时则成立未遂犯,当可能性很低或不具有可能性时则成立不能犯。我个人认为该观点较为彻底地贯彻了客观未遂论的基本立场,有效限缩了未遂犯的成立范围,与此同时该学说还具备可操作性,对司法实践中疑难案件的认定具有很强的指导意义。例如被经常列举的空枪射击案、射击空床案等,就能够得到妥善解决。我以空枪射击案为例简单说明一下:首先考察开枪没有造成对方死亡的原因在于枪本身是空的,其次考察由空枪变成装有子弹的枪的可能性有多大,据此,如果开枪者一开始就知道是空枪而朝对方假开枪,这种转变的可能性就为零,因此成立不能犯,如果开枪者不知道是空枪,误以为是装子弹的枪而朝对方射击,由于枪支里装有子弹是正常的而非异常的事情,因此具有转变的可能性,据此可得出成立未遂犯的结论。

(二)几种特殊类型的未遂犯

以上关于未遂犯中实行行为的危险性的判断,是以结果的不发生为前提,考察行为人所实施的行为导致结果发生的可能性大小。但即使发生了构成要件结果,仍然有可能成立未遂犯。比较典型的有以下两种情形,第一种是因否定因果关系的存在从而认定为未遂犯;第二种是因行为人陷入警察圈套从而可能认定为未遂犯。以下分别讨论。

1. 因否定因果关系而成立未遂犯

即使行为人实施了相应的实行行为并最终发生了构成要件结果,当该构成要件结果不能归属于实行行为,也就是说不能视为实行行为的作品时,行为人就仅仅在自己所实施的实行行为的限度内承担刑事责任,而不对最终的构成要件结果负责。在教学上经常举的例子,比如:甲将乙从50楼推下去,乙在自由落体过程中被丙一枪击毙。整个过程在刑法上可以描述为:甲的推人行为开启了乙的生命走向终结的流程,但在这一流程中介入了丙的故意行为,这一介入因素又独立开启了另一个导向乙生命法益终结的流程,乙最终在这一流程中终结了生命。如果甲和丙之间事前不存在犯意联络,则缺乏部分实行全部责任的归责基础,应分别考察甲和丙的刑事责任。具体而言,由于甲的推人行为可以评价为杀人的实行行为,甲仅仅对自己实施的这一行为负责,承担故意杀人未遂的刑事责任。与此相对,丙的开枪行为当场将乙击毙,呈现出了完整的因果链条,死亡结果直观地归属于开枪的杀人行为,因此丙承担故意杀人既遂的刑事责任。

此外,在教学上还经常举另一个重叠的因果关系案例:甲向乙投了一半致死量的毒药,几乎在与此同时,丙在不知情的情况下也向乙投了一半致死量的同种毒药,最终乙毒发身亡。该案例与上述案例的共同点是都可以将丙的行为视为在因果流程中介入第三人的故意行为,所不同的是本案中丙的行为也无法单独导致死亡结果的发生。虽然乙的死亡结果可以归属于甲和丙近乎同时的投毒行为,但由于双方之间缺乏犯意联络,两个投毒行为缺乏相互归属的基础,因此甲和丙都仅仅对自己的投毒行为负责,而不对死亡结果负责,最终都分别承担故意杀人未遂的刑事责任。

以上两个案例都是在因果流程中介入第三人的因素,这一问题既是因果关系问题也是共犯问题,还是犯罪未完成问题,三大刑法黑暗之章相互交织,尤其复杂。在司法实践中,还会遇到在因果流程中介入行为人的另一个行为,最终导致结果发生的情形。例如,甲用绳子勒乙的脖子,乙陷入深度昏迷状态,但甲误以为乙已经死亡,为毁尸灭迹,将乙背到沙滩上掩埋,事后查明乙因吸入沙子窒息死亡。这种类型的案例,在司法实践中一般都认定为故意杀人既遂,但其实也存在可以辩护的空间。具体来说,面对所有的刑事案件,首先应当从案例材料中选取出值得刑法评价的行为,当选出的行为达到两个以上时,应接着考察这些行为之间具有怎样的关联,是否可以将这些行为视为在行为人同一行为意思支配之下实施的一体化行为,还是在不同行为意思支配之下实施的应受分别评价的分断化行为。这其中会产生很微妙的组合,例如,甲在强奸乙的过程中为抑制乙的反抗而掐乙的脖子导致乙死亡,性侵行为和掐脖子的杀人行为都是在概括的强奸行为意思支配之下实施,可以视为一体化行为。但如果是甲在强奸乙之后,担心罪行败露而杀人灭口,杀人行为就不是在强奸行为意思支配之下实施,而是另起犯意,在这一杀人行为意思支配之下实施的另一个行为,应分断评价,分别符合不同的构成要件,构成数罪。

在上述沙滩案中,首先可以选取出勒脖子和掩埋这两个行为,司法实践将这一类型案件认定为既遂,其实是理所当然地将这两个行为视为一体化的杀人行为,这样的话,只要死亡结果可以归属于其中任何一个,哪怕具体归属于哪一个行为已经查不清,也应对死亡结果承担既遂的刑事责任。然而,如果结合具体案情,能够成功地将两个行为分断开来进行分别评价,则有可能到达较好的辩护效果。具体来说，应综合考虑前后两个行为本身的法益侵害危险性、时空上的密切关联性、第一个行为实施之后导致的法益受损情况、行为人在实施第一个行为之后的主观心态、平行的社会一般人是否能够确定被害人在第一行为之后第二个行为之前已经死亡。在沙滩案中，应分以下三种情形区别对待，第一种情况是：如果行为人一开始就制定了勒死之后移到沙滩掩埋的犯罪计划，这前后两个行为就统合于概括的杀意之下，从而被视为一体化的杀人行为，因为被害人在第一个行为之后是死是活，完全在行为人接受的范围内，如果已经死了，第二个行为就是共罚的事后行为，如果还活着，第二个行为就是杀人的实行行为，最终都可以得出既遂的结论。但即便是这种情况，公诉机关也应当以排除合理怀疑的程度证明这两个行为一开始就在行为人的计划之内，如果在这一点上存疑，就留有辩护空间。第二种情况是：行为人在误认为被害人已经死亡之后，临时起意将被害人掩埋。此时关键的问题就在于行为人的这种误认是否具有相当的理由和证据支撑，刑法本着对生命绝对尊重的态度，只要他人尚存一口气，其生命法益就受保护，因此，在行为人实施完第一个行为之后，有义务认真确认被害人是否已经死亡，如果不经确认，就实施足以评价为杀人的毁尸灭迹行为，例如肢解或掩埋或沉溺尸体，如果事后查明是因之后的处理尸体行为导致死亡的，行为人仍然要对死亡结果负责。但如果行为人在实施第一个行为之后认真确认被害人是否已经死亡，例如检查被害人是否还有呼吸、脉搏是否还在跳动，在确认长时间无呼吸、脉搏停止跳动、对光反应无效等心脏死亡的典型特征之后，实施了后续的掩埋尸体行为，从平行的社会一般人的立场出发，如果设身处地地处于当时的情况，也会认定被害人已经死亡，在此前提下，可以认定为行为人已经尽到了确认被害人是否死亡的注意义务,表明了对生命法益的尊重态度,后续实施的掩埋行为不能认定为是在故意杀人的行为意思支配之下实施。这样的话,就不能将前后两个行为统合于概括的杀人意思之下,因此应做分断处理,分别构成故意杀人未遂与过失致人死亡。在这一评价之下,很有可能比认定为故意杀人罪既遂得到更轻的处理。

2. 陷入警察圈套的未遂犯

我国《刑事诉讼法》第150条规定,公安机关在立案后,对于危害国家安全犯罪、恐怖活动犯罪、黑社会性质的组织犯罪、重大毒品犯罪或者其他严重危害社会的犯罪案件,根据侦查犯罪的需要,经过严格的批准手续,可以采取技术侦查措施。第153条规定,为了查明案情,在必要的时候,经公安机关负责人决定,可以由有关人员隐匿其身份实施侦查。但是,不得诱使他人犯罪,不得采用可能危害公共安全或者发生重大人身危险的方法。对涉及给付毒品等违禁品或者财物的犯罪活动,公安机关根据侦查犯罪的需要,可以依照规定实施控制下交付。这两条规定为侦查活动中采取技术侦查手段获取犯罪证据提供了根据。但诱发犯意型的技术侦查应当被禁止,因为不能以刑法和刑诉法的名义教唆公民犯罪。然而,对于通过卧底实施控制下交付,以及侦查人员已经将毒品调包,引诱交易方出现的情形,是否能够认定为毒品犯罪的既遂,存有辩护空间。

案例8-3:警察圈套案

被告人王孟婉伙同吴志强于2014年9月间,与特情人员肖某商定欲以每克300元和500元向肖贩卖毒品甲基苯丙胺20克及5克。后二被告人于同年9月11日16时许,在王孟婉暂住地,欲与肖某进行交易时被东城区安定门派出所民警抓获,并起获毒品甲基苯丙胺 19.97 克及 0.5 克。

本案中,法院认定王孟婉和吴志强构成贩卖毒品既遂的共同犯罪。但辩护人认为,由于特情人员肖某的介入,贩卖毒品停留于未遂形态。关于犯罪完成形态的认定,首先受制于犯罪的法益与罪质。在分析任何一个构成要件时,都应以法益和罪质作为两大基本指针,其中,法益奠定了该犯罪的内涵,而罪质则确定了分析该构成要件的框架,在刑法上针对不同的罪质都有一套特定的分析框架,例如如果是结果犯,则应同时具备实行行为、构成要件结果、因果关系等要素,是即成犯、状态犯还是继续犯将影响实行行为的认定、犯罪既遂标准、事后侵害行为、承继共犯、正当防卫时间条件、诉讼时效、诉因确定等问题。那么,贩卖毒品罪的罪质是什么,在文义解释上,贩卖毒品的行为是有偿转让毒品,使毒品处于流通和随时可能被吸食的状态,应当将其认定为结果犯,以毒品的交付作为构成要件结果。但在介入特情人员或通过调包而控制交付的情形中,警察一般都会在交易过程中当场出击,从而人赃俱获,以诱惑侦查的方式获取相应的证据,从而满足刑法上贩卖毒品罪的所有构成要件要素。由于技术侦查是被刑诉法所规定和允许的,基于毒品犯罪的隐蔽性和全面打击毒品犯罪的刑事政策需要,这一规定也许具有正当性根据,但在以审判为中心的司法体制改革背景下,刑事诉讼模式也应从职权主义诉讼模式向当事人主义诉讼模式转变,这一转变不仅仅体现在审判环节,更应该体现在侦查及起诉环节,改变传统的职权主义侦查观,树立当事人主义侦查观,成为必然的推论。这样的话,既然在证据的获取上,刑诉法已经给侦查机关在侦查毒品犯罪中例外的重型武器,被抓获的犯罪嫌疑人也应获得相应的刑事政策优惠。如果确立起这样的刑事政策观念,那么,在刑法解释论上,将通过技术侦查而破获的毒品犯罪类推解释为未遂犯,完全存在正当性和可能性。

四、中止犯的认定与辩护

尽管表述方式与种类不尽一致,但大多数国家的刑法典中都规定了中止犯,并对其特别赋予了减轻处罚的法效果。我国现行刑法第 24 条第 1 款也规定,在犯罪过程中,自动放弃犯罪或者自动有效地防止犯罪结果发生的,是犯罪中止。与此同时,同条第 2 款规定,对于中止犯,没有造成损害的,应当免除处罚;造成损害的,应当减轻处罚。从该规定出发,在中止犯的认定上,自然而然会产生以下问题:什么是自动放弃犯罪,什么是造成损害。如果进一步思考的话,不得不追问为什么要对中止犯减轻甚至免除处罚。目前刑法学界关于中止犯的研究,也基本上没有逃脱出以上三个问题。例如,在自动性的判断上,所谓的"能行而不欲是中止,欲行而不能是未遂"这一弗兰克公式仍然占据主导地位。而关于中止犯减免处罚的根据,国内外刑法学界展开了深入探讨,产生了一系列带有标签意义的学说,例如法律说(违法减少说、责任减少说、违法与责任减少说)黄金桥理论、褒奖说、刑罚目的指向说、责任履行说、相抵说等。表面上理论资源琳琅满目,任人挑选,但司法实践中仍然对中止犯的认定存在重大疑惑。我们来看一个案例:

案例 8-4:惊慌失色案

坪坝镇返乡青年肖某因与家人发生口角离家出走,由于身无分文遂心生邪念,趁着夜色撬窗进入本村妇女易某家中。肖某将外套及鞋子脱掉后偷偷潜入易某卧室,被惊醒的易某发现陌生男子后大声呼喊求救。肖某用手勒其颈部、掩住口鼻试图对其进行强奸,易某急中生智,一边咳嗽一边拼命推开肖某说:"我是从武汉回来的,已经有了感染症状,所以一个人待在家里自我隔离!"肖某闻言大惊失色,连忙将其放在床边的苹果7P手机及手包里的80余元现金抢走后逃离现场。

本案中,暂且不论肖某将易某的手机及现金拿走的行为构成什么犯罪,肖某听闻易某从武汉回来已经有感染症状后迅速放下手头工作,逃离现场,应评价为强奸未遂还是强奸中止,可谓众说纷纭。

虽然有点老套,但不得不说中止犯解释论的建构基础还是在于对中止犯减免处罚的根据是什么。不论是违法减少说还是责任减少说抑或违法与责任减少说,都是将中止犯归入行为规范的推论,即中止犯对于行为规范的违反程度降低,因此应当减轻处罚。然而,这种观点完全忽视了行为规范的法益保护功能只针对将来,而不回溯过去,从而将中止行为视为实行行为的延伸,丧失了独立考察中止行为的契机。具体而言,实行行为是在侵害意思的支配下实施的侵犯法益的行为,一旦实施,其对于法益造成的危险或实害已经成为既定事实,并不会因为行为人停止继续实施犯罪或阻止构成要件结果发生而消失。例如,上诉人赵三赶明知被害人系不满十四周岁的幼女,而采取抚摸被害人身体隐私部位、用言语挑逗和许诺给予金钱等方式引诱被害人与其发生性关系,已构成强奸罪。其遭被害人拒绝后,在有条件继续实施犯罪的情况下,主动放弃犯罪,系犯罪中止。在本案中,即使认定中止犯的成立,行为人对被害人所实施的符合强奸罪之构成要件的行为对于被害人的性自主决定权的侵犯,也并不因此消失。

这样的话,中止行为就是在实行行为之后的事后恢复行为,其本身与实行行为并无直接关联,只不过是通过中止行为的实施而对实施者专门地赋予法律效果上的评价而已。由此可见,中止犯与未遂犯一样,在规范论上都属于制裁规范的范畴。具体而言,对法益形成具体危险程度的实行行为发动之后,对行为规范的违反也达到了可罚程度,由此触发未遂犯这一制裁规范;与此相对,通过自动的中止行为的实施,将本来应该发动的未遂犯的制裁规范限制在中止犯这一制裁规范的限度范围内。

制裁规范的功能在于实现积极的一般预防,即通过制裁规范的发动恢复被侵犯的行为规范之效力,由于行为人的行为对于行为规范的侵犯并不局限于一个层面,而是从加害人与被害人之间的互动关系出发,扩散到对社区的影响,进而扩大对整个社会的影响,最终上升到对国家的影响。在这个意义上,行为规范要得到完全恢复,意味着上述由里及外的逐层关系都得以恢复。首先,在中止犯与被害人的关系上,通过中止实行行为的继续进行或有效防止损害结果的发生,使被害控制在构成要件结果的范围之内;其次,在中止犯与社会一般人的关系上,通过中止行为表明约束包括行为人在内的社会一般人的行为规范继续有效;再次,在中止犯与实施了实行行为的行为人自身关系上,通过中止行为表明了行为人遵守规范的态度,表明其向过去的反规范的人格态度告别的决心。

由此可见,中止犯虽然在性质上属于制裁规范范畴,但任何制裁规范都不可能单独存在或者自动发动,必须有相应的行为规范违反的存在才能发动与之相对应的制裁规范。在这个意义上,严格来说,中止犯是一种制裁媒介规范。具体而言,发动该中止犯这一制裁规范的行为规范基础由两部分组成,第一部分是对刑法分则各条文的构成要件背后所隐藏的行为规范的违反,第二部分是自动的中止行为。

总之,从规范论的视角出发,中止犯整体上属于制裁规范的范畴,积极的一般预防是中止犯制度的存立根基。然而,任何制裁规范的发动都依赖于相应的行为规范违反程度,由于犯罪实行行为的存在已经将构成要件背后的行为规范的违反程度提升到足以发动未遂犯的制裁规范,因此,能否发动中止犯的从轻、减轻甚至免除处罚的制裁规范,关键在于在实行行为之后是否存在自动的中止行为。在这个意义上,自动的中止行为是一种事后的恢复行为。

如前所述,中止行为作为一种事后的恢复行为,其基本功能在于阻却通过行为规范违反所带来的可罚性,从行为论的角度出发,中止行为本身由客观外在的中止举动与主观上的中止意思这两个要素组成,因此,这两个要素各自如何发挥事后的恢复功能,需要达到怎样的程度才能阻却或减轻其可罚性,有必要做进一步考察。

(一)中止行为的危险降低功能

由于中止行为是在实行行为之后另外基于中止的行为意思实施的行为,因此如果中止行为要起到发动中止犯这一从轻、减轻甚至免除处罚的制裁规范的功能,中止行为本身就必须在客观上降低了由实行行为所创设的被法所不允许的危险。这种降低危险的功能体现在以下几个方面:第一,已经实施的实行行为并未造成任何实害性结果,根据行为人的判断,在当时的情况下本来有机会继续实施实行行为,但行为人基于中止意思而放弃,从而彻底阻断了由实行行为的危险走向现实的可能性。第二,已经实施的实行行为已经对攻击客体造成了实害,开启了走向构成要件结果实现的流程,在这种情况下,根据实害的轻重程度,如果行为人基于中止意思停止继续实施实行行为,构成要件结果就不会发生的话,行为人扬长而去即可满足危险降低功能;反之,如果放任不管本身并不足以阻断构成要件结果现实化的进程,则不仅要求行为人必须停止实施加害行为人,而且要反过来采取积极措施阻止构成要件结果的发生。不能把这种义务等同于作为义务,因为这种义务的来源并不是因为行为人处于保证人地位,而是来源于中止犯在法律上的政策性优惠,当行为人想要享受这种优惠条件时,就必须拿出实际的行动。这种实际行动表现为事后的恢复行为,即尽一切可能恢复到实行行为实施之前法益未受损的状态。

从事后来看,当构成要件结果发生时,似乎已经不存在成立中止犯的余地,但此时仍然要具体考察构成要件结果的发生是否可以归属于实行行为,当在实行行为实施之后介入了被害人或第三人的异常因素并导致构成要件结果发生时,虽然从事后来看,行为人的中止行为并未阻止构成要件结果发生,但由于在这种情形中,行为人本来就只是在未遂的限度内对自己的实行行为承担责任,而不对构成要件结果的发生承担既遂责任,因此,问题实际上变成可否在未遂的责任限度内进一步享受中止犯的政策优惠。本书认为,此时应从社会一般人的视角出发,立足于行为当时,对行为人所实施的中止行为是否对于阻碍构成要件结果的发生会产生积极作用这一点进行事前判断,当得出肯定回答时,则通过该中止行为,向全体国民传达了行为人继续遵守被破坏的行为规范的决心与行动,因此值得发动中止犯的制裁规范。反之,当得出否定回答时,则行为人在未遂的限度内承担责任,但不进一步享受中止犯的政策优惠。

与此相对,当构成要件结果不发生时,需要考察的是中止行为与构成要件结果不发生之间的因果关系,即之所以没有发生构成要件结果,到底是不是行为人所实施的中止行为的功劳。要回答这一问题,首先必须阐明以下两个问题:

第一,在行为人实施中止行为的时间点上,行为人之前已经实施的实行行为是否具有导致构成要件结果发生的危险性,其判断标准应当如何确立。如前所述,关于这一问题,存在从社会一般人的视角出发、立足于行为当时,依据截止至行为当时的客观资料综合判断其危险性的事前判断,和从法官的视角出发、立足于裁判当时,依据从行为当时开始到裁判当时的客观资料,从科学的因果法则出发判断其危险性的事后判断。例如,甲向乙胸部捅了一刀,乙倒地不久死亡,但甲误以为乙还活着,拼尽全力将其送往医院救治。在本案例中,如果从社会一般人的立场出发也认为乙在被送往医院之前仍然活着,那么从事前判断的立场出发,仍然存在成立中止犯的余地,但这显然不符合我国刑法第24条所规定的"自动有效地防止犯罪结果发生"这一中止犯的成立要件。因此,在判断的基准上,事后判断具有其妥当性。

第二,在行为人基于中止意思决意实施中止行为之后,行为人在阻止犯罪结果发生上处于怎样的地位。在这一问题上,存在两种基本观点,第一种观点认为行为人只要以类似于狭义共犯参与的程度阻止构成要件结果的发生即为足够;第二种观点认为仅仅以狭义共犯的程度参与是不足够的,行为人必须达到正犯的程度。对于这一问题的回答,首先应当回归中止行为必须是一种消除实行行为创设的危险性这一性质上,即这是一种事后恢复行为,而不是一种保护法益的行为。其次,应当立足于上述的中止犯的规范构造,即中止犯属于制裁规范的范畴,具体而言,设置中止犯这一制度的指针在于实现刑罚目的,当行为人所实施的中止行为仅仅可以评价为以狭义共犯的程度参与时,被行为人之前的实行行为所破坏和动摇的行为规范显然没有被有效恢复与启动,因此不足以发动具有刑罚优惠的中止犯这一制裁规范。因此,只有行为人所实施的中止行为对于阻止构成要件结果的发生具有支配性意义时,才能认定中止犯的成立。

(二)中止意思的认定

从责任减少说出发,中止意思必须具备真诚悔悟、痛改前非等主观心理内容;与此相对,从违法减少说出发,中止意思并不一定需要具备这种心理内容,但必须认识到自己所实施的行为减少了实行行为的法益侵害程度。笔者认为,从责任减少说出发确定中止意思的内容不具有合理性,因为这在当时的情况下给行为人设置了过高的中止标准,其判断标准也不具有可操作性,在司法实务中只能完全凭借行为人的口供。与此相对,从违法减少说出发确定中止意思的内容,虽然具有一定程度的合理性,但如前所述,违法减少说是对中止犯性质认定上的误读,由实行行为所引起的违法状态及其程度,已经是既定的事实,中止行为并无力扭转这一事实,中止行为的目标是阻断从既定的实行行为走向构成要件结果的实现这一进程,对其最低限度的要求是至少将危险控制在既定的状态,而不继续往前推进。在这个意义上,可以说中止意思的核心内容是:推翻之前通过实行行为意图实现构成要件结果的追求,另外确立消灭实行行为的危险性从而阻断实行行为的危险向构成要件结果转化的因果流程之目标。

然而,行为人在从实施实行行为的行为意思向中止意思跨越之际，必须处于意志自由的状态，否则中止意思就会存在瑕疵，一旦存在瑕疵，将可能导致中止犯不成立。这种意志自由首先表现为基于自己的真实意愿，当行为人因陷入认识错误而决意中止时，如果这种认识错误直接关系到行为人会不会采取消灭实行行为危险性的行动，则应否定中止意思的真实性，从而否定中止犯的成立。例如，甲男向乙女实施暴力，试图强奸，强行脱掉乙的衣服之后，发现乙的身上长满斑点，以为乙患有性病，于是放弃，扫兴而归，而实际上乙并没有患性病。在本案中，甲在基于认识错误的基础上做出了中止决意，该认识错误对于中止决意起决定性作用，因此应否定中止意思的真实性，从而否定中止犯的成立。此外，意志自由还表现为行为人自愿地而非受强迫地做出中止决意，换句话说，当行为人在实施实行行为之后，因受到客观环境因素的压力或者他人的强迫而做出中止决意时，即使客观上阻止了实行行为向构成要件结果转化的进程，也应否定中止犯的成立。

第九讲
共犯理论在辩护中的运用

何庆仁*

一、共同犯罪的法律效果

首先我来给大家梳理一下共同犯罪的法律效果,作为我们分析的前提。

(一)法定效果

《刑法》第 25 条至第 29 条明文将共同犯罪为区分为主犯、从犯、胁从犯、教唆犯,并分别适用不同的量刑原则。所以共同犯罪的法定效果简言之就是区分主从,影响量刑。对当事人来讲,他也许不太关心自己是否构成共同犯罪,也不太关心自己成立什么罪名,他可能更关心如何量刑。那么共同犯罪的法定效果,即区分主从、影响量刑,对律师来说就非常重要了,例如,如果能将相关人员的行为认定为从犯的话,可以说就是刑事辩护中一个很重要的辩护方向。

(二)理论效果

共同犯罪的理论效果是:部分行为全部责任。因为是共同犯

---

* 中国社会科学院大学法学院教授。

罪,参加者的行为之间有相互配合和分工,故而最终都要为所发生的结果负责。一般来说,部分行为全部责任既可以针对共同正犯,也可以针对教唆犯和帮助犯这样的行为。对于共同正犯,这个没有分歧。对于教唆犯和帮助犯,有一部分学者认为不适用部分行为全部责任的法理,但我个人认为,没有特别实质的根据也没有必要对此加以否定。无论是正犯也好,还是教唆犯和帮助犯,都应当适用这个法理。

案例 9-1:轮奸未遂案

甲和乙一起去强奸妇女,甲已经强奸结束后,乙正要去强奸时被抓住了。甲当然构成强奸罪的既遂,那么乙是否构成强奸罪的既遂呢?

轮奸的问题我们先不考虑,可能这里还会有一点疑虑,根据部分行为全部责任的法理,至少可以肯定的是,还没有开始实施强奸的乙当然也是既遂。为了进一步说明问题,我们可以再换一个例子。

案例 9-2:共同脱逃未遂案

甲和乙想从监狱里脱逃,于是一起爬围墙往外爬。甲顺利爬出,而乙在爬的过程中被发现并被从围墙上拽下。

甲当然构成脱逃罪既遂,那么乙是构成脱逃罪既遂还是未遂呢?我想大家可能会有一些犹豫;如果有的话,那是由于对部分行为全部责任的法理理解还不够到位。甲和乙一同脱逃时,虽然乙看上去没有既遂,但他的同伙甲已经既遂了,基于部分行为全部责任的法理,乙还是要承担既遂责任的。

通过我刚才的简单讲解,大家可能马上发现,这个法理有一个显著特征:扩张答责范围。这样是否就对刑事辩护不太有利呢?其实大家要综合去看,"部分行为全部责任"只是说每个行为人都要对最终的结果承担责任,但并不等于每个行为人都要承担最大程度的责任。在量刑时,法官需要对各个行为人的行为进行比较,从而确定每个行为人所应当承担责任的份额。相比于需要扛起全部责任的单独犯罪来说,当事人就能够获得一个从轻处罚的空间,在此过程中律师就有了辩护的余地。因此,部分行为全部责任的法律虽然扩张了答责范围,但是在程度上其实留下了更多辩护空间。

(三)共同犯罪在司法解释中的辐射效应

为了更好地说明共同犯罪的上述法定与理论效果,我们可以结合司法解释中对共同犯罪法律效果的相关规定来作进一步分析。我简单梳理了一下司法解释中和共同犯罪处罚有关的规定,非常多,大致可分为实体法与程序法两个层面。以下择其要者略而述之。

1. 实体法

在实体层面,共同犯罪在处罚方面的影响主要有九点。第一就是我国《刑法》第 13 条但书的适用。第 13 条但书规定了如果犯罪情节显著轻微危害不大的,就不认为是犯罪。不过,究竟什么情况能够属于"犯罪情节显著轻微危害不大",其实缺少一个明确的判断标准。在共犯问题上,《最高人民法院关于审理未成年人刑事案件具体应用法律若干问题的解释》第九条就指出,在共同盗窃的案件中,如果未成年人是从犯或者胁从犯,就可以认定为"情节显著轻微危害不大",从而不认为是犯罪。

第二是一些情节加重的场合。我国刑法分则有不少"情节严重"和"情节特别严重"的表述,这是我国刑法典的一个特色。情节不仅与入罪门槛息息相关,也与处罚加重密切联系。而共同犯罪就会影响到对"情节"是否严重或者特别严重的认定。如两高《关于办理走私刑事案件适用法律若干问题的解释》就明文规定,在一些情况下,走私集团首要分子的犯罪行为应当被认定为"情节特别严重"。也就是说,首要分子的这种"身份",可以被当作"情节严重"或者"情节特别严重"的表征。

第三,在免予刑事处罚的问题上,我们也能发现共同犯罪的影响。最高人民法院在《关于贯彻宽严相济刑事政策的若干意见》第15条规定,如果被告人的行为存在从犯或者胁从犯的情节,依法不需要判处刑罚的,就可以免予刑事处罚。因此,如果能在辩护中说服法院将自己的当事人认定为从犯或者胁从犯的话,应该说,就有很大希望获得一个比较理想的辩护结果。

第四,共同犯罪的行为情节也会影响到基准刑的确定。实务部门的朋友对这一点应该比较清楚。法官在量刑时会先确立一个基准刑,然后在基准刑的基础上结合各类犯罪情节决定宣告刑。而对于基准刑来说,共同犯罪亦有其重要作用,例如《人民法院量刑指导意见》指出,如果行为人是受雇运输毒品的,可以减少基准刑的30%。

第五,也是非常值得关注的问题就是共同犯罪与死刑判处。当共同犯罪的案件需要判处死刑时,最高法一般不会将所有的参与者,甚至不会将所有的主犯都判处死刑。比如,有10个人共同抢劫,最后造成了一人死亡的结果。那么,究竟判处10人中的哪些人死刑呢?《关于审理抢劫刑事案件适用法律若干问题的指导意见》规定,对于共同抢劫致一人死亡的案件,一般只对其中作用最突出、罪行最严重的那名主犯判处死刑立即执行,那么如何在主犯中区分出主犯中的主犯,就变得非常重要。

第六,除了死刑之外,没收财产也与共同犯罪的情节密切相关。对于没收财产刑的适用,有时候可以并处,有时候应当并处。那么究竟何时可以并处,何时应当并处呢? 从现有的司法解释来看,共同犯罪中的对应情节是决定可以并处还是应当并处的重要指标之一。以组织、领导、参加黑社会性质组织罪为例,最高人民法院在《全国部分法院审理黑社会性质组织犯罪案件工作座谈会纪要》中强调,对于黑社会性质的组织者、领导者,依法应当并处没收财产;而对于一般的积极参加者,则只是可以并处没收财产。

第七,对于罚金刑的适用而言,也同样如此。尤其是何时可以单处罚金,对此,最高人民法院《关于适用财产刑若干问题的规定》第四条就指出,如果行为人是被胁迫参加犯罪的,可以依法单处罚金。这里我想额外提及一点有关罚金数额的问题。两高《关于办理组织、强迫、引诱、容留、介绍卖淫刑事案件适用法律若干问题的解释》第13条规定,犯组织、强迫、引诱、容留、介绍卖淫罪的,应当依法判处犯罪二倍以上的罚金。共同犯罪的,对各共同犯罪人合计判处的罚金应当在犯罪所得的二倍以上。这条司法解释实际上是将单独犯罪与共同犯罪做了相同的处理,要求共同犯罪场合的罚金数额等同于单独犯罪。不过在其他司法解释中,针对共同犯罪的处理也有不同于单独犯罪的时候,兹不赘言。

第八,共同犯罪对处罚的影响还辐射到了刑罚的裁量与刑罚的执行领域。我国《刑法》第67条与第68条规定,要成立自首,需要"如实供述自己的罪行";要成立立功,需要"揭发他人犯罪行为"。那么,在共同犯罪中,什么罪行属于自己的罪行,什么罪行属于他人的罪行呢? 同样,在进行缓刑、减刑、假释时,当事人在共同犯罪中所起的作用也会成为法官裁判时的重要衡量因素。这方面的司法解释有非常详细而具体的规定,我就不一一罗列了。

第九,追诉时效和特赦资格的确定也会受到共同犯罪的影响。例如,两人一起共同实施犯罪,但立案和审判各有先后,那么针对每个行为人的追诉时效究竟该如何计算?至于特赦,全国人民代表大会《关于在中华人民共和国成立七十周年之际对部分服刑罪犯予以特赦的决定》第九条明确规定,有组织犯罪的主犯不得特赦。

2. 程序法

在程序层面,共同犯罪的影响也是非常广泛的。这一影响贯穿了从立案到审判、执行的全过程。

第一,我们来看立案。最高人民检察院、公安部《关于公安机关管辖的刑事案件立案追诉标准的规定(二)》第 53 条规定,当行为人以暴力、威胁方法聚众抗拒缴纳税款的,应当予以立案追诉。这里的"聚众"就是典型的共同犯罪的表现形式,也就是说,是否共同犯罪是决定抗税罪立案门槛高低的要素之一。

第二,与立案直接相关的就是管辖。我国《刑事诉讼法》规定,刑事案件原则上由犯罪地公安机关管辖。但是,在共同犯罪中,各个行为人可能分处各地。因此,拥有管辖权的机关就不止一个。以网络赌博犯罪为例,两高、公安部《关于办理网络赌博犯罪案件适用法律若干问题的意见》第四条就指出,网络赌博犯罪的犯罪地包括赌博网站服务器所在地、网络接入地、赌博网站建立者、管理者所在地以及赌博网站代理人、参赌人实施网络赌博行为地。可见,相比于单独犯罪,共同犯罪案件的管辖更为复杂。

第三,确定管辖后,下一步的任务就是侦查了。对于共同犯罪来说,公安机关是可以决定并案侦查的。事实上,在不少共同犯罪案件中,如网络赌博、网络诈骗案件中,由于犯罪分子遍布各地,如果案件由各地公安机关分别侦查,公安机关的侦查工作将会面临许多障碍。因此,对于共同犯罪案件,公安机关一般都会选择并案侦查。如《关于办理电信网络诈骗等刑事案件适用法律若干问题的意见》中明确指出,对于共同犯罪案件,有关公安机关可以在职责范围内并案侦查。

第四,如果在共同犯罪案件中遗漏了同案犯,案件往往会被退回公安机关进行补充侦查。在黑恶势力犯罪中,这样的要求尤为严格。因为在共同犯罪案件中,如果存在同案犯未到案的情况,就会难以比较各个行为人所应承担的责任范围;而黑恶势力犯罪的量刑一般都比较重,判处死刑的可能性也比较大,如果量刑时未能充分比较各个行为人的责任分担范围,就容易造成量刑过重的现象,从而给行为人带来较大的不利影响。因此,《关于办理恶势力刑事案件若干问题的意见》规定,遗漏同案犯可作为补充侦查的理由。

第五,侦查完毕后,检察院是否决定起诉也会考虑行为人在共同犯罪案件中所起的作用。如两高《关于办理诈骗刑事案件具体应用法律若干问题的解释》第三条就规定,虽然诈骗公私财物已经达到"数额较大"的标准,但如果行为人没有参与分赃或者分赃较少且不是主犯的,可以不予起诉。另外一个反面的影响是,《关于办理环境污染刑事案件有关问题座谈会纪要》指出,在环境共同犯罪案件中,如果污染行为情节严重且行为人是主犯的话,一般不适用不起诉。

第六,认罪认罚是近年来相对较热的问题。在适用该制度时,我们也应当注意共同犯罪案件中存在的一些特殊问题。《关于适用认罪认罚从宽制度的指导意见》第 2 条规定,如果主犯认罪认罚,但从犯拒绝认罪认罚时,在给主犯量刑优惠的同时,人民法院应当注意全案的量刑平衡,要防止因量刑失当严重偏离一般的司法认知。

第七,在适用启动速裁程序方面,共同犯罪案件也有其特殊之处。《关于适用认罪认罚从宽制度的指导意见》第42条规定,如果共同犯罪案件中部分被告人对指控的犯罪事实、罪名、量刑建议或者适用速裁程序有异议,不得适用速裁程序。

第八,法官在审理案件时究竟应当分案审理还是并案审理,共同犯罪亦是考量因素之一。由于共同犯罪案件需要最终确定责任的承担范围,所以原则上是能并案审理就并案审理,这样才好避免量刑不平衡的现象。但是,《全国部分法院审理黑社会性质组织案件工作座谈会纪要》指出,为便宜诉讼,提高审判效率,防止因法庭审理过于拖延而损害当事人的合法权益,对于被告人人数众多,合并审理难以保证庭审质量和庭审效率的黑社会性质组织犯罪案件,可分案进行审理。

第九,最后一点就是犯罪记录封存。刑事诉讼法规定对于未成年人犯罪案件,一般情况下是要封存案件记录的。在单独犯罪的场合,法律适用不会出现什么问题。但是在需要并案审理的共同犯罪案件当中,如何封存案件记录就需要一番考量。对此,《未成年人刑事检察工作指引(试行)》第84条专门进行了规定。

以上18点是我粗略地从相关司法解释中梳理出来的,都是在实务中是具有约束力的规定,并不是学者们的主张。而且除了这18点之外,还有其他的一些规定,因为时间和篇幅,这里就不再展开了。总之,可以说共同犯罪的法律效果渗透到了刑事司法的方方面面,是非常重要的。

二、共同犯罪的理论范式

梳理完共同犯罪的法律效果后,接下来我们来分析一下共同犯罪的理论范式,以确定共同犯罪领域内刑事辩护的基本理论框架。我认为,我国共同犯罪理论经历了从形式共犯论到因果共犯论再到归责共犯论的范式变迁。这种范式变迁不仅是一个学术上的分歧和发展,对于律师朋友们选择怎样的辩护思路以及如何作更加有效的辩护都会有影响。

(一)形式共犯论

形式共犯论是从新中国成立后一直沿用下来的,可以说是承继前苏联刑法理论并且得以发展的传统的共同犯罪理论。它最主要的特征是把共同犯罪的核心界定为三个成立条件:两人以上、共同的犯罪故意、共同的犯罪行为。这一理解简明易懂,非常实用,而且与我国《刑法》法条结合非常密切。我国《刑法》第 25 条第 1 款规定:"共同犯罪是指二人以上共同故意犯罪"。把这一概念进行拆分就可以得出上述三个要件,可以说是非常顺理成章的。正是由于其简明易懂,而且和立法的结合非常密切,形式共犯论在实务中的影响也是非常广泛的。现在法官们审理案件,在处理共同犯罪的问题时,基本也是按照这样一个理论框架进行处理。

之所以将该理论范式称为形式共犯论,是因为它主要将共同犯罪作为一种社会现象来看待,从形式上解析其成立要件,缺乏实质性和规范性。我并不是说要对这个范式进行批判,它有很多合理性存在。但问题是,这一直观的和朴素的理解范式可能对简单的案件可以进行很好地处理,但一旦遇到比较复杂、疑难的案件时,仅仅从这种朴素、直观的感知来进行处理,就不太容易得出一个比较合理的结论,在说理的时候也很难找到一个合适的途径。所以,形式共犯论主要是从现象上去理解和掌握共同犯罪,但对共同犯罪的实质没有过多关注,这是它的一个不足。

(二)因果共犯论

大概在 2000 年之后,受日本和我国台湾地区相关研究的影响,很多学者开始提倡因果共犯论。因果共犯论并不否认形式共犯论从现象上对共同犯罪的理解,但是它认为共同犯罪只看到形式上的成立要件是不够的,还需要进一步去明确共同犯罪的实质是什么。违法性的实质是法益侵害,不仅对单独犯罪是这样,对共同犯罪来说也应当是这样。所以,虽然两人以上有共同的犯罪故意,有共同的犯罪行为,但是如果其中的某个或几个参加者并没有侵害法益的话,就不能说他们成立共同犯罪。它就从共同犯罪的现象背后深入到法益侵害的因果流程的实质中,为很多共同犯罪问题的解决提供了更好的框架和更充分的说理途径。

因果共犯论相较于形式共犯论,至少在以下几个方面会有重要意义:首先,是必要共犯的可罚性。我国《刑法》上有倒卖车票罪。

案例 9-3:黄牛案

张三找黄牛买了张车票。

黄牛肯定构成倒卖车票罪,那张三构成倒卖车票罪的帮助犯吗?如果按照形式共犯论,首先,他们是两人以上;然后,他们有共同故意,也有共同的犯罪行为。从现象上看,三个要件都是符合的,按照形式共犯论似乎要成立共同犯罪。但是,像这一种行为,无论是按照立法者意思说,还是按照实质处罚必要性来考虑,我们通常会认为,只要买票的人行为不过分,通常是不处罚的。

第二,因果共犯论对于自杀参与也有重要意义。所谓自杀参与,是指教唆或帮助他人自杀的行为。

案例9-4:教唆或帮助自杀案

张三想要自杀,然后受到了李四的教唆或帮助,后来自杀身亡。

按照形式共犯论,三个要件也都是符合的,因此李四可能被按照故意杀人罪处理。但因果共犯论强调要考虑每个人对法益侵害的因果关系流程,目前多数观点认为自杀的人并不违法,那为什么教唆或帮助他人自杀的人反而违法了呢?因此,因果共犯论就从法益侵害的角度认为,教唆或帮助他人自杀的人未必是可罚的。

案例9-5:委托杀害自己案

张三想自杀但下不了手,所以请求李四把自己杀死。后来李四就应张三的请求把张三杀死了。

李四构成故意杀人罪没有问题,问题是张三是否构成故意杀人罪的教唆犯。按照形式共犯论,三个要件也是符合的,因此按照形式共犯论,就会得出张三也构成犯罪的结论。但按照因果共犯论,张三请求李四把自己杀死时剥夺的就是张三自己的生命。对于张三来说,侵害的是他自身的法益而没有侵害别人的法益,从法益侵害的角度就可以得出结论认为,张三的行为是不可罚的。

由上可见,因果共犯论是在形式共犯论的基础上作了更加实质化的考虑,更加强调法益侵害这一实质根据的指导意义。所以,因果共犯论对于共同犯罪理论的深化是有重要意义的,也为律师在辩护时提供了非常有益的工具。

(三)归责共犯论

第三种理论范式归责共犯论是我个人比较提倡的观点,它主要是针对因果共犯论的缺点提出来的。因果共犯论最主要的不足是过于关注法益侵害的因果流程这样一种自然主义的根据,而欠缺充分的规范色彩。在教义学不断发展的今天,归因和归责的区分基本上已经受到了非常多学者的赞同。归因解决的是事实层面的问题,但就算有因果关系,也不等于就要对法益侵害的结果负责,因为这是归责方面要解决的问题。罗克辛教授认为,只有行为人的行为制造并实现了法所不容许的风险时,才需要在客观上对法益侵害的结果负责。在行为人的行为降低了风险等诸种情形下,是要排除客观归责的。也就是说,在单独犯罪的场合,归因和归责是不一样的,肯定归因并不一定会肯定归责。当我们把眼光投入更为复杂的共同犯罪领域时,我们会发现,在单独犯罪里面基本上已经得到广泛承认的区分归因判断和归责判断的共识却没有受到充分的重视。因果共犯论就过于重视法益侵害的因果流程在存在论意义上的事实构造,而忽视了归责的判断,我觉得这是非常不应该的。归责理论不仅对单独犯罪有影响,对共同犯罪也应该有影响,这一点其实已经在共同犯罪理论中表现得非常明显了,最典型的例子是所谓的"中性的帮助行为"。

案例9-6:还钱行贿案

张三欠李四十万块钱,到了还钱期限,李四让张三还钱,张三多嘴问了一句李四要钱干嘛,李四说要去给局长行贿。张三也没有多说,马上把钱还给了李四,于是李四就去向局长行贿了。

按照形式共犯论,两个人有着共同犯罪故意,也有共同犯罪行为,似乎就成立了共同犯罪。按照因果共犯论,结论也是一样的,因为其中张三和李四的行为共同侵害法益的因果关系显然是存在的。但是我们会隐隐觉得,这样的处理结论是有问题的,因为张三本来就是李四的债务人,他本就应该把钱还给李四,这在民法上甚至是他的义务。一个履行民法所规定的义务的行为可以成为刑法规定的犯罪行为吗?恐怕会有问题。因此,在归因的判断上,我们可以说是张三的行为和法益侵害的结果之间是有因果关系的。但是,在进行归责判断时,我们就要评价,张三的行为在规范上究竟有没有表达出一种违反规范的意义,究竟是否在制造一种法所不容许的风险。也就是说,是否成立共同犯罪,除了要进行事实层面的判断以外,还要进行规范层面的判断,只有经过规范层面的判断仍然可以得到肯定结论时,才能够说共同犯罪是成立的。所以,形式共犯论、因果共犯论、归责共犯论并不是完全对立的关系,可以说后者是对前者的进一步深化。而且,随着这些理论范式的视角变得越来越深入,共同犯罪的成立范围是在逐步限缩的,参与者的出罪可能也逐渐在变大,那么了解这三种不同的理论范式,对于律师从事共同犯罪案件的辩护工作就非常重要了。

三、共同犯罪的刑事辩护空间

以上我为大家简单介绍了一下形式共犯论、因果共犯论和归责共犯论的演进。在共同犯罪的认定中,这三种理论之间呈现出层级的递进关系。在事实层面满足一些形式的条件后,我们需要考察,每个行为人的行为与结果之间是否存在法益侵害的因果关系;在确定因果关系后,我们还需要进一步探究,每个行为人的行为在规范上是否应当对结果负责。所以,各位律师朋友如果对这三种共犯理论范式都有所了解的话,在刑事辩护中就可以有一个整体的比较清晰的思路。形式上的要件、行为与法益侵害结果之间的因果关系以及行为在规范上的可负责性都可以成为辩护时的切入点。为了更具体地说明刑事辩护中共犯理论的运用空间,下面我就从传统形式共犯论的三个要件出发,结合因果共犯论和归责共犯论来分别给大家剖析一下其中的问题。

(一)二人以上

传统的形式共犯论认为这是一个基本前提,同时还强调这里不止有数量的要求,这里的人还必须是有责任能力的人。换言之,有责任能力的人和没有责任能力的人是不能成立共同犯罪的,对于这种情况只能视为有责任能力的人的单独犯罪。但是,这会造成很多问题。

> **案例 9-7:未成年人轮奸案**
> 一个 13 岁的男孩和 23 岁的男子轮奸了妇女。

这是《刑事审判参考》里的一个指导案例,按照形式共犯论,由于 13 岁的男孩没达到年龄要求,就变成了 23 岁男子的单独犯罪。但问题是,如果其属于单独犯罪,对他还能否按照轮奸予以处罚?按照我们通常的理解,既然是单独犯罪,就不能将其认定为轮奸。但是如果不认定为轮奸,不以轮奸进行处罚,又会违背我们朴素的法感情。法官也知道这一点,所以在说理部分写道:轮奸不以成立共同犯罪为前提,只要两个人事实上是轮奸,就可以处以轮奸的刑罚。这样的处理并不能说是成功的,首先它不符合传统理论对轮奸的理解,因为轮奸一般都要求以强奸的共同正犯为前提;其次,什么叫作事实上的轮奸?和共同犯罪有什么实质区别?对此的说理显然并不是非常有说服力。所以虽然它最终的处罚是符合我们的法感情的,但是说理的过程存在问题。更严重的问题在于,

案例 9-8:帮助未成年人强奸案

如果假设 23 岁的男子不是和 13 岁男孩一起去强奸,而是在 13 岁的男孩强奸妇女过程中,23 岁的男孩路过并进行了帮助,那么此时如何处理?

按照形式共犯论,由于只有一个人进行犯罪,就不构成共同犯罪,因此就只能借助间接正犯的概念对其进行处罚。但是,这个 23 岁的男青年无论是主观故意还是客观行为都只是对 13 岁男孩进行了帮助,为什么能以间接正犯处罚呢?这不仅在说理上不合适,对 23 岁的男青年也是不公平的。问题的焦点在于,如果我们将共同犯罪理解为一种违法形态,就像张明楷老师说的那样,那么是否具有责任能力,对于成立共同犯罪来说就是不重要的。所以,对于类似案件,往成立共同犯罪的方向上辩护就是一种思路。这样就有可能说服法院将原本认定为间接正犯的当事人变更认定为帮助犯,从而获得更有利于当事人的结果。所以,责任能力的要素其实跟共同犯罪的成立是没有关系的,共同犯罪的成立只要两人以上就可以了,不需要两人都有责任能力。因此 13 岁和 23 岁的两人之间也是可以成立共同犯罪的。虽然这样共同犯罪的范围可能会变大,但是不意味着辩护难度的增加,反而可能为当事人争取到应得的更轻的处罚。

(二）共同的犯罪故意

形式共犯论对共同犯罪故意的理解是，犯罪人之间有一个犯意的相互沟通和联络，都知道自己是在和他人一起共同实施犯罪行为。共同犯罪故意对共同犯罪的成立是非常重要的，它像一条纽带一样把每个行为人联系在一起，但是，无论是理论上还是实务上，对共同犯罪故意的要求都不像其表述的那样严格。

首先，并不需要所有人都有共同犯罪故意，这就是我们通常所说的片面的共同犯罪。

> **案例 9-9：片面帮助杀人案**
> 甲在追杀乙，丙发现以后偷偷伸脚把乙绊倒了，甲顺利追上来一刀把乙砍死了，但是甲并不知道丙在帮助自己。

此时丙有共同犯罪故意，他希望借甲之手把乙杀死。但实施杀人行为的甲并不知道有人在帮助自己，所以共同犯罪故意只存在于丙，而甲没有。即使是传统的形式共犯论也认为，这种片面的犯罪故意也是可以成立共同犯罪的。

其次，这里的共同的犯罪故意也不需要每个人的犯罪故意是完全相同的，这个问题就涉及到我们学理上所称的共同犯罪的本质。如果按照传统的理解，似乎会主张所有犯罪人的犯罪故意必须完全一样时，才能成立共同犯罪。但实际上，这一种极端的立场如果想要贯彻到底是十分困难的。

> **案例 9-10：共同殴打案**
> 甲、乙一起去殴打被害人，但是甲是出于杀人的故意，乙是出于伤害的故意，客观上都对被害人实施了殴打的行为，最终

造成了死亡结果,不过不能确定被害人究竟是死于甲的殴打还是乙的殴打。

如果坚持严格的共同犯罪故意,就会否定他们成立共同犯罪。这样的后果就是,当最终不能确定是谁的行为将被害人殴打致死时,由于否定了共同犯罪,就只能单独考虑甲、乙的行为与结果之间的具体因果关系。但是,单独判断因果关系时由于无法确定是谁实施了致命的攻击,就只能得出两个人最多构成相关未遂犯罪的结论,这是不合理的。因此,关于这里的共同犯罪故意必须要退回到至少是部分的犯罪共同故意,而不需完全相同。由于杀人故意和伤害故意有部分是重合的,可以在重合范围内按照共同犯罪进行处理。因此,即使没有办法准确查明是谁的行为导致死亡结果发生,但无论是谁,基于共同犯罪部分行为全部责任的法理,都可以得出甲、乙均要为结果负既遂责任的结论,我们称之为部分犯罪共同说。现在有不少学者支持这一学说,也有许多学者表示反对,提出了行为共同说,即要成立共同犯罪只要其共同实施行为就够了,不需要有所谓的共同故意,从而对共同犯罪故意要素提出了更强烈的批评。根据行为共同说,共同故意内容不同的案例 10 当然也应成立共同犯罪。

再次,如果我们探讨更复杂的问题就会发现,即使没有共同故意,二人共同过失犯罪也是有可能成立共同犯罪的,但是学理上目前争议较大。《刑法》第 25 条的规定看似否定了共同过失犯罪的成立空间,但我个人认为第 25 条只是否定了共同过失犯罪要区分主从,即不是按照区分制来处理,而并没有否定共同过失犯罪的"部分行为全部责任"的法理。现在很多人主张将共同过失犯罪按照多个过失犯罪的同时犯处罚,我觉得是很成问题的。而且,这在实务上也是不被认可的。

案例 9-11：啤酒瓶案

两个人对着一排啤酒瓶轮流射击看谁枪法好，打完后发现其中一发子弹穿过啤酒瓶后把树丛后的一个人打死了，但无法查明是谁造成了死亡结果。

这是真实案例，如果按照将共同犯罪按照单独犯罪的同时犯来进行处罚的话，由于无法查明，只能存疑有利被告，因此二人都不用对死亡结果进行负责。而且过失犯是结果犯，没有结果就不能进行处罚。因此如果否定共同过失犯罪，尤其是按照同时犯进行处理的话，二人都是无罪的，这个结论是很难令人接受的。后来法官在判决时，也肯定了二人都构成过失致人死亡罪，实际上是肯定了共同过失犯罪的存在，尤其是肯定了共同过失犯罪也应当适用"部分行为全部责任"的共同归责的法理。所以，共同的犯罪故意的要素，在共同犯罪领域实际上是一种很松弛的要求，律师朋友们在辩护时其实没必要太在意共同故意的影响，更多地要从客观层面来判断共同犯罪的成立，这就涉及到下一个要素。

（三）共同的犯罪行为

共同的犯罪行为是传统形式共犯论对客观要件的要求。依据行为刑法的基本立场，无行为则无犯罪。如果一个人没有实施相应的行为表示出其对共同犯罪的参与，就不能将其纳入到共同犯罪的处罚范围当中。那么什么样的行为才算得上共同行为呢？每个人都亲自实施构成要件行为是共同行为的典型表现，比如三名行为人共同拿刀去砍被害人。但在更多的时候，所谓的"共同行为"主要表现为各行为人之间的分工合作。这里的分工合作主要表现为时间上的延续，如有的人负责教唆，有的负责帮助，有的负责实施等；也有可能表现为空间上的分工合作。

案例 9-12：暗杀案

甲、乙、丙三人准备暗杀一个政客,政客早上出门有三条路,他们三人为了确保万无一失就每人埋伏在一条路上。

本案中,无论政客选择哪条路,都无法逃脱死亡的命运,这就是一个空间上的分工合作。当然,本案中未具体实施暗杀行为的两名刺客是成立共同正犯还是帮助犯,学理上存有分歧,无论如何,可以肯定的是,这里的共同犯罪行为并不局限于刑法分则规定的构成要件的行为,教唆、帮助等分工合作的行为方式也是包括在内的。

共同犯罪行为中需要注意的问题,首先是所谓的承继的共同犯罪。

案例 9-13：中途帮助案

甲实施抢劫罪,手段行为实施完毕后,乙路过现场,在甲的邀请下,临时加入到甲的抢劫行为中,帮助其实施了取财行为。

抢劫罪是一个比较典型的复行为犯,由手段行为和目的行为组成。后加入的乙仅实施了目的行为,而没有参与实施手段行为。现在的问题是,乙是构成抢劫罪的共同犯罪还是构成盗窃罪?如果按照张明楷老师公开盗窃也可以成立盗窃罪的观点,他是可以成立盗窃罪的共同犯罪的。实务上的立场是认为按照抢劫罪处罚,理由是后加入的乙虽然没有参与实施手段行为,但是他利用了手段行为所造成的状态,主观上是心知肚明的,客观上也加以利用,虽然他只实施了后半段行为,也应当按照抢劫罪进行处罚。我个人对此有不同的看法,我认为要区分不同的情况。如果被害人还处于意识清醒的状态,比如被甲绑起来或者受甲威胁等等,此时后加入的乙是可以构成抢劫罪的。他此时不仅是利用了手段行为的状态和效果,而是可以把手段行为视为一个继续的过程,取财时仍然持续在压制被害人的反抗,那么当然是可以成立抢劫罪的。但是,如果乙加入时,被害人已经陷入昏迷丧失知觉了,此时虽然客观上乙的行为也利用了甲的行为造成的效果和状态,但并不能认为乙应按照抢劫罪进行处罚,因为他只是利用了被害人的昏迷状态进行取财。这一点和强奸罪是有很大区别的。对于强奸罪来说,如果行为人利用被害人的昏睡状态与被害人发生了性关系,行为人依旧可以成立强奸罪。但如果行为人只是利用被害人的昏睡状态取走了被害人的财物,行为人并不会因此成立抢劫罪,因为抢劫罪要求被害人不能反抗的状态是由手段行为所导致的。如果能够认可这一点,那么在刚才的例子的后一种情形中,甲与乙最多只能成立盗窃罪的共同犯罪。我们都知道,抢劫罪和盗窃罪的处罚区别还是较大的,此时承继的共同犯罪能否成立,成立空间多大,对于当事人而言就极其重要。

另外一个比较重要的问题,是所谓的共同犯罪的过限。实际上,这一问题不仅和共同犯罪行为有关,和共同犯罪故意也有关。而且,形式共犯论甚至一部分因果共犯论的学者都认为,所谓共同犯罪的过限,就是行为人实施了超出共同故意范围的行为。因为超出了共同故意范围,所以要由过限的人单独承担刑事责任。实际上,我个人认为这一问题除了可以从主观层面考虑,在客观上也有值得注意的地方。

案例 9-14:教唆强奸案

某女由于想报复自己同宿舍另外一个女生,于是教唆一个男生去强奸自己室友。男生进来时,该女生的室友不在,结果其被该男生强奸了。

这是前一段时间网络上讨论比较热烈的案例,和共同犯罪过限有关联,即被教唆的强奸犯错误地强奸了教唆犯时,是否属于过限。我想强调的是,有无过限不能仅从共同犯罪故意范围考虑,还要从行为人的行为在客观上所制造的风险的范围来考虑。在该范围内的风险实现时,才可以归责于行为人,如果超出的话就不能进行归责。在共同犯罪的场合,如果其中一个参加者的行为超过了其他参加者创设的法所不允许的风险的范围时,才可以认为是过限。所以,按照形式共犯论和相当一部分因果共犯论所采取主观的标准,即是否超出共同犯罪的故意的范围,对本案就可能得出过限的结论。但是,如果更多考虑归责共犯论的要求,有没有过限就要更多地从客观归责的范围方面进行判断,即行为人创设的风险有没有被逾越;如果没有过限,行为人在客观上就要负责,然后再考虑其主观上是故意还是过失。那么本案就未必属于过限的情形。为了更清楚地说明问题,可以再举一个实务中更常见的例子。

案例 9-15:下手过重案

甲教唆乙去伤害丙,没想到乙下手过重将丙打死了。

乙成立故意伤害致人死亡罪是没有疑问的,问题是甲是否要对被害人的死亡结果负责。按照目前多数观点来理解,要按照其共同的犯罪故意来判断。从形式上看,似乎死亡结果超出了共同故意的范围,因为甲只是教唆乙去伤害被害人,并没有让乙去实施杀害行为,因此,被害人的死亡结果就超出了共同的犯罪故意的范围。这样的结论看似明晰,但实际上却存在着一些问题。在甲教唆乙去伤害他人的场合,由于具有很高的危险性,造成被害人的死亡结果是有可能的。在这种情况下,甲一律不需要对被害人的死亡结果承担责任是不合理的。实际上,无论是传统理论还是司法实务,对于以上情况一般都会要求甲负责的,除非甲提前采取了充分的预防措施。我想,这背后的理由并不在于故意是否共同以及共同的范围,而是在于结果是否仍然落在教唆行为所创设的风险范围之内。在确定结果是行为人所创设的风险的实现后,就算行为人主观上没有故意,也可以让行为人对加重结果承担过失的罪责。所以,对于过限问题,我认为从客观层面去解决比主观层面更好。

最后一点,是关于共同犯罪行为的规范理解。在因果论意义上参与了共同犯罪行为的实施,虽然满足了形式共犯论与因果共犯论的客观要求,但并不意味着行为人的行为就一定成立共同犯罪。这一点也是得到了不少司法解释的认可的。如两高《关于办理组织、强迫、引诱、容留、介绍卖淫刑事案件适用法律若干问题的解释》第四条就指出,在具有营业执照的会所、洗浴中心等经营场所担任保洁员、收银员、保安员等,从事一般服务性、劳务性工作,仅领取正常薪酬,且无前款所列协助组织卖淫行为的,不认定为协助组织卖淫罪。也就是说,就算这些人主观上知道这是一个卖淫团伙,也不会以协助组织卖淫罪进行处罚。因为他们仅仅是从事事务性的工作,并没有表达出一种规范违反的意义。这也启示我们,在判断共同犯罪是否成立时,应当重视规范的判断。即便行为人参与了共同犯罪行为的实施,但如果没有表达出一种规范违反的意义的话,就不能认为他的行为构成犯罪。此时,重要的是,我们要从规范上去判断这些人的行为究竟有没有表达出规范违反的意义,如果他们虽然参与了共同犯罪行为的实施,但是并没有表现出规范违反的意义,就不能认为其行为是共同犯罪。

像这样的司法解释还有不少。《关于办理组织领导传销活动刑事案件适用法律若干问题的意见》第 2 条第 2 款规定:"以单位名义实施组织、领导传销活动犯罪的,对于受单位指派,仅从事劳务性工作的人员,一般不予追究刑事责任。"《关于办理黑恶势力犯罪案件若干问题的指导意见》第 5 条也指出:"没有加入黑社会性质组织的意愿,受雇到黑社会性质组织开办的公司、企业、社团工作,未参与黑社会性质组织违法犯罪活动的,不应认定为'参加黑社会性质组织'。"《关于办理非法采矿、破坏性采矿刑事案件适用法律若干问题的解释》第 11 条同样规定:"对受雇佣为非法采矿、破坏性采矿犯罪提供劳务的人员,除参与利润分成或者领取高额固定工资的以外,一般不以犯罪论处,但曾因非法采矿、破坏性采矿受过处罚的除外。"不难发现,司法解释关于共同犯罪行为的理解实际上是非常灵活的,对于归责共犯论的立场,司法解释也通过一些规定有意或无意地予以了认可,这给律师朋友的辩护也指明了方向。

第十讲
不作为犯罪认定的责任基础

王华伟[*]

关于不作为犯罪认定的责任基础,我主要按照阶层犯罪论体系讲以下几个问题:不作为犯罪的类型及其与作为犯罪的界分,不纯正不作为犯罪的构成要件符合性、违法性和罪责。

一、不作为犯罪概述

(一)概念

不作为犯罪通常是指负有某种作为义务,能为而不为,因而造成某种法益侵害后果的行为。

(二)不作为犯罪的两种类型

不作为犯罪可以区分为纯正的不作为犯和不纯正的不作为。

1. 纯正的不作为犯罪

刑法明文规定只有以不作为的方式才能实现的犯罪。也就是说刑法的构成要件就已经确定地描述了行为人所应当履行的特定的作为义务。比较典型的纯正的不作为犯有:(1)遗弃罪;(2)拒不执行判决裁定罪;(3)丢失枪支不报罪;(4)不解救被拐卖妇女、儿童

---

[*] 北京大学法学院助理教授。

罪;(5)拒不支付劳动报酬罪;(6)徇私舞弊不征、少征税款罪;(7)拒不履行信息网络安全管理义务罪等。

从刑事实务的角度来说,其实纯正的不作为犯罪也有一定的辩护空间,它也并非简单地适用法律。例如,有学者对纯正的不作为犯作了进一步分类,包括:(1)典型的真正不作为犯:保证人地位和作为义务进行事实判断即可;(2)非典型的真正不作为犯:保证人地位和作为义务需进行规范判断,如遗弃罪。过去较早的观点认为遗弃罪是发生在家庭成员之间,而新的刑法典把遗弃罪放在了第四章侵害公民人身权利、民主权利罪之中,因此现在有力的学说认为,遗弃罪不是必然发生在家庭成员之间,只要具备一定的扶养义务都可能会构成。可见,纯正的不作为犯罪的认定也并不简单。

更具争议的是下面想和大家讨论的罪名,拒不履行信息网络安全管理义务罪。《刑法》第286条之一规定:"网络服务提供者不履行法律、行政法规规定的信息网络安全管理义务,经监管部门责令采取改正措施而拒不改正,有下列情形之一的,处三年以下有期徒刑、拘役或者管制,并处或者单处罚金:(一)致使违法信息大量传播的;(二)致使用户信息泄露,造成严重后果的;(三)致使刑事案件证据灭失,情形严重的;(四)有其他严重情节的。"

从法条规定来看,它当然是纯正的不作为犯罪。但问题是,这样的纯正不作为犯和以往的纯正不作为犯有很大的区别,主要问题在于法律规定的刑法义务特别笼统和宽泛。尽管法条明确规定了作为义务,但是它的内涵又很不明确。因此很多研究这一罪名包括研究网络服务提供者刑事责任或平台责任的学者,都会面临很大的困惑,即这个罪的信息网络安全管理义务到底是什么?光从字面上理解,它的内涵确实太宽泛了。这样一个条文给很多互联网企业也带来了很大压力,它们无法准确把握本罪所规定的信息网络安全管理义务的边界。因此,对这个罪的法律适用不能纯粹进行形式化的解释。对于这种类型的纯正的不作为犯,它还是需要进行实质性、限缩性的解释,而不能仅依据其字面含义来认定。尤其是在实务层面,这种实质性限缩解释对于刑事辩护可能就具有比较重要的意义。下面我们看一个相关的案例。

案例 10-1:胡某拒不履行信息网络安全管理义务案

被告人胡某,为非法牟利,租用国内、国外服务器,自行制作并出租"土行孙""四十二"翻墙软件,为境内 2000 余名网络用户非法提供境外互联网接入服务。2016 年 3 月、2016 年 6 月上海市公安局浦东分局先后两次约谈胡某,并要求其停止联网服务。2016 年 10 月 20 日,上海市公安局浦东分局对胡某利用上海丝洱网络科技有限公司擅自建立其他信道进行国际联网的行为,作出责令停止联网、警告、并处罚款人民币 15,000 元,没收违法所得人民币 40,445.06 元的行政处罚。胡某拒不改正,于 2016 年 10 月至 2016 年 12 月 30 日,继续出租"土行孙"翻墙软件,违法所得共计人民币 236,167 元。

经鉴定,"土行孙"翻墙软件采用了 gotunnel 程序,可以实现代理功能,适用本地计算机通过境外代理服务器访问境外网站。法院认为,胡某非法提供国际联网代理服务,拒不履行法律、行政法规规定的信息网络安全管理义务,经监管部门责令采取改正措施后拒不改正,情节严重,其行为已构成拒不履行信息网络安全管理义务罪。

本案的核心问题在于,这种非法提供翻墙软件的行为是否违反了《刑法》第286条之一的信息网络安全管理义务。法院判决是构成的，但是我个人认为这样的判决过度扩张了《刑法》第286条之一的信息网络安全管理义务的内容。如上所言，对于这种义务内容不明确的纯正的不作为犯，还是要对它的作为义务进行限缩性的理解，尤其是要进行类型化的理解。按照我个人的理解，网络服务提供者的安全管理义务主要包括：(1)落实信息网络安全管理制度和安全保护技术措施；(2)收到通知后及时删除或封锁违法信息；(3)对网上信息和网络日志信息记录进行备份和留存。全国人大常委会法工委刑法室在《刑法修正案(九)》出台时出版了一本解读性的专著，对《刑法修正案(九)》中条文的立法背景、立法主旨、立法规范目的都作了一定的描述，基本上就是采取了上述表述。这三项义务初看起来仍然可能会有点零散，其实我们可以对应《刑法》第286条之一规定的四种后果来理解。具体而言，"致使违法信息大量传播"对应内容管理义务，"致使用户信息泄露"对应数据保护义务，"致使刑事案件证据灭失"对应记录备份义务。通过这样类型化的理解，本罪的义务内涵就相对确定了。

而在本案中，非法提供国际联网代理服务的行为在行为形式上体现为积极的作为，在内容上也并不属于违反上述所言的数据保护义务、内容管理义务、记录备份义务。该行为虽然违反了我国有关部门网络接入的管理制度，但是其并不必然会导致违法内容的传播，该种行为不宜直接评价为对刑法中信息网络安全管理义务的违反。

值得注意的是，2019年最高人民法院、最高人民检察院《关于办理非法利用信息网络、帮助信息网络犯罪活动等刑事案件适用法律若干问题的解释》第6条的规定通过解释"其他严重情节"扩张了上述义务范围。例如,该条规定把网络服务提供者不履行实名制认证的义务也纳入了信息网络安全管理义务之中,这种做法是否妥当还有待讨论。总之,即使在特定类型的纯正不作为犯中,仍然有很大的理论解释空间,相应地,对刑事辩护来说也具有一定的辩护空间。

此外,就纯正不作为犯罪的具体类型而言,由于各国之间国情的不同,存在较大差异。下面我们简单看一下德国刑法中纯正不作为犯的立法情况。《德国刑法典》中的典型纯正不作为犯包括但不限于以下罪名:第123条非法侵入他人住宅罪,第221条遗弃罪,第138条知情不举罪,第323c条见危不救等等。

其中,非法侵入他人住宅罪之所以也被视为一种不作为犯罪,原因在于其构成要件中明确规定了"不退出"行为。具体来说,《德国刑法典》第123条规定,非法侵入他人住宅、经营场所或土地,或用于公共事务或交通的封闭的场所,或未经允许在该处停留,经主人要求仍不离去的,处1年以下自由刑或罚金刑。此外,在立法论上,见危不救罪也常常被我国学者所关注,因为一直以来学界都有讨论,是否也应在我国刑法中设置类似的罪名。具体而言,《德国刑法典》第323c条规定,意外事故、公共危险或困境发生时,根据行为人当时的情况救助有可能,尤其是对自己无重大危险且又不违背其他重要义务而不进行救助的,处1年以下自由刑或罚金刑。下面来简单看一起德国关于见危不救罪的实践案例,从中可以管窥中德两国对类似问题的不同处理方式。

案例10-2:德国见危不救罪案例

2016年10月3日(德国统一日假期),一位83岁的退休老人,在埃森一家银行分支机构的大厅里重重跌倒在地,失去意识。其后,4名银行客户从他身边经过,都没有加以救助。监控记录显示，直到第 5 个人才打电话求救。这位 83 岁的老人由于医学上尚不清楚的原因在几分钟内三度摔倒，并且头部受到撞击，这造成了其颅脑损伤。按照法医鉴定，这最终导致了老人的死亡。警察到场时，他尚能说出自己的名字。一个星期以后，这位老人在医院去世。

2017 年 9 月 18 日，埃森-博尔贝克地方法院做出判决，认定其中的三人构成德国刑法第 323c 条的见危不救罪，另外一名被告人由于其健康状态被分开处理。被定罪的被告人是一名 39 岁的女士，以及两位 61 岁和 58 岁的男士，三人分别被判处 3600 欧元、2800 欧元和 2400 欧元的罚金刑。

事实上，类似的案件在我国也同样存在，但是按照我国目前的刑法，只能从道德上进行评价，尚难构成刑法上的犯罪。但上述案件在德国几乎没有争议地认为，这 4 名路过的客户构成德国刑法上的见危不救罪。这种局面跟不同国家的国情以及立法有关，我们国内也不断有学者主张增设该罪。德国的立法和判例给我们的启示在于，即使我们将来要在刑法典中增设见危不救罪，也应当区分具体的情况，为该罪规定一些限定条件。在理论上，有学者把见危不救区分为"见义不为"型的见危不救和"举手不劳"型的见危不救。显然，如果真的立法首先应当考虑的是"举手不劳"型的见危不救。也就是说，见危不救应当是鼓励公民在没有危险和义务冲突的情况下去帮助别人，以此促成社会团结，而不是强求公民损失自己的利益去救助他人。

2. 不纯正的不作为犯罪

刑法所规定的构成要件通常以作为方式来实施，而行为人以不作为的方式加以实现。常见的可能产生不纯正不作为犯罪的罪名包括但不限于:(1)故意杀人罪;(2)放火罪;(3)传播淫秽物品罪;(4)传播淫秽物品牟利罪等等。实际上,构成要件规定比较简要、行为方式比较简单的罪名更有可能构成不纯正的不作为犯,因为它对于产生、实现法益侵害后果的方式没有作太多限制,在这种情形下行为人就很可能以不作为的方式去实施作为的犯罪。

与此相关,一直以来学界都会讨论,不纯正不作为犯与罪刑法定原则是否存在冲突的问题。因为不纯正不作为犯始终处在保护法益的必要性和刑法是否有明文规定这样一对可能存在冲突的范畴之中。不纯正不作为犯当然造成法益侵害,但是对这一行为法律缺少细致的具体规定,因此很难进行权衡。比如考夫曼就曾认为,不纯正不作为犯就是一种类推解释的犯罪。因为不作为违反的是命令规范,而作为违反的是禁止规范,不纯正不作为犯其实是以不作为方式违反了一个禁止规范,因此这是一种类推解释。当然,现在更多的学者认为,不纯正不作为犯和罪刑法定原则虽然存在一定的紧张关系,但不必然会产生冲突,因为这里其实涉及一个构成要件解释的问题。理论上,只要对犯罪构成要件的解释没有超出其"可能语义范围",就没有明显违背罪刑法定原则的危机。但恰恰是一些罪名的构成要件的具体行为方式规定没有那么详细,此时行为人以不作为的方式同样地引起了作为行为会导致的法益侵害后果时,很难说它一定违背罪刑法定原则。比如,我国刑法条文中关于故意杀人罪构成要件的规定极为简单,只有"故意杀人"四个字,对"杀人"没有限定具体的行为方式。所以,将以不纯正不作为形式故意剥夺他人生命的行为归入本罪,在解释论上就不能说它违背了罪刑法定原则。反之,如果罪名的构成要件已经限定了行为方式,则应严格坚守罪刑法定原则。非法侵入住宅罪即是如此,我们通过一则案例来加以分析。

案例 10-3:乔秀云非法侵入住宅案

2002年6月21日早8时许,被告人乔秀云带着其儿媳张利红及同村村民阴艳花、乔建春等人,到附带民事诉讼原告人李爱枝家中,找李的丈夫赵文彪要账。乔秀云发现赵文彪不在家后,即向李爱枝要账,用沙发堵住门,不让李外出,并动手将李爱枝打伤。在李爱枝强烈要求其退出的情况下,乔秀云仍守候在李爱枝家中拒不退出,致使李爱枝无法正常生活。直至6月24日上午,在荥阳市京城办事处负责人及京城路派出所工作人员的劝说下,被告人乔秀云才离开现场。后经荥阳市公安局法医鉴定,被害人李爱枝的损伤程度为轻微伤。李爱枝受伤后在荥阳市人民医院住院治疗,花去医疗费、鉴定费等费用共计734.3元。

荥阳市人民法院经公开审理认为:被告人乔秀云进入李爱枝的住宅后,为要账与李爱枝发生纠纷,乔秀云不让李爱枝外出,并将李打成轻微伤,李爱枝再三要求其退出而拒不退出,其行为已构成非法侵入住宅罪,应予惩处,其给附带民事诉讼原告人李爱枝造成的经济损失应予赔偿。据此,荥阳市人民法院判决:第一,被告人乔秀云犯非法侵入住宅罪,判处有期徒刑八个月。第二,被告人乔秀云赔偿附带民事诉讼原告人李爱枝医疗费、鉴定费等经济损失734.3元。宣判后,在法定期限内被告人未提起上诉,检察机关也未提出抗诉,判决已发生法律效力。

在本案中,被告人乔秀云去要账时,并没有一个强行侵入住宅的行为。因此本案的核心问题在于,拒不退出行为能否构成刑法上的非法侵入住宅罪。这里其实就涉及了不纯正不作为犯是否和罪刑法定原则冲突的问题。理论上有观点认为,非法侵入可以包含两种形态,即未经同意强行进入(作为)和经同意进入后,主人要求其退出而拒不退出(不作为)。在我个人看来,这样一种理解是存在疑问的。从法益侵害后果的角度来说,拒不退出和非法侵入没有本质区别,都是对住宅安宁权的侵犯。但问题在于,非法侵入住宅罪的构成要件已经明确限定,对住宅安宁权的侵害方式只能是"侵入"。从刑法解释论的角度来看,"侵入"和"不退出"在行为形态上明显是两个概念,因此不能将"不退出"评价为"侵入"。将"不退出"评价为"侵入"属于一种类推解释。可见,像非法侵入住宅罪这样,在构成要件中对行为方式作了明确限定,此时不纯正不作为犯存在的空间就要明显限缩,它和罪刑法定原则的冲突就会更加明显。反过来,像故意杀人罪这样,对具体如何实现导致他人死亡后果的行为方式没有明确限定,此时不纯正不作为犯和罪刑法定原则的冲突就会相对较小。

(三)作为与不作为的区分

在刑法理论上,有各种各样的学说试图去将作为与不作为进行区分。理论上存在以下比较具有代表性的一些学说。1、非难重点说:从规范的角度观察和考虑行为的非难评价重点。2、积极投入能量说:存在一个主动的能量投入,且其对结果具有原因性。3、辅助说:只有当积极的行为在刑法上无关紧要的时候,才应当考虑不作为。4、禁止规范与命令规范说:作为侵犯的是禁止规范,不作为侵犯的是命令规范。5、义务内容说:如果义务内容是不作为,那么行为就是作为，如果义务内容是作为，则行为是不作为。总的来看，尽管理论上存在多种学说，但是没有哪种学说具有压倒性的说服力，作为与不作为的区分还是需要结合具体个案判断。当然，值得强调的是，作为和不作为的区分要摒弃单纯从事实意义上进行判断的观点，更多地从规范论的层面进行考察。

此外，是否存在作为和不作为相结合的犯罪，在理论上也有争议。对此，经常提及的是《刑法》第202条规定的抗税罪："以暴力、威胁方法拒不缴纳税款的，处三年以下有期徒刑或者拘役，并处拒缴税款一倍以上五倍以下罚金；情节严重的，处三年以上七年以下有期徒刑，并处拒缴税款一倍以上五倍以下罚金。"在本罪的构成要件表述中，兼有作为和不作为的成分。从它的手段行为来看，以暴力、威胁方法进行抗拒是作为，而从它的目的行为来看，不履行纳税义务又是不作为。因此理论上产生了不同的观点：第一种是作为说，认为拒不缴纳税款只是行为自然而然引发的结果，因此抗税罪是作为犯罪。这种观点把本罪理解为结果犯。第二种是不作为说，认为暴力和胁迫不能独立地评价为行为，只是手段而已，不履行纳税义务才是本罪不法评价的重心所在。第三种是作为和不作为结合说，认为抗税罪事实上就是同时包含了作为和不作为两种行为形态。本人大体上认同第三种观点。

关于作为与不作为的区分，在实务中实际上非常复杂。以快播案为例，本案涉及诸多争议，其中之一就在于被告的行为是作为还是不作为。如果认为它是不作为，其审查结构就会和作为完全不一样。其中，包括因果关系、客观归责的判断，作为义务、保证人地位的认定等，都会和作为犯罪存在明显差别。我们来看一下本案的一些具体事实。

案例 10-4：快播案

被告单位快播公司成立于 2007 年,通过免费提供 QSI 软件(QVOD 资源服务器程序)和 QVODPlayer 软件(快播播放器程序)的方式,为网络用户提供网络视频服务。任何人(被快播公司称为"站长")均可通过 QSI 发布自己所拥有的视频资源。快播公司的中心调度服务器在站长与用户、用户与用户之间搭建了一个视频文件传输的平台。为提高热点视频下载速度,快播公司搭建了以缓存调度服务器为核心的平台,通过自有或与运营商合作的方式,在全国各地不同运营商处设置缓存服务器 1000 余台。在视频文件点播次数达到一定标准后,缓存调度服务器即指令处于适当位置的缓存服务器抓取、存储该视频文件。当用户再次点播该视频时,若下载速度慢,缓存调度服务器就会提供最佳路径,供用户建立链接,向缓存服务器调取该视频,提高用户下载速度。部分淫秽视频因用户的点播、下载次数较高而被缓存服务器自动存储。缓存服务器方便、加速了淫秽视频的下载、传播。

海淀区法院一审判决:快播公司属于网络信息服务提供者,应当依法承担网络安全管理义务。从客观行为看,快播公司在明知快播网络服务系统被众多"站长"(用户)用于传播淫秽视频的情况下,有能力但拒不履行网络安全管理义务,放任自己的缓存服务器被他人利用介入到淫秽视频的传播之中,导致淫秽视频大量传播的严重危害后果。从犯罪目的来看,由于大量淫秽视频得以通过快播网络服务系统传播,快播播放器用户数量和市场占有率得以提高,快播资讯和捆绑软件的盈利能力得以提升,快播公司具有非法牟利目的。快播公司明知快播网络服务系统被用于传播淫秽视频,但出于扩大经营、非法牟利目的,拒不履行监管和阻止义务,放任其网络平台大量传播淫秽视频,具有明显的社会危害性和刑事违法性,应当依法追究刑事责任。王欣、张克东、吴铭、牛文举均应作为快播公司直接负责的主管人员承担相应的刑事责任。深圳快播公司犯传播淫秽物品牟利罪,判处罚金1000万元;被告人快播公司法定代表人CEO王欣,犯传播淫秽物品牟利罪,判有期徒刑3年6个月,罚金100万元。北京市一中院二审维持原判。

  通过上述案情介绍可知,快播案中的涉案行为分为两部分:提供软件的行为和提供缓存服务的行为,后者是为前者配套的行为。对于快播公司及其负责人的行为属于作为还是不作为,理论上存在不同的见解。作为说认为,其提供了P2P播放器,提供了缓存服务,属于作为。作为与不作为结合说认为,单纯从提供技术让用户下载和上传淫秽视频来说,上传淫秽视频文件的用户实施了传播淫秽物品的行为,快播公司的行为可谓中立的帮助,其行为是否构成犯罪,可能存在争议。但是,快播公司拉拽淫秽视频文件存储在缓存服务器里,并且向用户提供缓存服务器里的淫秽视频文件的行为,则不是中立的帮助行为,而是传播淫秽物品的正犯行为,对正犯行为不可能适用有关中立的帮助的任何理论。快播公司拉拽淫秽视频文件存储在缓存服务器之后,就有义务防止用户观看该视频文件,但快播公司却同时向用户提供缓存服务器里的淫秽视频文件。所以,从作为与不作为相结合的角度,也能说明快播公司的行为属于传播淫秽物品。不作为说认为,行为评价的重点在于不删除和屏蔽淫秽视频。

  我个人倾向于支持不作为说。作为说显然理解不太准确,因为快播公司不是一开始就为了实施犯罪而成立,其提供播放器和相应缓存服务的行为本身具有社会效益,这种自然意义上的作为不是刑法评价的重点。把拉拽视频文件进行存储并提供的行为认定为作为也是不准确的,因为快播公司其实没有实施一个真正意义上的"拉拽"行为,也没有在"拉拽"后积极予以"提供"。缓存是一种再普通不过的网络技术,它是一个自动化、临时存储的过程,当相关视频达到一定热度,系统就会自动予以暂时本地化存储,以便后续用户更加高效、快捷地读取这些视频,而通常在一段时间后,系统会自动删除这些临时存储的文件。缓存技术只是视频服务中日常的技术组成部分,快播公司不是为了犯罪而专门提供缓存服务,淫秽视频也只是由于缓存技术原理而被自动保存,这部分内容也不是刑法评价的重点,因此也谈不上快播公司主动"拉拽"并"提供"淫秽视频。在本案中,刑法真正评价的重点在于,当快播公司知晓其管理和运营的服务器中已经存储了大量淫秽视频的情况下,仍不积极采取有效措施删除和屏蔽淫秽视频。此时,快播公司扮演了危险源监督者的角色,因而具有了刑法上的作为义务和保证人地位。因此,在我看来这个案件整体还是一个不作为犯罪。而如果将本案定性为不作为犯罪,那么作为义务的来源,作为义务的边界,作为义务的履行程度,结果避免的可能,量刑等问题都可能成为辩护的切入点。

二、不纯正不作为犯罪的构成要件符合性

不作为犯罪具有独立的阶层犯罪审查结构,而在构成要件符合性层面,不作为犯罪与作为犯罪也存在明显差异。在德国刑法的主流教科书中,对于不纯正不作为犯的构成要件符合性,较多采取"结

果-不作为行为-因果关系、客观归责-保证人地位-等同性(或相当性)判断-主观罪过"的判断顺序。但是笔者认为,保证人地位在于说明作为义务的来源,本质在于限定行为的边界,所以将保证人地位放在行为要件后面加以判断,这样处理逻辑似乎更为通畅。

(一)构成要件结果发生

不作为犯罪以结果犯的形式表现较多,因此通常以构成要件结果的发生作为构成要件符合性阶层审查的开端。例如,在不作为的故意杀人中,被害人的死亡即是构成要件的结果。

(二)不实施法所期待或法所要求的行为

即行为人不着手实行刑法规范期待或者要求的行为。例如,父亲看到自己的小孩落水,而故意不进行救助,即不实施法所期待或法所要求的行为。

(三)实施法所期待或所要求之行为的事实可能性

法谚有云,没有人有义务做不可能之事。如果行为人缺少实际作为的能力,如存在身体方面的缺陷,抑或不具备相关的技能,则构成要件也不可能被符合。例如,父亲看到自己的小孩落水,但是父亲完全不懂水性,法律也不能强求父亲下水救人。但是,此时如果行为人可以求助于他人,则仍然可能被视为具有实施法所期待或所要求之行为的事实可能性。行为的事实可能性。例如,在上案中,父亲虽然不懂水性,但是完全可以向他人求助,如果不积极求救,则不可谓没有行为的事实可能性。

（四）保证人地位

1. 形式的保证人地位论与实质的保证人地位论

过去较为传统的学说，采取了形式保证人地位论，即认为不作为的义务来源于：(1)法律明文规定；(2)职务或业务要求；(3)法律行为；(4)先行行为。现在越来越多的观点采取了实质保证人地位论。当然，实质保证人地位不是对形式保证人地位论的简单抛弃，而是在形式保证人地位的基础上进一步判断，保证人地位的实质性依据是什么。而实质保证人地位论通常认为，保证人地位存在两种类型，即处于保护地位的保证人和处于监督地位的保证人。

2. 保证人地位的两种类型

(1) 处于保护地位的保证人

处于保护地位的保证人，是指对特定法益具有保护义务的行为人。具体来说，这种法益保护关系，存在于以下一些情形之中。

A 自然的密切关系

这里所谓的自然的密切关系，是指关系密切的家庭成员，这种类型的义务来源也可在民事法律中找到其依据。具体来说，自然的密切关系包括夫妻关系；父母与子女的关系；以及其他特定近亲属关系。这一类处于保护地位的保证人，一致性地被认为形成了作为义务的来源。但是，在具体案件中，夫妻之间形成的作为义务边界，并非没有争议，以下通过一则案例来加以探讨。

案例 10-5：宋福祥故意杀人案

2003 年 6 月 30 日晚，被告人宋福祥酒后回到家中，因琐事与其妻李霞发生争吵并厮打。李霞说："三天两头吵，活着倒不如死了算了。"宋福祥说："那你就去死吧。"后李霞在寻找准备自缢的凳子时，宋福祥喊来了邻居叶宛生对李进行规劝。叶走后二人又发生吵骂厮打。李又找来了自缢用的绳子。宋福祥意识到李要自杀，但却无动于衷，直到听到李蹬脚用的凳子响声后，宋才起身过去，但却未采取任何措施，而是离开现场到一里以外的父母家中告诉自己父母，待其家人到时，李已经无法抢救而死亡。经河南省南阳市卧龙公安分局刑事鉴定：李霞系机械性窒息死亡（自缢）。

河南省南阳市中级人民法院审理时认为，被告人宋福祥目睹其妻李霞寻找工具准备自杀时，应当预见李霞会发生自缢后果而放任这种结果的发生，在家中只有夫妻二人这样的特定环境下，被告人宋负有特定的义务，而其却放任李霞自缢身亡的行为已经构成了故意杀人罪，但情节较轻。所以，根据《刑法》第232条之规定，判被告人宋福祥故意杀人罪成立，处有期徒刑四年。

理论上反对性观点认为应当区分救助义务与结果防止义务，违反救助义务的只能构成纯正不作为犯，按照遗弃罪来处理。问题在于，如何进一步区分救助义务和结果防止义务，似乎并不清楚。而且，遗弃和不作为的故意杀人，本身就不是完全对立的关系，二者完全可能发生想象竞合。在母亲故意饿死婴儿的案件中，母亲由于不履行扶养义务，理论普遍认为可以构成不作为的故意杀人。在丈夫故意不对妻子履行扶养义务，导致妻子死亡的情形中，也没有理由认为不能构成不作为的故意杀人。对于本案，很多学者都将讨论的重点放在不纯正不作为犯等价性问题上，但个人觉得这样的辩护方向其实不具有特别强的说服力。这个案件真正成为问题的可能是被害人自我答责以及夫妻之间救助义务的边界问题。对此，可以对比德国类似案例的处理,以图寻求一些启发。

案例 10-6:游泳溺死案

E 没有阻止妻子 Q 去游泳,当时 Q 清楚地知道因暴风雨造成海面波涛汹涌,但是仍然要去游泳,结果溺死了。

这是德国教科书中的一个案例,丈夫明知暴风雨天去海里游泳存在重大风险,但是没有有效阻止妻子,后妻子溺亡,问题在于丈夫是否构成不纯正不作为的故意杀人。对此,金德霍伊泽尔教授认为,配偶之间(或其他保证人之间)也没有义务阻止他们中的另一人自我答责地实施自杀,因而不应承担刑事责任。这种观点显然和宋福祥故意杀人案中的判决意见完全不同,前者强调了被害人自我答责的意义,而后者似乎没有意识到这可能成为一个问题。当然,或许有人会认为,德国的这个案件和宋福祥案还是存在差别,毕竟一个是作为妻子的被害人主动进行风险极高的活动,一个则是妻子直接实施自杀。我们不妨再看一个和宋福祥案更为接近的德国真实案例。

案例 10-7:上吊自杀案

被告人的丈夫因为婚姻纠葛与家庭不和上吊自杀。当他已经失去知觉,但是还可以被救活的时候,作为妻子的被告人回来发现了他,却仍然让他吊死了。被告人"对于该与她无关的发生的事情是表示同意的","不希望通过提供帮助改变它"。[①]

德国联邦最高法院裁判意见认为,根据案情,被告人对自杀的"教唆"或者间接正犯是不可能构成的。……德国刑法没有规定自杀的"帮助犯"。它禁止剥夺的只是他人的生命,而不是本人的。自

---

① 本部分内容参见罗克辛:《德国最高法院判例 刑法总论》,何庆仁、蔡桂生译,中国人民大学出版社 2012 年版。

杀被一致认为不是犯罪行为,对自杀之帮助就因为缺乏一个可罚的主犯罪行为而被排除了。……但是如果被告人没有采取行为是违反义务的,并且被告人知道该义务,它就将为被告人带来刑法上的非难,因为违反义务的不作为原则上与被禁止的作为在不法内涵上是相等的。很久以来刑法就规定有紧密的义务关系,要求其参加者相互负责或者负有法律义务的人对他人负责,包括在一定条件下使他人免于遭受生命危险。……帝国法院在紧密的、受忠诚诫命支配的生活共同体,尤其是家庭中也承认了此种义务。……该义务在具体情况下可以走多远,它可以要求负有义务的配偶做出哪些努力和承受哪些危险,在这里不需要作出检验,因为被告人经由剪短绳索就可以在付出很小的努力和对自己没有危险的情况下拯救她的丈夫,一如她一年前曾经做过一次的那样。丈夫的自杀意志不能排除被告人的防止义务,即使是该意志引发了丈夫的生命危险。每个人都可以期待婚姻共同体中的另一个人尊重他自己合乎道德的决定。但是本案事实上没必要去审查,在何种特别的情况下,该法律思想可以使被告人从照管义务和防止义务中解放出来。被告人的丈夫并不是患有不可治愈的令人痛苦的疾病,他也没有置身于无法忍受和无法避免的严重危险当中。本案显然也没有那样的情节,即其自杀之决意是如此强硬地反对他人干预,以至于被告人的照管义务和结果防止义务就结束了,责难非难也就不存在了。

可见,对于这起类似的案件,德国联邦最高法院在结论上与宋福祥故意杀人案中法院的判决意见非常接近,即都肯定夫妻一方不进行救助的行为构成不作为的故意杀人。但是,对于这一判决结论及其定罪逻辑,罗克辛教授彻底地持反对意见。罗克辛教授认为,联邦最高法院在否定了自杀的积极帮助后,又支持不作为正犯的观点是没有意义的。首先,这里存在价值上的冲突,即自杀的积极帮助是不可罚的,单纯不阻止自杀原则上比积极的帮助更为轻微,却反而成立正犯性的故意杀人罪。其次,配偶之间的保证人地位只应当保护彼此免受外部的危险,而不是自我危险,因为一方配偶并非另一方的监护人。由此罗克辛教授得出与联邦最高法院相反的结论,即本案妻子不阻止丈夫自杀在杀人罪方面是不可罚的,不过其有效的前提是自杀者对自己的行为答责(即自杀时没有精神错乱,没有内生性抑郁的影响等)。那么本案是否构成德国刑法第323c条见危不救?罗克辛教授认为,此种场合否认了该罪的构成要件要素"不幸事故",因为不幸事故以一件发生在外部的事件为前提。……如果丈夫是为自己的行为答责的,就不仅必须否定故意杀人罪的可罚性,也必须否定见危不救罪的可罚性。

上述金德霍伊泽尔教授和罗克辛教授的观点,对我们理解宋福祥故意杀人案也有一定启发。对于宋福祥故意杀人一案,学界似乎都只是单向地从被告人一方来考虑刑事责任,而没有在被告人与被害人的互动关系中来把握刑事归责问题。夫妻关系当然是形成法益保护型保证人地位的基本类型之一,但是由此形成的刑事作为义务也并非没有任何限制和边界,被害人的自我答责在理论上完全有可能打破这种刑法归责关系。当然,需要强调的是,在我国处理自杀相关问题时,不能完全按照德国的逻辑来理解。在类似于宋福祥故意杀人案这样的案件中,被告人参与了前期的争吵,而被害人选择自杀往往是一时冲动,带有某种泄愤、赌气的情绪,是否真正意义上处于自我答责状态,仍然值得研究。但是无论如何,这类案件中是否由被害人自我答责的问题以及夫妻之间形成救助义务的边界不应被忽视。

B 生活共同体或危险共同体

在生活共同体或危险共同体中,成员之间形成了相互信赖关系,因此可以成为保护义务的来源。典型的例子包括一起登山、航海、潜水、探险的队员等。但是,单纯偶然形成的群体不足以产生保证人义务,例如一起吸毒的毒品吸食者,一起喝酒的酒友。

C 自愿承担保护和援助

如果行为人自愿承担或接管了对他人的保护和援助,那么对方就可能会放弃其他的保护措施,此时对方形成了对行为人的信赖,因而也可以构成行为人的保证人地位。需要注意,这里对保证人义务起决定性作用的并非形式上的某种合同关系是否成立或有效,而在于行为人是否事实上接管了对他人的保护。例如,主动承担了泳池安全的管理员,即使相应的民事雇佣合同已经失效,也可能产生保证人地位。

D 公职地位及其义务

具有一定公职地位的人员,具有与该职务相关的保护义务。例如,警察具有保护公民的义务,消防员具有灭火救人的义务。

(2) 处于监督地位的保证人

对特定的危险源或风险的支配,整体上构成了另外一种类型的保证人地位,即处于监督地位的保证人。大体来说,又包括以下几种情形。

A 对危险物的管理义务

如果特定的危险物处在行为人的支配和管理范围之内,那么出于交往安全的考虑,行为人对这些危险物具有刑法上的监管义务。这类危险物既可以包括危险物品、材料、设备,也可以包括具有危险性的动物。前者如危险的易燃化学品,后者如凶猛的猎犬等。

B 对他人危险行为的监督义务

如果行为人与他人之间具有监护、监管关系,那么他人的危险行为作为一种危险源,也可以形成行为人的保证人地位。例如,家长对幼儿的危险行为,家属对精神病人的危险行为,都具有监督义务。

C 先行行为产生的义务

理论和实务都普遍认为,如果行为人自己之前的行为创设了风险,那么行为人则有消除这种危险或者防止相关危害结果发生的义务。当然,先行行为及其所产生的危险,需要按照客观归责的思想来进行确定。因此,并非任何之前实施的行为都可以构成不作为犯罪意义上的先行行为。按照德国刑法学界的通说,先行行为应当是违反义务的行为,这一点也被许多国内学者所认可。因此,符合注意义务的前行为或者正当化的前行为,通常不产生作为义务。例如,行为人对他人的不法侵害实施正当防卫,导致他人受伤,此时由于前行为系正当化行为,故行为人不产生刑法上的救助义务。然而,在正当化行为中,紧急避险则有所不同。尽管紧急避险的情况下前行为也是正当的,但是理论上通常认为,行为人还是会对避险行为所产生的危险具有消除义务。此外,先行行为的存在形式较为多样,可以是作为,也可以是不作为;可以是故意行为,也可以是过失行为;可以是违法行为,也可以是犯罪行为。

(五)因果关系和客观归责

1. 因果关系(准因果关系或假设的因果关系)

由于不作为犯罪体现为消极的身体举止,不存在具有刑法意义的积极行为,因此行为与结果之间的因果关系也与作为犯罪明显不同。在作为犯罪中,因果关系的认定中采取"如无前者、即无后者"

的判断公式,在逻辑结构上体现为一种"消去法"。而在不作为犯罪中,因果关系的判断则只能采取一种"加入法",即如果行为人实施了法所要求和期待的行为,构成要件结果就(几乎确定地)不会产生,此时不作为行为就是具体结果发生的条件。反之,如果行为人即使实施法所要求和期待的行为,结果仍然发生,那么因果关系就无法成立。例如,不懂水性的父亲眼看自己的小孩落水,而没有将救生圈扔过去进行救助,事后查明由于风急浪大,救生圈基本无法使小孩得救,此时因果关系就难以成立。

2. 客观归责

不作为犯罪作为独立的不法行为类型,同样需要进行客观归责的判断。前述所讲的被害人自我答责问题,便是其中一例。此外,缺少义务违反的关联性或者结果的可避免性,也阻却客观归责。也就是说,如果行为人即使实施了合乎义务的行为,但结果仍然会发生,此时不能将结果的发生归责于行为人。这一点在司法实务中对刑事辩护也有一定的价值,因为在有些案例中,只要行为人没有履行注意义务并且结果出现,就会认为行为人应当对发生的后果负责。但是如果我们加入这样一种判断,还是能够筛除掉一部分行为,至少可以朝着未遂的方向去考虑。当然,这种义务违反关联性或结果可避免性的判断,和前述因果关系的认定基本重合,因此有学者认为无需在客观归责中再次展开论述。

(六)不纯正不作为与作为的等价性(或相当性)

不纯正不作为犯由于没有独立而明确的构成要件,为了限定其成立范围,通常要求其与作为犯具有等价性(或相当性)。对此,《德国刑法典》第13条第1款中明确提到,只有当不作为行为与作为的法律构成要件实现具有相当性时，不作为犯才是可罚的。这里又涉及我们刚才讲的问题，即罪名的构成要件规定得是否详细、具体。如果犯罪构成要件对行为方式限定特别具体、严格，那么不纯正不作为犯与作为犯的等价性往往就会成为问题。反之，如果构成要件对行为方式限定不是特别严格，那么其等价性就需要格外注意。例如，在德国刑法中，通常对故意杀人、故意伤害这类犯罪，不纯正不作为的等价性无需特别论证。而对于诈骗罪，由于德国刑法对其构成要件行为形式作了细致规定，不纯正不作为犯能否成立，就需要加以仔细斟酌。同样，在我国刑法中，不纯正不作为犯与作为行为的等价性问题，也应当结合具体犯罪构成要件的行为形态，加以个别化认定。

（七）主观构成要件

不纯正不作为犯罪既可以由故意构成，也可以由过失构成。

1. 不纯正不作为犯罪的故意

不纯正不作为犯罪的故意，同样由认识因素和意志因素两部分构成。并且，故意的不纯正不作为犯，既可能是直接故意的不纯正不作为犯，也可能是间接故意的不纯正不作为犯。此外，在事实认识偏差的场合，可能产生一系列需要在错误论中处理的问题。例如，父亲路过河边，看到河中有别人家小孩溺水而不予以救助，事后才发现该小孩竟是自己的儿子，此时便属于事实认识错误，可以阻却不纯正不作为杀人的故意。当然，该种情形并不排除其可能构成过失致人死亡罪。反之，如果父亲路过河边，看到河中有小孩溺水，以为是自己的儿子而故意不予以救助，事后发现其实是别人家的小孩，则可能产生不纯正不作为未遂的问题。

2. 过失的不纯正不作为犯罪

如果行为人以不作为方式，违反了一定的客观注意义务，引起法益侵害后果的发生，那么就可能构成过失的不纯正不作为犯。当然，这种情况相对较少，因为刑法中过失犯罪数量本身就不多，且以刑法分则明文规定作为前提。在实务中，不纯正不作为的过失致人死亡或不纯正不作为的过失致人重伤是可能发生的情形。

三、不纯正不作为犯罪的违法性

不纯正不作为犯罪存在法定的正当化事由和超法规的正当化事由。法定的正当化事由包括正当防卫和紧急避险。例如，劫匪深夜闯入行为人的住宅打劫，行为人为了保护自己和家人，故意不对自己的凶猛猎犬加以管束，猎犬将劫匪咬成重伤。此时，猎犬实际上属于危险物，行为人没有对其履行管理义务，造成了他人重伤的后果。但是，该不作为行为属于正当防卫，因而阻却违法性。超法规的正当化事由则包括被害人承诺、义务冲突等。例如，母亲和妻子同时落水，丈夫虽然会游泳，但是短时间内只能救助一人。丈夫对母亲和妻子都有救助义务，不论他救助谁，都会有一人因得不到救助而溺死，这种情形就属于义务冲突，同样阻却违法性。

四、不纯正不作为犯罪的罪责

与作为犯类似，不纯正不作为犯罪的罪责也主要考虑责任能力，责任年龄等问题。不作为犯作为一种独立的犯罪类型当然也应当具有通常犯罪所具有的责任要素（责任能力、责任年龄）。此外,不作为犯也同样可能具有超法规的责任阻却事由,如缺乏期待可能性、产生违法性认识错误。违法性认识错误与上述事实认识错误相对应,处理结论有所不同。例如,父亲看到自己的儿子(继子)落水,但他认为自己对继子没有法律上的救助义务,因而袖手旁观导致儿子溺亡。这种情况便属于违法性认识错误或禁止错误。当然,该行为是否能够阻却罪责,还需考察违法性认识错误的可避免性。

五、总结

到此为止,我对不作为犯罪的类型、与作为犯罪的界分,不纯正不作为犯的构成要件符合性、违法性、有责性作了大体的介绍,尤其是结合一些案例和相关刑法理论,分析了不作为犯罪中可能的一些辩护空间。

第十一讲
犯罪竞合理论在辩护中的运用

江　溯[*]

犯罪竞合理论在传统的教科书中也被称为罪数论,这是两种不同的称呼。无论是犯罪竞合理论还是罪数论,都是刑法里非常复杂的部分,而这一理论之所以复杂,是因为它是犯罪论和刑罚论之间的一个理论区域。一方面,我们在判断一罪数罪时依靠的是犯罪的理论,另外一方面,这样的一种判断又必然会和相关刑罚的适用密切相关,因此它是犯罪论和刑罚论交织的领域。从在总体上看,我们在进行犯罪竞合判断时首先要依靠刑法的规定,刑法在分则部分对于一些犯罪竞合的问题作出了规定,这些规定对于我们在刑事辩护中进行相关判断发挥着直接的指导作用。总体来说,刑法典中直接规定犯罪竞合的地方不多,更多关于犯罪竞合的规则实际上是见之于司法解释中的。在大量的司法解释中,我们可以看到,最高司法解释机关对于犯罪竞合问题都作出了相当多的更为具体的规定。除此以外,在两高指导性案例的裁判理由中,也存在着一些关于犯罪竞合的规则。在两高所颁布的一些典型案例,特别是像《最高人民法院公报》《刑事审判参考》《人民法院案例选》这样一些文件中,也存在着大量关于犯罪竞合的裁判理由。应该来说,这些都是非常有约束力的规则。除此以外,在进行犯罪竞合判断时,我们还

---

[*] 北京大学法学院研究员。

要依赖学理。因为在很大程度上，目前有效的规则还不足以对我们所面对的大量的犯罪竞合问题进行非常完整的解决。

一、概述

当我们谈到犯罪竞合问题时，我们首先能想到的是，如果一个人实施了一个行为，这一个行为在刑法上只能被评价为一个犯罪时，通常不会产生犯罪竞合问题，比如一个人实施了杀人行为。但是当一个人实施了一个行为，而这个行为可能会好触犯几个行为规范，或是一个人实施了数行为，且数行为分别会触犯好几个行为规范时，就可能产生竞合问题，比如说一个人实施了盗窃通信电缆的行为，那他的行为既可能构成盗窃罪，也可能构成破坏公用电信设施罪，此时他可能就构成一个竞合。另外，如果一个人在一段时间里既实施了毁坏财物的行为，又实施了盗窃行为，还实施了杀人行为，这种情况下，由于这三种行为之间存在一些特定关系，因此也可能成为竞合论所要探讨的问题。

所谓的竞合，是从德语 Konkurrenz 翻译过来的，是指同时发生、出现或竞争。刑法上的竞合是指一个行为或数个行为与一个规范或数个规范的一对多、多对一的对应关系。在行为和规范的对应组合中，可能出现以下可能性：典型一罪、典型数罪、犯罪竞合。典型一罪，比如我刚才说的行为人实施了杀人行为，这个杀人行为只能构成故意杀人罪，此时就是一个行为对应一个故意杀人罪的规范，就是典型的一罪。典型数罪，是指数个行为对应数个规范，比如我刚才说的一个人在一段时间里既实施了毁坏财物的行为，又实施了盗窃行为，还实施了杀人行为，这三个行为是彼此独立的,对应三个不同的规范,此时就是典型数罪,这是数罪并罚所要探讨的问题。关于典型数罪,我们可以看到我刚举的例子,涉及的是不同种的数罪,即数罪之间是相互排斥的关系,没有种属关系。在刑法理论中,还存在着同种数罪的情形,比如说一个行为人实施了数个杀人行为,此时虽然也是数行为,但数行为对应的是同种规范,因此称为同种数罪,按照我国的司法实践,对同种数罪是不并罚的,而是作为连续犯对待。所以,同种数罪不是我这里提到的典型数罪。除了这两种行为和规范的对应关系以外,我们今天要探讨的是犯罪竞合的问题。

二、行为单数与行为复数

犯罪竞合的问题主要可以划分为两种类型:第一种类型就是一行为对应数规范,可能是想象竞合,也可能是法条竞合。除此以外,还有一种类型是数行为对应数规范,包括实质竞合,还有共罚的事前事后行为。在进行犯罪竞合的判断之前,我们先要了解两个重要的概念:行为单数和行为复数。行为单数是指一行为触犯数个法条,但是由于数法条之间存在想象竞合或法条竞合的关系,最终只能适用一个法条。行为复数是指数行为触犯数个法条,在这种情况下,有时可能适用一个法条,有时则可能导致数罪并罚。在行为单数的情况下,只可能讨论想象竞合或者是法条竞合。而在行为复数的情况下,则只可能讨论实质竞合或共罚的事前事后行为。行为单数或复数的确定就像是一个分岔路口,我们要进行犯罪竞合判断时首先要判断是行为单数还是行为复数,因为这一判断决定了我们要从哪条轨道去走。从这个意义上说,行为单数和行为复数的区分就至关重要。

行为单数与行为复数的判断是竞合论的出发点。从总体上说,行为单数与行为复数的区分原则是:由于具有刑法意义的行为往往是由一连串的物理动作所组成的特定社会意义单元,所以必须就法律与社会的意义关系,对外形上可分割的个别动作,判断其在刑法评价究竟是属于行为单数与行为复数。所以在对行为单数与行为复数进行判断时,我们所依赖的并不仅仅是物理的动作,我们要考察的是这种物理动作背后的社会意义和法律意义,据此来判断到底是行为单数还是行为复数。从类型上看,行为单数又可以分为单纯的行为单数、自然的行为单数和法律的行为单数。

(一)单纯的行为单数

单纯的行为单数是指行为人出于一个行为决意所显现出的一个意思活动。比如说,甲扔一颗手榴弹,炸死乙和丙两人,并毁坏三辆汽车。我们都知道,此种情况下行为人是出于一个行为决意,表现出的是一个行为活动,但是其造成了两个后果。于是,我们认为,这是一个行为单数,因为行为人的行为决意只有一个。在这种情况下,可能考虑的是其是否构成想象竞合。

(二)自然的行为单数

自然的行为单数是指在外观上虽属于数个可分割的举动,但从日常生活的观点来看,只要行为人是出于单一的意思决定,而且各个举动间在时空上又存在紧密关系,从一个旁观者的立场来看,也会认为是一个单一行为时,即可认为是自然的行为单数。比如甲趁店员乙上洗手间的时间,迅速地偷走收银机里面的现金和货架上的商品。虽然从自然的角度来看似乎是两个动作,但这两个动作在时空上具有紧密关系,因此我们认为其只构成一个盗窃行为。又比如,甲用拳殴打乙数拳,致使乙身上多处轻伤,其中一拳,还打坏了乙的眼镜。这种情况下,表面上看存在多个动作,但多个拳击的动作在时空上存在紧密关系,此时我们也认为它是自然的行为单数,自然的行为单数容易导致想象竞合。

(三)法律的行为单数

相比于单纯的行为单数和自然的行为单数,法律的行为单数更为复杂。法律的行为单数又可以分为构成要件的行为单数、法律拟制的行为单数、连续行为的行为单数和第三罪的夹结效果。

1. 构成要件的行为单数

构成要件的行为单数是指由于刑法上的构成要件,而使得数个行为变成了一个行为,从而成立行为单数的情况。构成要件的行为单数又可以分为几种情形:复行为犯的行为单数、继续犯的行为单数和集合犯的行为单数。复行为犯的行为单数,是指一个独立构成要件中兼含数个行为的犯罪。比如抢劫罪,其构成要件中包含了暴力行为和取财行为,即同时包含了数个行为,此时我们不会把其割裂来看,而是把其看成是一个犯罪。继续犯的行为单数,是指行为人所造成的持续违法状态,也成立构成要件行为的单数。比如在非法拘禁罪的情形下,当行为人对被害人实施了非法拘禁行为时,此时该行为已经既遂,但是直到被害人重获自由之前,行为人所造成的他人自由受到限制的违法状态一直持续,此时也是因为构成要件规定方式所产生的行为单数。除此以外还有集合犯的行为单数,是指由数个长期性、经常性动作组合而成的行为系列,例如常业犯(赌博罪)、营业犯(非法行医罪)、惯犯等。

2. 法律拟制的行为单数

法律拟制的行为单数,比如转化犯,即实施一个较轻之罪,由于附加了另一行为而又触犯另一较重之罪,法律规定以较重之罪论处(例如,非法拘禁他人,故意暴力殴打致被拘禁人重伤、死亡的,以故意杀人罪、故意伤害罪论处)。除此以外,还有我们比较熟悉的转化型抢劫和携带凶器抢夺。

3. 连续行为的行为单数

连续行为的行为单数是指客观上所侵害的法益具有同类性、侵害方式具有同类性的行为。比如,多次实施盗窃行为,多次实施杀人行为等等。在这种情况下,我们在理论上称之为连续犯。连续犯是同种数罪,在我们司法实践中都只将其视为一个犯罪。

4. 第三罪的夹结效果

第三罪的夹结效果是指,如果两个本属行为复数关系的行为,分别与第三个犯罪行为具有行为单数关系时,则可被视为第三个犯罪行为夹结,而将三者评价为法律的行为单数。比如,行为人为刺探国家秘密,实施了部分的盗窃国家公文印章,实施了部分的伪造国家公文印章。盗窃国家公文印章罪与伪造国家公文印章之间本来不具有行为单数关系,但被第三个刺探国家秘密罪所夹结,三罪具有行为单数关系,成立想象竞合。

(四)行为复数的判断

下面我们来看行为复数的判断,行为复数即不属于行为单数的情况。但是我们还要注意,行为复数还需每个行为都符合对应的规范行为,才是真正的行为复数。比如,行为人盗走他人汽车,用于实施故意伤害被害人的运输工具,事后又将汽车还回。这种情况下,我们可以说其是一个行为复数。行为人首先实施了盗用他人的行为,又实施了伤害他人的行为,表面上看是一个行为复数。但是,根据相关司法解释,在这种情况下,不按照盗窃罪处理,只按照故意伤害罪处理,只是可能在量刑上给予更重的处罚。

三、法条竞合

我们刚才说到,在进行犯罪竞合判断时,其出发点就是行为单数和行为复数的判断。当你认定在特定案件中其是行为单数时,只有两种可能性,而第一种可能性就是法条竞合,然后我们再来具体看其属于哪种法条竞合。如果不是法条竞合的话,就只可能是想象竞合。相反,如果我们判定在特定案件中其是行为复数,在这种情况下,就只能进行到底是实质竞合还是共罚的事前事后行为的判断。

(一)法条竞合的含义

法条竞合又称为法规竞合、法律单一,是指规定不同罪名的数个法条,因其规定的构成要件在内容上具有从属关系或交叉关系,当适用于某一行为时,只适用其中某一法条而排斥其他法条适用的情形。由于最终只适用一个法条,所以又将法条竞合称之为假性竞合。最典型的法条竞合是诈骗罪与保险诈骗罪。我们都知道,这是一种普通法与特别法的法条竞合。那么在法条竞合的情况下,由于构成要件之间具有复杂的从属或交叉关系,我们就有必要对其可能的关系进行类型化。

（二）法条竞合类型 I：独立竞合

在法条竞合中，最为常见的就是独立竞合。独立竞合是指一个罪名的外延被另一个罪名的外延所包含，在两罪名之间形成种属关系的情形。独立竞合的处理原则是：特别法优于普通法，例外情况下择一重罪处罚。比如，《刑法》第149条第2款规定：生产、销售本节第一百四十一条至第一百四十八条所列产品，构成各该条规定的犯罪，同时又构成本节第一百四十条规定之罪的，依照处罚较重的规定定罪处罚。我们都知道，《刑法》第140条规定的是生产销售伪劣产品罪，而第141条到148条所规定的是各种各样的伪劣产品，它们之间实际上是普通法和特别法的关系。按照独立竞合的处理原则，一般是按特别法优于普通法的原则来进行处理，但是第149条第2款却作出了特殊规定。在有特殊规定的情况下，我们就按照法律特殊规定来进行处理。独立竞合是我们最为熟悉的法条竞合，最典型的是诈骗罪和合同诈骗罪。在两者之中，诈骗罪是普通法，合同诈骗罪是特别法，按照独立竞合的处理原则，当采取合同诈骗的方式实施诈骗时，就应当是按合同诈骗罪来处理。

从司法实践和理论角度来看，在独立竞合的情况下，有两个问题特别值得探讨，并且仍然存在争议：第一个问题是，当行为未达到特别法条规定的入罪门槛，而符合普通法条的构成要件，是否仍然适用特别法优于普通法的规则？第二个问题是，当特别法条的法定刑轻于普通法的法定刑时，是否仍然适用特别法优于普通法的规则？

关于第一个问题，我们可以用一个案例来加以解释：

案例 11-1：骗保案

甲故意虚构保险标的骗取保险金，骗得 8 千元。

那我们假设甲实施行为时所在的某省的保险诈骗罪数额较大的标准是 1 万元，诈骗罪数额较大的标准是 5 千元。那么此时行为人究竟是有罪还是无罪呢？按照保险诈骗罪的数额标准来说，他没有达到，应该是无罪。但是如果按照诈骗罪来认定的话，他已经达到了数额标准。无论是在司法实践还是在理论界，都存在有罪说和无罪说的争论。有罪说又可以分为两种观点：未遂说与既遂说。未遂说认为，如果行为人主观上就是为了骗保，虽然其数额没有达到标准，但按照相关司法解释的规定，以数额较大的保险金作为骗取对象或者接近数额较大的标准时，可以按照保险诈骗罪的未遂来加以认定。还有一种观点认为，因为行为人达到了诈骗罪的数额标准，可以按照诈骗罪的来加以认定。既遂说认为，在本案情况下，由于数额较大是保险诈骗罪的构成要件，在本案中行为人所骗得的是 8 千元，不符合该罪的构成要件，因此不能按照保险诈骗罪来认定，而是应当按照诈骗罪认定。无罪说认为，保险诈骗罪和诈骗罪是特别法和普通法，应当按特别法优于普通法的原则加以认定。在该案中，由于行为人骗得 8 千元，没有达到保险诈骗罪的数额标准，应当按照无罪来处理。这里面实际上是涉及到如何看待保险诈骗罪和诈骗罪之间的法条竞合关系。如果坚持保险诈骗罪和诈骗罪是特别法和普通法的关系来看，应当采取无罪说。但是有的学者又认为，保险诈骗罪和诈骗罪不是法条竞合，而是想象竞合，此时应该按重罪来处理。

关于第二个问题，我们可以用另一个案例来加以解释：

案例 11-2：骗保案

甲故意虚构保险标的骗取保险金，骗得 3 千万元，对甲应如何定罪量刑？

在本案中，不论是保险诈骗罪还是诈骗罪，都达到了数额特别巨大的标准。但是，认定为保险诈骗罪和诈骗罪的刑罚却是不一样的。按保险诈骗罪的话，数额特别巨大，处 10 年以上有期徒刑，并处 2 万元以上 20 万元以下罚金或者没收财产。而按照诈骗罪的话，数额特别巨大，处 10 年以上有期徒刑或者无期徒刑，并处罚金或没收财产。这里就有一个问题，到底是按照保险诈骗罪还是诈骗罪来认定？一种观点认为应当按照保险诈骗罪来认定，因为它们是特别法和普通法的关系。另一种观点认为，这种情况下，也可以按照诈骗罪来认定，因为可以将其看作想象竞合。在实践中，这些观点都是有案例予以支撑的。这就提醒了我们的辩护律师，在涉及到相关案件时，要尽量选择对于犯罪嫌疑人有利的辩护方向和理论。

（三）法条竞合类型 II：包容竞合

第二种类型的法条竞合是包容竞合。包容竞合是指一个罪名是另外一个罪名的组成部分，在两罪名之间形成部分法与整体法关系的情形。被包容在整体法罪名中的部分法罪名丧失了独立存在的意义，是整体法的组成内容。比如交通肇事罪和过失致人死亡罪，在交通肇事的情况下可能出现交通肇事致人死亡的情况，此时行为人实际上也可以构成过失致人死亡罪。但交通肇事罪不仅包括致人伤亡的情况，还包括导致重大财产损失的情况，所以交通肇事罪和过失致人死亡罪就是整体法和部分法的关系，交通肇事罪是整体法，过失致人死亡罪是部分法。包容竞合的处理原则是：整体法优于部分法。在刑法中也有其他的例子，比如说在绑架勒索的过程中杀害被害人，按照刑法规定应当按绑架罪定罪，处无期徒刑或死刑。在这种情况下，也存在包容竞合的关系，这里的整体法是绑架罪，部分法是故意杀人罪，按照整体法优于部分法的原则应当按绑架罪来认定。

（四）法条竞合类型 III：交互竞合

交互竞合是指两个罪名概念之间各有一部分外延互相重合。每个罪名都是独立的，因而绝大多数犯罪的构成要件是互不相同的，但由于犯罪的复杂性以及立法技术的考虑，有时两个罪名概念之间会发生部分重合。交互竞合在逻辑上是一种相互的包容关系，法条规定之间存在择一关系。交互竞合的处理原则是：重法优于轻法。比如说，刑法规定了诈骗罪和招摇撞骗罪，两者之间就是交互竞合。诈骗罪和招摇撞骗罪是两个独立的犯罪，但是如果出现冒充国家机关工作人员诈骗数额较大的财物时，就可能出现交叉地带，既构成诈骗罪又构成招摇撞骗罪。对于诈骗罪来说，其对象只能是财物。而对于招摇撞骗罪来说，其对象不仅包括财物，也包括名誉、地位、待遇等等。当冒充国家机关工作人员诈骗数额较大的财物时，按照交互竞合的原则是重法优于轻法，此时我们就需要去比较两罪的法定刑。

（五）法条竞合类型 IV：偏一竞合

偏一竞合是指两个罪名概念的内容交叉重合，但实际竞合的内容已经超出所重合范围的情形。偏一竞合也是一种交叉关系的竞合，但它不同于交互竞合，因为其内容已经超出重合范围。在偏一竞合的情况下,法条规定之间存在补充关系。偏一竞合的处理原则是:基本法优于补充法。比如拐骗儿童罪和拐卖儿童罪,就是偏一竞合的关系。在拐卖儿童罪的情况下,包含一种情形就是拐骗儿童后又出卖。但是拐卖儿童又是以出卖为目的拐骗儿童,因此我们会发现两者存在交叉,但是这种交叉跟交互竞合的交叉是不一样的,其交叉的部分偏向了拐卖儿童罪。此时就形成了基本法和补充法的关系,拐卖儿童罪是基本法,拐骗儿童罪是补充法。只有在不以出卖为目的拐骗儿童的情况下,才按照拐骗儿童罪认定。如果是以出卖为目的拐骗儿童,就按拐卖儿童罪定罪。

四、想象竞合

(一)含义

想象竞合又称为观念竞合,是指一个行为触犯数个罪名,择一重罪处断的情形。典型例子是行为人开一枪导致一人死亡、一人重伤,一个开枪行为同时触犯了故意杀人罪与故意伤害罪两个罪名;盗窃整体性珍贵文物的一部分,造成珍贵文物毁损的,同时触犯了盗窃罪与故意损坏文物罪。想象竞合的基本原则是:择一重罪论处。我们发现,想象竞合和我们刚才讲到的法条竞合似乎在定义上很相似,但是两者又有区别。我们可以大致从这样的标准来理解:所有的法条竞合是由法条规定本身造成的罪名之间的从属或交叉关系,不以案件具体事实为转移,它是天然存在的关系。而想象竞合在很大程度上依赖于个案。

（二）想象竞合的基本特征

首先,实施了一个犯罪行为:基于一个犯意实施了一个行为,既可以是故意行为,也可以是过失行为。其次,一个行为必须触犯了数罪名:在犯罪构成的评价上,该行为符合数个犯罪构成。一个行为触犯数罪名,是因为该行为造成了多种法益侵害结果。最后,数个罪名之间不存在逻辑上的从属或者交叉关系。这一点也是和法条竞合最大的区别。比如,盗窃数额较大的通讯设施,同时触犯盗窃罪和破坏公用电信设施罪。从法条角度来看,盗窃罪和破坏公用电信设施罪不存在逻辑上的从属或交叉关系的,仅仅是因为行为人在特定案件中实施了一个盗窃数额较大的公用电信设施的行为,而使得这两个罪之间出现了竞合关系。这种竞合关系只能是想象竞合,而不能是法条竞合。

五、实质竞合

（一）实质竞合的含义

实质竞合是指复数行为触犯复数罪名,由于复数行为之间存在特定关联关系,而使数个行为或数个罪名可能最终被一并处罚宣判为一罪的情形。在传统的罪数论中,实质竞合被称为处断的一罪,其原意是,数行为本来应按数罪处理,只是出于司法习惯在确定宣判罪名时才按一罪论处。

（二）牵连犯

实质竞合中,我们特别熟悉的是牵连犯。牵连犯,是指犯罪的手段行为或结果行为,与目的行为或者原因行为分别触犯不同罪名的情况。例如,以伪造国家机关公文的方法(手段行为)骗取公私财物(目的行为)。这里的手段行为就可能构成伪造国家机关公文罪,而目的行为则可能构成诈骗罪。从构成要件角度看,这两个行为完全可以按照数罪论处,但是这两个行为之间存在关联关系,即手段行为和目的行为的关系,基于司法惯例,我们将其评价为一个犯罪,即诈骗罪。

牵连犯的特征是:其必须具有两个以上的犯罪行为,数个行为触犯不同的罪名,且数行为之间存在手段行为与目的行为、原因行为与结果行为之间的牵连关系。这里的牵连关系必须具有类型性和通常性,即只有当某种手段通常用于实施某种犯罪、或者某种原因行为通常导致某种结果行为时,才能认定为牵连犯。相反,如果其不存在这种典型性或类型性,就不能认定为牵连犯。

牵连犯的处断原则是:原则上从一重论处,但刑法和司法解释上也存在将牵连犯数罪并罚的规定。也就是说,法律和司法解释规定了牵连犯情况按照数罪认定时,我们也要按照法律和司法解释的规定将其认定为数罪。

根据我们不完整的归纳,在法律和司法解释中主要存在以下牵连犯数罪并罚的情形:第一种是基于刑事政策,第二种是基于罪刑均衡,第三种是基于刑罚预防。

对于第一种基于刑事政策的情形,比如《刑法》第120条第2款关于组织、领导、参加恐怖组织罪的规定:"犯前款罪并实施杀人、爆炸、绑架等犯罪的,依照数罪并罚的规定处罚。"我们都知道,在组织、领导、参加恐怖组织后,再实施杀人、爆炸和绑架等行为,其实际上存在手段行为和目的行为的牵连关系,按照牵连犯的一般原则应当从一重论处。但是刑法规定对此进行数罪并罚,实际上是为了更好地实现对组织、领导、参加恐怖活动罪的处罚,显示了刑势政策上对此类犯罪的重罚态度。

对于第二种基于罪刑均衡的情形,比如《刑法》第198条第2款关于保险诈骗罪的规定:"(四)投保人、被保险人故意造成财产损失的保险事故,骗取保险金的 (五)投保人、受益人故意造成被保险人死亡、伤残或者疾病,骗取保险金的 有前款第(四)项、第(五)项所列行为,同时构成其他犯罪的,依照数罪并罚的规定处罚。"该条第(四)项、第(五)项规定的行为跟保险诈骗存在目的行为和手段行为的牵连关系,但是法律并没有规定对其从一重处,而是数罪并罚,这主要是考虑到罪刑均衡。在这种情况下,如果按照一罪来论处可能存在刑罚过轻的问题,因此规定对其数罪并罚。

对于第三种基于刑罚预防的情形,比如《刑法》第241条第2款、第3款的规定:"收买被拐卖的妇女,强行与其发生性关系的,依照本法第二百三十六条的规定定罪处罚。收买被拐卖的妇女、儿童,非法剥夺、限制其人身自由或者有伤害、侮辱等犯罪行为的,依照本法的有关规定定罪处罚。收买被拐卖的妇女、儿童,并有第二款、第三款规定的犯罪行为的,依照数罪并罚的规定处罚。"数罪并罚的情况下,很显然比按一罪处罚更重。为什么在此类情况下数罪并罚呢?主要是考虑到在收买被拐卖的妇女、儿童罪的情况下,行为人很大可能会强行与其发生关系、非法剥夺其人身自由或有伤害、侮辱的情形。此时,为了警示行为人不要实施该类行为,刑法规定了数罪并罚,这就是一种基于刑罚预防的考量。

(三)吸收犯

吸收犯是指,行为人实施数个犯罪行为,该数个犯罪行为之间因其所符合的犯罪构成之间具有一定的从属性或者阶段性关系,从而导致其中一个不具有独立性或完整性的犯罪,被另一个具有独立性或者完整性的犯罪所吸收。

吸收犯的类型主要有以下几种:第一种是高度行为吸收低度行为。比如行为人在持有毒品之后运输毒品,持有毒品可能构成持有毒品罪,运输毒品可能构成运输毒品罪,但是因为持有毒品相当于运输毒品是低度行为,于是被运输毒品吸收,只按照运输毒品罪认定。第二种类型是实行行为吸收非实行行为。比如行为人为杀人而预备,但因为意志以外的原因未能着手,但其不甘心,再次预备后完成杀人行为。这种情况下,其前面有一个杀人的预备行为,后面有一个既遂的杀人行为,此时存在实行行为和非实行行为的关系,因此实行行为吸收非实行行为,对行为人只按照一个故意杀人罪加以认定。第三种类型是实行行为吸收参与行为。比如在共同犯罪中,行为人先实施帮助行为,后来实施实行行为,这种情况下,实行行为可以吸收之前的帮助行为。第四种类型是主行为吸收从行为。比如强奸妇女之前先实施猥亵行为,或者是为招揽顾客先免费播放淫秽影片而后收费。

(四)共罚的事前事后行为

行为复数第一种类型是实质竞合,包括牵连犯和吸收犯。行为复数的另一种类型是共罚的事前事后行为。所谓共罚的事前事后行为,在有些理论中也称之为不可罚的事前事后行为。实施上,这里的不可罚并非真的不可罚,而是其可罚性被事前或事后给吸收掉了,或者说是被共同评价了。

共罚的事前行为,是指行为人在着手实施主行为之前,实施的预备行为或排除障碍以及有助于主行为的其他行为,由于事前行为与事后行为的关系,对事前行为不再单独评价。例如邮政工作人员私拆毁弃邮件之后又窃取财物的,以盗窃罪论处。此时,对于其私拆毁弃邮件的行为不再单独评价,而是纳入到盗窃罪的评价之中。

更常见的是共罚的事后行为,它是指行为人实施某一犯罪行为后,继而实施另一独立的不同的犯罪行为,基于事前行为与事后行为之间的关联关系,对其实施的事后行为,不再单独予以定罪处罚。典型例子是盗窃财物后销赃的行为。对于共罚的事后行为,是否一律不予以单独评价呢?对于这个问题,在理论上还存在着一定的争议:有的学者认为,所谓的共犯的事后行为,如果又单独侵犯了另一个法益,这种情况下有可能不按照共罚的事后行为来加以对待,而可能按照数罪并罚来处理。因为,在共罚的事前事后行为情况下,之所以对其不再单独评价是由于此时行为人没有侵犯一个新的法益。但是如果事前行为或事后行为侵犯了一个新的法益,此时也有可能考虑按照数罪并罚来加以认定。

六、总结

以上我就对犯罪竞合进行了梳理,犯罪竞合的出发点就在于行为单数和行为复数,正确区分行为单数和行为复数对于犯罪竞合的判断具有极其重要的价值。在认定为行为单数的情况下,我们只能进一步去考察到底是法条竞合还是想象竞合。而在认定为行为复数的情况下,我们要考虑到底是实质竞合还是共罚的事前事后行为。在行为复数的情况下,如果不能认定为实质竞合或共罚的事前事后行为,行为人就构成典型的数罪。关于典型的数罪,刑法上有关于数罪并罚的规定,此时直接适用就可以了,这样就可以实现犯罪竞合和数罪并罚的衔接。

也就是说,我们整个的逻辑框架应该是这样的:一般情况下,如果行为人实施一个犯罪,并且其只能被评价为一个构成要件时,此时是典型的一罪。一个行为符合数个规范的情况下,是行为单数,此时应按照法条竞合或想象竞合处理。在数个行为符合数个规范的情况下,且数行为之间不存在关联关系时,就是典型的数罪,是数罪并罚所要探讨的问题。而在犯罪竞合中所要探讨的数行为符合数规范,是指数个有关联的行为触犯数个规范,也就是我们讲到的实质竞合以及共罚的事前事后行为,此时可能最终只适用一个规范。如果我们能够把整个逻辑关系弄清楚,对于我们从事刑事辩护是非常有帮助的。犯罪竞合也好,罪数论也好,可以说是目前最混乱的部分。但是我相信,如果大家按照本文脉络进行整理和理解,那么这些复杂的问题都能迎刃而解。当然我们的刑法、司法解释和司法经验中,关于犯罪竞合和数罪并罚的规定都是非常复杂的,在这种情况下,需要律师朋友们能够完整地把握这些规定。另一方面,法律、司法解释也不是无所不包的,此时就需要我们按照我们掌握的刑法关于犯罪竞合的理论加以处理。

第十二讲
刑民交叉案件的实务判断

简 爱[*]

一、案例引导

随着时代发展,现代法律体系日益健全,其中一大特征便是法律部门分工精细,各部门法在其调整范围内发挥定分止争、维持秩序的作用,但各部门法之间并非绝对排斥、独立,彼此之间仍相互联系、影响。例如,同时涉及刑事法律关系和民事法律关系的刑民交叉案件也在不断增多。所谓"刑民交叉案件"是指刑事案件与民事案件在客观事实、法律事实、主体等方面存在交叉重合,从而导致案件刑事、民事部分在程序处理、责任承担等方面交叉、渗透。

一直以来,保持法秩序的统一性,即刑民审判之间不得出现冲突、矛盾是理论研究者与司法审判者的共识。但随之而来的问题是,法秩序的统一性含义是什么?刑民审判的实体结论与程序是否有必要保持统一?以刑民交叉的典型案件"帅英骗保案"为例,原本此案作为刑事案件要解决的是帅英行为定性问题,但是其中所涉及的保险合同的效力虽由《保险法》规定,但在实践处理中影响了对行为罪与非罪的判断。帅英案的争议焦点在于:不得撤销保险合同的民事评价和肯定保险诈骗罪的刑事评价是否相冲突?

---

[*] 中央财经大学法学院副教授。

案例 12-1：帅英骗保案

1998年、2000年帅英两次为母亲投保"康宁终身保险"，保险合同约定"凡70周岁以下，身体健康者均可作为被保险人"，被保险人身故后，保险公司将赔付基本保额3倍的保险金。但1998年帅英母亲实际年龄已达77岁，并不符合投保要求。2003年其母身故后，帅英获得27万保险金。此后，渠县分公司根据举报进行理赔调查，发现其母的户口早在在投保前就已经从1921年1月7日修改成了1944年11月7日（改小了23岁），并曾在体检时找他人代为体检。

最初，渠县检察院对本案作出不起诉决定，渠县公安局要求复议，随后达州市检察院指定大竹县检察院以保险诈骗罪提起公诉。大竹县法院并未支持检察院观点，宣告帅英无罪。大竹县检察院提起抗诉，市检察院再度支持公诉，达州市中院对此案的法律适用问题存在意见分歧，争执不下。此案随后报给四川省高院，省高院同样出现意见分歧。检方认为帅英故意虚构保险标的，骗取保险金，符合刑法第198条第1款的规定，因此以保险诈骗罪对帅英提起公诉。辩护人和法院内部认为，既然《保险法》规定了不可抗辩条款，那么在符合该条件的情况下，合同有效，有效的合同受到民事法律的保护，如果判处帅英保险诈骗罪，则会导致刑民冲突。

各方分歧的原因在于，保险法对真实年龄不符合合同约定的年龄限制设置有两年的权利最长存续期间[①]，缔约超过两年的，保险人不得单方撤销保险合同，而帅英隐瞒、修改母亲年龄投保且超过两

---

① 参见旧《保险法》第54条第1款：投保人申报的被保险人年龄不真实，并且其真实年龄不符合合同约定年龄限制的，保险人可以解除合同，并在扣除手续费后，向投保人退还保险费，但是自合同成立之日起逾2年的除外。

年。那么不得撤销保险合同和肯定保险诈骗罪的刑事评价是否相冲突？传统观点认为保险合同法肯定了虚构年龄投保行为经过两年期间就是合法的，也即允许虚构年龄投保（仅是附加了时间条件而已），那么这就会与刑法禁止虚构标的的禁令相违背。这样看来似乎可以认为，民法与刑法之间针对超过两年的虚构年龄投保行为的评价出现了不可调和的矛盾。而新近观点认为旧《保险法》第54条指向的是：此种情形下保险人不得单方撤销保险合同，如无其他问题该保险合同是有效的。该条的设置意在防止保险人滥用其优势地位，均衡其与投保人之间的利益。但是，这并不意味保险法就此追认了该虚构年龄投保的行为是合法的行为。因此，保险合同有效而帅英行为也构成犯罪，二者并不矛盾。

二、刑民交叉的理论演进

在理论研究上如何处理刑民、刑行关系、践行刑法的谦抑性一直被作为研究的重点，司法实务中关于疑难案件如何定性的讨论也从未停止。随着研究的深入，刑法理论关于此议题的讨论呈现出阶段式发展。

第一个阶段的探讨主要局限于刑法的性质及其在法律体系中的地位。刑法在法律体系中处于何种位置，直接关乎到刑事法律制度的构建、刑法功能的发挥、刑法解释的方向，可以说学者们对该问题的结论成为了后一阶段判定刑法与其他法律部门关系、"刑民交错""刑行衔接"案件处理的思维原点。代表作主要有张明楷的《刑法在法律体系中的地位》和刘凤科的《刑法在现代法律体系中的地位与特征》。在该议题上出现了新的观点，即提出刑法并非其他部门法律的补充法,强调其存在的独立性。该观点在论证逻辑上亦能自圆其说,但均未能够结合具体事例做更进一步分析,而传统理论观点(认为刑法是保障法,对其他法具有从属性)仍占据主导地位。

第二阶段讨论议题以"刑法与民法的区分、刑法与行政法的衔接"为核心。学者们逐渐意识到仅从单一的刑法视角或者民法视角都无法妥善解决问题,讨论围绕刑民实体关系进一步展开。其中代表性研究成果主要有于改之的《刑民分界论》,陈灿平的《刑民实体法关系初探》,何帆的《刑民交叉案件审理的基本思路》等。这些代表作的特点是,在刑法"保障法"定位的影响下,认为区分刑法和其他部门法是首要目标。学者们通过学科横向对比,总结出刑法与其他部门法的差异,着力点多在于勾勒出刑法、民法、行政法不同的调整范围和区分标准。(例如,于改之教授提出以是否"严重的脱逸社会相当性"为区分刑事与民事案件的标准;陈灿平教授主张以"客体区分说"和"新结构犯罪构成说"界分侵权与犯罪)。至此,刑民区分成为解决刑民交叉案件的指导思想。

虽然第二阶段的研究已使得学界对刑民、刑行实体关系有了较为深刻、统一的认识,但就作为方法论的违法判断理论的探讨,仅在近几年才得到重视。以排除规范之间的矛盾为出发点,从解释论角度探求各规范的目的,力图实现法秩序统一之余为刑事违法的判断找到依据与路径是这一阶段研究的共同目标。可认为,第三阶段议题的核心已完全转变为刑事违法的判断,具体而言是在法秩序的统一性下探讨刑法违法判断应当是一元的还是相对的。此时的话题从以往的刑民、刑行界限之分逐渐过渡到在规范竞合的情形下排除规范矛盾的方法论探讨,焦点集中在关于刑事违法判断涉及的缓和的违法一元论和违法相对论之间。

各理论的对违法性判断的态度可大致通过对以下两个问题的答案进行检验。第一个命题是：符合构成要件的行为不被民事法、行政法所允许时，是否当然地具有刑法上的违法性？第二个命题是：符合构成要件的行为为民事法、行政法所允许时，刑法是否承认其为正当？已经被淘汰的观点是严格的违法一元论，它对以上两个命题同时给予肯定，这显然不符合我们对犯罪的筛选。缓和的违法一元论对命题一予以否定，但对命题二则持肯定态度。而违法相对论则对两个命题均持否定回答。实际上，这样的归纳容易造成误解。违法相对论意在否定不同法领域之间违法判断的关联性，而并非是反对缓和的一元论的判断结论。以于改之教授和王昭武教授为代表的缓和的违法一元论强调，至少具有民法、行政法上的一般违法性再加上刑法上的可罚的违法性，才能得出刑事违法性。① 这个判断看上去是比较合理的，因为它并非将所有不法的行为都纳入刑法的处罚范围。而田宏杰教授主要结合行政犯的判断，提出由前置法定性（如在民法、行政法上是违法的），刑事法定量（罪量）之后，才能得出犯罪结论。② 违法相对论在这里没有提及具体的判断公式或方法，而是强调刑法有自己独特的目的，它的规范目的有可能跟民法是不一样的，在这种情况下刑法应尽可能保持独立性的判断。但是在必要的时候，也需要考虑民法上是如何评价的。③

---

① 参见于改之：《法域冲突的排除：立场、规则与适用》，载《中国法学》2018 年第 4 期，第 84—104 页；王昭武：《法秩序统一性视野下违法判断的相对性》，载《中外法学》2015 年第 1 期，第 173 页。

② 参见田宏杰：《行政犯的法律属性及其责任——兼及定罪机制的重构》，《法学家》2013 年第 3 期，第 51—62 页。

③ 参见王骏：《违法性判断必须一元吗？》，载《法学家》2013 年第 5 期，第 131—147 页；简爱：《从"分野"到"融合"：刑事违法判断的相对独立性》，载《中外法学》2019 年第 2 期，第 433—454 页。

传统理论之所以提出"刑民之分",某种程度上是先入为主地认为民事不法、行政不法与构成犯罪的刑事违法在性质上全然不同、彼此排斥,因此,只要确定了刑民、刑行的界限就能使其各归各位。但是,这里面往往陷入了一个认识误区:即把刑民之分等同于罪与非罪之分。为什么一个行为是犯罪行为的同时就不能是侵权或者违约行为?既然故意伤害的行为构成犯罪,行为人应当给予被害人赔偿,那么依据的不是民法上的侵权责任又是什么呢?

随着"刑民交错""刑行衔接"现象愈加复杂化,虽有诸多标准被提出,但仍然缺乏能一以贯之的权威性的判断方法,现阶段清晰地划定刑法与其他部门法之间的界限无疑是过于理想化的。但如果转变观念就会发现,刑民之分并非如预设中的那么重要,不同部门法律责任的竞合完全存在可能性和相当的合理性。只要明确法秩序统一的底线,行为是什么时候进入刑法评价的视野,罪与非罪的界限如何明确化、清晰化完全可以从刑法独立地展开,这些才是所有刑事法律研究者、司法实务工作者们需要回答的问题。只有在规范并行可能出现冲突时,才有必要在法秩序统一的目标下,从全体法领域来确定行为的违法性。而规范冲突这样的情况是极其少见的,多数刑民交叉案件中刑法与民法的规范目的都不存在冲突,刑事违法性可以进行相对独立的判断,下文将以常见的涉罪合同行为与侵权行为为例进行论述。

三、合同行为与刑事犯罪

在违约行为与刑事犯罪的竞合关系中,刑法与民法有着不同的面向。合同行为在民法上的重点是缔约的结果——合同内容是否具有效力,而在刑法重点关注的则是缔约的手段——行为及履行的结果是否构成犯罪。首先,从民法上看合同效力分为有效、无效和可撤销三种。《民法典》对此与《民法通则》《合同法》《民法总则》一脉相承,法条用语、内容基本保持了一致。以下将以《民法典》条文为主线,讨论合同效力与刑事犯罪的关系。

(一)无效的合同

《民法典》第153条规定:违反法律、行政法规的强制性规定的民事法律行为无效。但是,该强制性规定不导致该民事法律行为无效的除外。违背公序良俗的民事法律行为无效。第154条规定:行为人与相对人恶意串通,损害他人合法权益的民事法律行为无效。《民法典》第153条和第154条分别规定了"违反法律、行政法规的强制性规定"和"恶意串通"两种民事法律行为无效,大致秉承了过往的民事立法规范目的。

看上去似乎合同无效有好几种形式都与诈骗罪和合同诈骗罪有一定重合,但是首先,关于"违反法律、行政法规的强制性规定",刑法具有行为规范的属性,且大部分是属于禁止性、强制性的规定,能够简单推导出"违反刑法的民事法律行为无效"这一结论。但随着法律文本的改变及相关司法解释出台,"违反法律、行政法规的强制性规定"行为的效力判定有了新理解。1987年实施的《民法通则》第58条对无效民事行为做了列举,其中规定了"违反法律或者社会公共利益"的民事行为无效。① 1999年实施的《合同法》第52

---

① 1986年《民法通则》第58条规定:下列民事行为无效:无民事行为能力人实施的;限制民事行为能力人依法不能独立实施的;一方以欺诈、胁迫的手段或者乘人之危,使对方在违背真实意思的情况下所为的;恶意串通,损害国家、集体或者第三人利益的;违反法律或者社会公共利益的;以合法形式掩盖非法目的的。(2009年8月27日,删去第五十八条第一款第六项:经济合同违反国家指令性计划的,第七项:"以合法形式掩盖非法目的的。"变更为第六项)无效的民事行为,从行为开始起就没有法律约束力。

条规定了合同无效的法定情形,将"违反法律"细化为了"违反法律、行政法规的强制性规定",①本条规定实质上是明确了公法规范在民事判断中的适用。作为行为规范的刑法设立的多为禁止性规范,亦属于强制性规定,能够得出结论是:行为构成犯罪的同时,原则上合同无效。该结论主导了近二十年来司法实践中一个非常明显的立场:涉罪则合同当然无效。犯罪和合同无效之间形成"死循环",并且潜在地也树立起了"无罪则合同有效、合同有效则无罪"的对应关系。② 但在 2014 年,最高人民法院司法解释对《合同法》第 52 条做了进一步的细化,将 52 条之(五)中的"强制性规定"限定为"效力性强制规定"。③ 2017 年颁布并实施《民法总则》第 153 条第 1 款重申了这一限定。④ 也就是说,将民法中的"强制性规定"进行了分类,会影响合同效力的是"效力性强制规定",其余则归属于"管理性强制规定"。在这一规定出台后,就导致过去建立的"死循环"被打破。实践立场也随之出现了转向,2015 年最高人民法院以司法解释的形式首次明确了"涉罪合同并不当然无效"。尤其是在《最高人民法院关于审理民间借贷案件适用法律若干问题的规定》第 13 条第 1 款规定:借款人或者出借人的借贷行为涉嫌犯罪,或者已经生效的裁判认定构成犯罪,当事人提起民事诉讼的,民间借贷合同

---

① 1999 年《合同法》第 52 条规定:有下列情形之一的,合同无效:(一)一方以欺诈、胁迫的手段订立合同,损害国家利益;(二)恶意串通,损害国家、集体或者第三人利益;(三)以合法形式掩盖非法目的;(四)损害社会公共利益;(五)违反法律、行政法规的强制性规定。

② 参见崔永峰、李红:《非法吸收公众存款犯罪中民间借贷合同效力之认定》,载《中国检察官》2012 年第 2 期,第 55 页。

③ 参见《最高人民法院关于适用〈中华人民共和国合同法〉若干问题的解释(二)》第 14 条:合同法第 52 条第(五)项规定的"强制性规定",是指效力性强制性规定。

④ 2017 年《民法总则》第 152 条规定:违反法律、行政法规的强制性规定的民事法律行为无效,但是该强制性规定不导致该民事法律行为无效的除外。违背公序良俗的民事法律行为无效。

并不当然无效。第2款也再次明确了"应当根据《合同法》第52条、本规定第14条来认定民间借贷合同的效力。"因此,《民法典》第153条但书再度强调了"强制性规定不导致该民事法律行为无效的除外"。至此,刑事违法对民事合同效力的制约关系被彻底打破。

其次,在民法学者看来,《民法典》第154条中的"恶意串通"有严格限定。合同强调相对性,因此"恶意串通"是指当事人双方就有相关事项隐藏去骗其他的第三方,或者共同合意采取合同形式达成某一非法目的。这与通常的诈骗罪有很大不同,因为诈骗的情况下通常是一方知情、一方不知情,不符合这一要求。所谓的合同行为是指双方当事人意思自治下的行为,其特点是合意、共同实施,所以它保护的是双方的合意。而"非法目的"为双方串通缔约指向的是不法目的,而非一方对另一方具有的非法目的。合同诈骗罪中的非法目的是具有单方性的,相对方并不知情,也不存在"以合法形式掩盖非法目的"的合意。因此,合同诈骗罪中的合同效力一般不是无效的而是可撤销的,这主要是基于保护被害人,给予其选择权,以及有利于对被告人违约责任的追究。

(二)可撤销的合同

《民法典》第148条规定:一方以欺诈手段,使对方在违背真实意思的情况下实施的民事法律行为,受欺诈方有权请求人民法院或者仲裁机构予以撤销。第149条规定:第三人实施欺诈行为,使一方在违背真实意思的情况下实施的民事法律行为,对方知道或者应当知道该欺诈行为的,受欺诈方有权请求人民法院或者仲裁机构予以撤销。第150条规定:一方或者第三人以胁迫手段,使对方在违背真实意思的情况下实施的民事法律行为,受胁迫方有权请求人民法院或者仲裁机构予以撤销。

第三段全部删除,替换为——对于以欺诈、强迫等因意思表示不真实订立的合同,可能构成刑法上的诈骗罪和敲诈勒索罪,《民法典》对此类合同的效力认定也延续了过去《民法总则》《合同法》的态度,并不一概认定有效或无效,而是赋予无过错或被欺骗一方享有撤销权,如果行使撤销权,合同则视为自始无效;若不行使撤销权则合同成立且有效,可以要求相对方承担违约责任。这一制度设计的目的在于规范、鼓励交易,促成更多双方合意。频繁地宣告合同无效,长此以往将使民事主体丧失对交易安全的信任,从而导致交易数量减少和效率降低,这在根本上背离了意思自治的私法基本原则,所以民法倾向于由无过错一方决定合同效力,并严格限定合同无效的情形。从实践判决可以看出,即使涉案人员已经构成合同诈骗罪,涉案的借款合同仍然属于可撤销合同。[1] 现债权人不主张撤销,借款合同当属有效。因此合同效力及相关认定标准属民商事审判范畴,与是否构成犯罪的刑事判断无关。

《合同法》的目的在于规范、鼓励交易,促成更多双方合意。频繁地宣告合同无效,长此以往将使民事主体丧失对交易安全的信任,从而导致交易数量减少和效率降低,这在根本上背离了意思自治的私法基本原则。因此,在上述情况下合同并非直接归于无效而是赋予有撤销权的一方选择权来选择到底是撤销合同(无效)还是履行合同(有效)。

从第 54 条之(二)近年来在实践上的适用可以看出,[2]即使涉案人员已经构成合同诈骗罪,涉案的借款合同仍然属于可撤销合同。

---

[1] 陕西省汉中市中级人民法益民事判决书(2023)陕 07 民终 78 号。
[2] 参见最高人民法院(2014)民抗字第 82 号民事判决书。

现债权人不主张撤销,借款合同当属有效。因此合同效力及相关认定标准属民商事审判范畴(主要依据民商事法律)。同样,在《民法典》148条到150条也规定了可撤销的几种情形,比如欺诈手段和胁迫手段,涉及刑法的诈骗罪和敲诈勒索罪。

可以发现行为是否具备民事不法不是民事审判审查的重点,而作为核心问题被考察的民事效力,其判断同样与民事不法没有直接关联性,也即是说民事行为的有效性与民事不法的判断同样是分离的。在帅英骗保案中,同样保险合同的效力与帅英行为是否构成犯罪也应当分别进行判断。并非是因为帅英的行为具备了民事不法且符合了保险诈骗罪的构成要件才成立犯罪,正确的逻辑关系应当是帅英的行为符合保险诈骗罪的构成要件且该行为在民事领域内并非合法,因而成立犯罪。

通过以上分析可以得出以下几点结论:首先,民事行为的有效性与民事不法的判断是分离的。其次,违反当事人意思而承担违约责任并非是违法,所以在合同行为中讨论"违法"最终指向的还是其他法律的强制性规范。再次,对刑事违法的判断而言,民事不法的存在既非必要也非前提,只有在一个行为完全被民法评价为合法的时候才需要考虑是否存在规范冲突,是否阻却刑事违法而不成立犯罪。最后,法秩序的统一是合法的统一而非违法的统一。

(三)表见代理与诈骗罪

案例12-2:杨涛诈骗房款案

被告人杨涛在担任湖北省武汉统建城市开发有限公司售楼部经理期间对9客户虚构东方雅园二期项目商铺对外销售的事实,要求客户们将订购商铺的款项汇入其个人银行账户,利用其保管的购房合同、房屋销售专用章、副总经理印章与客户签订房屋买卖合同,骗取购房款共计1011万。武汉市中级人民法院以诈骗罪判处杨涛有期徒刑15年,并处罚金人民币50万元。杨涛上诉称其以公司名义和客户签订的房屋买卖合同有效,构成表见代理,应以职务侵占罪追究刑事责任。湖北省高级人民法院审理认为杨涛构成诈骗罪,裁定驳回上诉,维持原判。①

本案的争点在于:民法中保护善意第三人合法权益的表见代理、善意取得等制度与诈骗类犯罪能否共存?传统观点认为,二者不能共存。犯罪行为因侵犯了重大法益而被禁止和否定,那么就不能再认可构成犯罪的行为同时成立表见代理并肯定代理行为的效力。表见代理的成立对于缔结合同的善意第三人而言就等于进行了一次正常的合同交易,合同有效就需要履行,而一旦在刑法上主张诈骗罪成立,客户最终能够得到房产不存在损失,看似刑民法律效果产生了矛盾,但实际并非如此。

传统观点在这里存在对"财产损失"要件的误读。本案为被骗人与受害人不同一的"三角诈骗","表见代理"只是行骗的手段,杨涛具有非法占有9名被害人购房款的故意,应当构成诈骗罪。理由如下:第一,在一般的财产犯罪中既可以由法院依职权追缴被告人违法所得,退赔被害人的财产损失,受害人也可以直接向人民法院提起民事诉讼,受害人的财产损失能否挽回以及通过什么样的方式被挽回对行为人是否构成犯罪并无决定性影响。也许有人会认为此时刑事手段的介入有违刑法谦抑性,但谦抑性的核心是刑法介入

---

① 参见中华人民共和国最高人民法院刑事审判第一、二、三、四、五庭主办:《刑事审判参考(总第111集)》,法律出版社2018年版,第100页。

的必要性以能够对法益起到有效保护为出发点,存在其他法律、社会救济手段不能成为阻却刑罚适用的理由。第二,被告人主张表见代理之下其只能成立量刑较轻的职务侵占罪,但实际上职务侵占罪不仅要看被告人是否利用了职务之便,还要求被侵占的财物为单位所有,而本案中9名被害人的购房款尚未成为公司财物,杨涛的销售职务也并未给其非法占有他人财产提供便利。第三,诈骗罪与表见代理可以并存,并且表见代理仅对民事权利义务的分配产生影响,在本案中不会影响诈骗罪与职务侵占罪的区分。因此可以得出结论:由合同行为延伸的表见代理、善意取得保护了合同相对人的合法权益,但这并不对刑事违法判断产生约束力,具备权利外观的行为也有成立犯罪的空间,表见代理、善意取得的成立与认定诈骗罪之间并不冲突。

(四)权利外观冲突

除民事行为外,具备权利外观的商事行为能否被评价为刑事违法也尚存争议。例如,以股权转让的形式转让土地使用权的能否构成非法转让、倒卖土地使用权罪。刑事司法人员倾向于予以定罪,但多数理论研究者对此行为持无罪观点,下以入选最高人民法院指导性案例的章菊芳土地使用权转让案为例。

案例12-3:章菊芳土地使用权转让案

2007年1月南湖大酒店通过竞标以2500万元取得100亩国有土地使用权,并与芜湖县国土资源局签订国有土地使用权出让合同,缴纳了出让金1500万元,约定余款于2008年7月前付清。合同明确约定必须支付全部土地出让金并且要完成开发投资总额25%以上的投资以后才能进行转让。为方便土地开发,南湖大酒店和叶和永成立了天虹置业有限公司,后法定代表人变更为章菊芳。在南湖大酒店和天虹公司对该土地没有进行任何投资、没有完全支付土地出让金的情况下,章菊芳将该宗土地使用权法采取股权转让、法人代表变更等手段,将100亩土地使用权以3020万元转让给陈玉富,并从中牟得土地使用权转让差价520万元。①

这里的争点是:以股权转让的形式转让土地使用权的能否构成非法转让、倒卖土地使用权罪?安徽省芜湖市中级人民法院判决被告人章菊芳构成非法转让土地使用权罪,整体上采取的思路是先行判定股权转让的行为使得土地使用权实际上随同公司一并转让,属于《土地管理法》第37条规定的"以其他形式非法转让土地",又因为行为人既没有完全支付土地出让金且也没有进行任何投资建设违反了土地管理法规,因此构成犯罪。

陈兴良教授与周光权教授认为章菊芳的行为是行使商事权利,在民商法上的合法行为刑法不能被认定为犯罪。但是在相对论看来,该案本身就不符合所谓的非法转让土地使用权罪的构成要件,甚至上升不到违法阻却事由阶段的考察。两种观点最后都可以得出无罪的结论。

非法转让土地使用权罪的主要法益为土地资源的保护、开发及合理利用,次要法益为土地管理制度,这正是土地管理法规对土地使用权的取得、转让方式、相关资质做一系列规定的缘由所在。由于本案中土地使用权的所有者一直是同一公司,而股东的变动也不会使得该公司的相关资质发生变化,因此也就不存在危及土地资源

---

① 参见安徽省芜湖市中级人民法院(2009)芜中刑终字第178号刑事判决书。

的保护、开发及合理利用问题,更不会因此构成非法转让土地使用权罪。

在对本部分案例与法条分析后可以得出以下结论:在构成要件符合性的判断过程中民商事法律、行政法规范仅是起参考作用,真正需要结合法秩序统一性进行考虑的是这样一种情形:权利的外观和内容在其他法领域均被评价为合法,而刑法对阻却违法事由来源的领域不加限制,因此该行为不被认定为犯罪。实际上这样的冲突、矛盾并不多见。

(五)刑民规范冲突与适用

1997年《刑法》第193条贷款诈骗罪中列举了几种情形,其中第四项是"使用虚假的产权证明作担保或者超出抵押物价值重复担保的"。本处规定的渊源于,1995年10月1日实施的《担保法》第35条禁止了超额抵押,但是2007年10月1日实施的《物权法》第199条对同一物上各个抵押权的优先受偿顺序做出了规定,可认为《物权法》实质上是承认了可以重复抵押,因为只有在抵押物不能够完全清偿债务的情况下才有必要确定受偿顺序。

从《物权法》和《担保法》的差异中我们可以看出,后出台的《物权法》规定了可以重复抵押,此时我们去对照理解贷款诈骗罪时,就不能说重复抵押就符合了贷款诈骗罪的要件。而实践中确实有不少法院以符合了第四款的情形就认为具有非法占有目的,于是以贷款诈骗罪定罪。由于重复抵押行为为民法所允许,那么在刑法上仅有这种行为而不能证明行为人具有非法占有目的的话,该行为就不能被认定为贷款诈骗罪。

四、民事侵权与刑事犯罪

与合同行为相比,侵权行为与犯罪行为之间关联性更为紧密,并在一定范围内产生重叠,具体体现为:严重的人身侵权行为可构成侵犯公民人身权利的犯罪,部分财产侵权行为也有构成财产犯罪之虞。传统观点认为,在刑民交叉案件中认定行为的刑事违法性前提是该行为已经具备了民事不法,其后再考虑是否值得科处刑罚的问题。这种思考方式的优点在于能够较好地与刑法谦抑理念结合,通过二次判断来限缩犯罪成立的范围。但是从民法角度来看,该种判断方法的妥当性和可操作性均存在一定问题。

在大陆法系中,侵权责任的认定主要有法国模式和德国模式。法国模式下,侵权责任法中不再区分违法和过错。德国模式下,采用了民事不法概念,但就是否还需要再区分违法和过错,以及民法中违法性的内容,对归责制度的意义等等都是有争议的。从立法设置来看,王利民教授认为我国的《侵权责任法》在侵权责任构成要件上并未完全采用德国法的四要件说,而是从中排除了违法性这一因素。成立一般侵权行为仅要求有损害结果、过错以及当事人的过错与损害结果的发生之间有因果关系即可,与法国模式更为接近。[1] 新颁布的《民法典》则继续保留了这一模式。

传统观点认为,杀人的预备、未遂也是一种民事不法,仅是因不存在损害结果而没有承担民事责任的必要,但是具备刑事违法性而有被科处刑罚的必要。新观点则认为单纯地说杀人的预备、未遂也

---

[1] 参见王利明:《我国<侵权责任法>采纳了违法性要件吗?》,载《中外法学》2012年第1期,第13页。

是民事不法行为,仅是因不存在损害结果而行为人不承担侵权责任是没有意义的,本质上违法是能够引发特定法律效果的,对于此种民事不法的缺失并不影响刑事违法的判定。

通过对刑事犯罪与合同行为、侵权行为交叉现象的观察,可以看出刑事违法的判断并不以行为具备民事违法性为前提,这不仅是因为民事违法性在界定上容易陷入循环论证,判断标准不明确的缘故,更重要的是刑法、民法在规范目的上具有差异,即使是基于同一事实所面向的法律关系也各不相同。如果强行将民事违法性作为刑事违法的判断前提,极有可能想当然地以合同无效、过错等充实尚无定论的民事违法性,反而导致了刑事违法判断的"失真"。

法秩序的统一不在于实体法间违法概念、判断的一致,而在于合法概念的统一,因此在构成要件符合性的考察中只需要尽可能明确刑法上值得处罚的标准即可,行为是否同时具备民事不法,并无考虑必要。传统观点试图引入"可罚的违法性"概念来解决界分刑民法律适用,但是否值得刑法处罚仍旧是一个需要在刑法领域内实质判断的问题,可罚的违法性理论本身也没能够提供可罚与否的明确判断标准。

五、刑民交叉案件的诉讼处理机制

原本"先刑后民""先民后刑"都只是法律程序上的处理而非解决规范冲突的规则,正常情形下无论是哪种诉讼程序在先,都不必然对后启动的诉讼判决产生直接效果,但是实体判断的思维对诉讼模式的选择有着直接的制约关系。如果在实体判断上强调刑法的违法判断应当绝对或相对地从属于民法,从审判独立性和专业性角度考虑,民事关系就需要由民事程序来审查确认,这意味着民事判决结果对刑事审判具有预决力,持该种观点学者虽未明确提出应采用"先民后刑"的诉讼模式,但毫无例外一致性反对"先刑后民"。由此可见,交叉案件的实体判断在一定程度上制约着诉讼模式的选择。反过来,"先民后刑"与"先刑后民"的诉讼处理机制往往会产生不同的司法效果,因而有必要在厘清违法判断方法对裁判统一性的基础上构建合理、有效的交叉案件诉讼处理机制。

关于刑民交叉案件的诉讼程序存在很多司法解释,需要注意的是随着年代更迭,代表实践立场的司法解释也出现了明显的变化,立场愈加明确。

首先,"先刑后民"原本是为了防止追究经济犯罪出现错漏而要求将正在审理的民事纠纷移送处理,因对经济犯罪范围的理解存在差异,这一原则在司法实践中逐渐超越了经济犯罪,被拓展至所有的刑民交叉案件,并在适用中出现了异化。

> 1985 年最高人民法院、最高人民检察院、公安部发布的《关于及时查处在经济纠纷案件中发现的经济犯罪的通知》(已于 2013 年 1 月 18 日失效)规定了在各级法院在审理经济纠纷中发现有经济犯罪的应当分别移送公安机关或检察机关侦查、起诉;
>
> 1987 年最高人民法院、最高人民检察院、公安部发布的《关于审理经济纠纷案件中发现经济犯罪必须及时移送的通知》(已于 2013 年 1 月 18 日失效)规定了法院在审理经济纠纷中发现有经济犯罪的一般应将经济犯罪与经济纠纷全案移送。

以上两个司法解释被认为是最早确立了"先刑后民"处理原则

的规范文件。

继1985年、1987年的两个司法解释后,最高人民法院等出台了一系列限制"先刑后民"的司法解释,也反映出了对交叉案件"刑民并行"审理的导向:

1997年最高人民法院颁布的《关于审理存单纠纷案件的若干规定》首次提出了应视情况而定是否中止民事案件审理,在追究当事人刑事责任不影响存单纠纷审理的,刑民案件分别进行;

1998年最高人民法院颁布的《关于在审理经济纠纷案件中涉及经济犯罪嫌疑若干问题的规定》重申了刑民分案审理,并指出应当根据是否属于"同一法律事实"来区分不同类型刑民交错案件的诉讼模式,对于法律关系不同的案件原则上应当刑民分开、并行审理,对于同一事实应采取刑事合并民事的处理方式;

2014年最高人民法院、最高人民检察院、公安部联合发布了《关于办理非法集资刑事案件适用法律若干问题的意见》规定对于正在审理的非法集资刑事案件,单位和个人就"同一事实"提起民事诉讼或者申请执行涉案财物的,法院不予受理,对于正在审理或执行的民事案件存在非法集资嫌疑的,应当驳回起诉或终止执行,以上可归结为"刑事合并民事";

2015年最高人民法院颁布了《关于审理民间借贷案件适用法律若干问题的规定》进一步延续、细化了类型化思路,针对同一事实的民间借贷涉嫌非法集资、民间借贷的基本案件事实需要以刑事案件审理结果为依据的案件应驳回起诉、中止民事诉讼,针对有关联性但不是同一事实的案件应并行审理。

2019年最高人民法院发布《全国法院民商事审判工作会议纪要》之十二、关于民刑交叉案件的程序处理，128条明确了同一当事人因不同事实分别发生民商事纠纷和涉嫌刑事犯罪，民商事案件与刑事案件应当分别审理；129条规定了涉众型经济犯罪与民商事案件的程序处理；130条为民刑交叉案件中民商事案件中止审理的条件，重申刑民案件分别审理的处理路径。

由此可以看出，实务立场似乎从交叉案件全部采用"先刑后民"模式走向了仅针对"同一事实"及具备刑事审理必要性的交叉案件实行"先刑后民"模式，"刑民并行"逐渐上升为核心原则。

关于刑民交叉案件的诉讼模式，民诉法学者在理论上通过对审判权的独立性和裁判预决力的论证也得到了和实务立场类似的观点，即刑民审判程序应当分别进行。

审判权的独立是指，刑民司法程序的启动均具有自主性，而基于价值目标、实体法的适用、解释方法和诉讼证明标准的差异性，有必要维持刑民审判权的独立性。裁判的预决力是指对于事实的认定是否要保持一致，若认为需要保持完全一致则涉及是否认可不同裁判之间的预决力。预决力本质上要解决的是刑事裁判、民事裁判谁效力优先的问题。其出发点是肯定预决力能够最大限度地维护裁判的统一。

但需要注意的是，在交叉案件中，刑事审判与民事审判即使就同一事实进行审理，所考察的法律关系、适用的法律也都不相同，原则上法律评价的不一致不会影响裁判的统一性。重点在于，对于事实的认定是否要保持完全一致。尽管可以肯定在查明案件事实方面刑事审判具有优越性，但是其严格的审理过程、较长的审理期限以及非法证据排除规则，在保障犯罪嫌疑人人权和限制公权力滥用的同时反而会导致诉讼效率的下降,甚至不利于另一方当事人权利的保障。例如,在刑事审判中因检察机关提交的证据无法达到证据确实、充分,排除一切合理怀疑的标准而被告人没有被定罪,如果肯定刑事裁判对民事裁判的预决力,那么即使被害人掌握了符合"高度盖然性"的证据也无法在民事诉讼中获得侵权损害赔偿。因此,否定刑民裁判间的预决力并不意味着裁判的统一性不复存在,"对同一法律事实进行刑事和民事不同法律效果的评判,并非是诉讼的冲突和矛盾,正是法秩序内在协调性和外在统一性的表现。"[1]裁判的统一是客观事实的最大限度统一而非客观事实和法律评价的完全一致。

结合对刑民交叉案件程序上的处理,可得出如下新观点:对同一法律事实进行刑事和民事不同法律效果的评判,并非是诉讼的冲突和矛盾,而是内在法秩序的协调、统一和外在裁判统一的表现。裁判的统一是客观事实的最大限度统一而非客观事实和法律评价的完全一致。在先的判决所认定的客观事实可在后诉中作为证据使用而非直接准用,如果后诉中存在可以推翻在先判决的认定的事实时,应允许法官重新对事实作出认定。只有有罪判决可以作为证据适用,无罪判决则不能被采纳。这是因为,无罪判决是建立在无罪推定的基础上的,不属于关于无罪的确定性结论。至于非事实性的价值判定应当充分尊重司法人员的裁量权。

因此,针对刑民交叉案件的诉讼处理机制现有的基本原则是:刑民并行、审判独立。例如,民间借贷案件审理并不必须以刑事案件审理结果为依据,则民间借贷纠纷案件无须中止审理。归根到

---

[1] 参见张永泉:《法秩序统一视野下的诉讼程序与法律效果的多元性——以竞合型刑民交叉案件为视角》,载《法学杂志》2017年第3期,第44页。

底,这仍然是刑法、民法在违法判断的内容、标准不同一的在诉讼程序上的投射。在实体法的适用中,坚持刑事违法判断相对独立于民事违法,那么刑民审理也同样需要遵循独立审判的原则。

有原则就有例外,例外的情形针对的是存在先决关系的情形。比如,作为"刑民并行"原则的补充,只有在实体法律关系上,另一案的法律关系争议的解决成为本案的前提时,本案才应予中止。《民事诉讼法》第150条第1款第(5)项规定的"本案必须以另一案的审理结果为依据,而另一案尚未审结的",为中止民事审理的情形之一,可视为奠定先决关系规范基础。先决关系可以分为民事先决关系和刑事先决关系。民事先决关系中,例如,被盗伐的林木权属认定关系到是构成盗伐林木罪(他人所有)还是滥伐林木罪(自己所有),股权确认、商业秘密的界定及其权利归属等民事审理结果会对刑事审判中罪与非罪、此罪彼罪判断有着决定性影响,因而可以采用"先民后刑"模式。刑事先决关系中,例如,行为人涉嫌伪造证据的刑事案件正在审理,而其提供的假证明文件被在另一起民事诉讼中被用来认定案件事实,此时宜等待刑事诉讼对证据真假做出判定再行审理民事案件。作为例外中的例外,对于部分交叉案件同时涉及刑事、民事、行政法律关系且对审判人员专业技能要求较高的,可交由专门的审判庭进行合一审理(即"三审合一"),有利于审判程序衔接和统一审判标准,兼顾公正与效率。目前具有代表性的是知识产权案件,环境污染案件。除了先决关系外,结合我国司法解释的态度,原则上针对刑民交叉案件应当实行"刑民并行"。

第十三讲
刑行交叉案件的辩护要点

徐凌波[*]

一、刑事违法性与行政违法性之辨

关于一般行政违法行为与行政犯罪之间的区别问题,一直是行政犯罪理论的热点。我国理论一向认为行政犯罪同时具有刑事违法性与行政违法性,而一般行政违法行为则只具有行政违法性,因此两者区别的关键就应当在于如何阐明这种刑事违法性。而理论上为了阐明这种刑事违法性,又相继引入了日本的违法一元论、违法多元论、违法相对论,以及德国的质的区别说、量的区别说和质量区别说。关于这些争议,理论上已经有较为详尽的文献梳理与分析,[①]也并不是本次讲座的重点,因此在这里我只是简单地谈一谈我个人的一点浅薄理解。

首先,质的区别说、量的区别说首先是一个立法论的问题,即特定行为究竟应当仅仅受到行政法的规制,还是应当将其上升为犯罪,受到刑事制裁。其中,质的区别考虑的是行为是否侵犯了法益,量的区别考虑的则是法益侵害的程度。而立法在进行犯罪化时,既要考虑行为是否侵犯了法益,又要考虑这种法益侵害程度是

---

[*] 南京大学法学院副教授。
[①] 参见孙国祥:《行政犯违法性判断的从属性和独立性研究》,载《法学家》2017年第1期,第48-62页。

否达到了需要动用刑罚这种最后手段来抗制的程度,即是作为通说的质量区别说。

其次,在解释论层面,已经被刑法规定为犯罪的行为都是在立法论层面已经通过质量标准审查的行为,其适用需要的是严格坚持罪刑法定原则,立足构成要件,而不应是向犯罪构成要件之外另寻质量区别的标准。构成要件既然是不法的类型,本就是法益侵害及其程度衡量标准,就没有理由在构成要件之外另行判断法益侵害,而是应当结合构成要件来判断法益侵害。[1]

基于以上基本考虑,行政犯尽管在构成要件上对于前置行政法规具有一定程度的从属性,但在入罪的判断上,仍然应当坚持在犯罪构成要件的框架内进行刑法的独立判断。[2]

二、罪刑法定原则下认真对待构成要件

首先,在有明确的法条根据可以解决的场合,尽量不要"向一般条款逃避",出入罪的判断不应逸脱构成要件,诉诸抽象的法理念。例如组织他人以出境旅游的名义到他国进行乞讨的行为,是否成立刑法第318条组织他人偷越国边境罪。理论上对于这个案件的关注主要在于行政许可的效力,特别是以违法的、不允许的方式所申请到的有效行政许可,是否可以阻却犯罪。行政许可的有效性与合法性的关系问题,是行政犯罪非常重要的理论问题,但就这个案件本身而言,首先涉及的并不是骗取的有效行政许可能否仍然具有出罪

---

[1] 参见马春晓:《区分行政违法与犯罪的新视角:基于构成要件之质的区别说》,载《中国刑事法杂志》2020年第1期,第81—98页。

[2] 参见陈兴良:《法定犯的性质与界定》,载《中外法学》2020年第6其,第1464—1488页。

效力这样的一般性问题,而是我国刑法意义上的偷越国边境罪中的"国境、边境"是否包括了他国的国境。所谓签证是外国大使馆、外事部门签发的允许我国公民进入他国国境的证件。签证的作用并不是用于出境的,而是用于进入他国国境的。即便我们认为以违法手段骗取的签证是无效的,这也是一个非法进入他国国境的行为,要成立偷越国边境罪,就需要考虑的是他国的国境是否也在我国偷越国边境罪的保护范围之内,很显然,我国的国边境管理制度仅基于中华人民共和国的国边境,而并不包括他国的国边境,因此即便骗取的签证无效,这一行为也并不属于我国刑法意义上的偷越国边境。

其次,在构成要件要素字面存在实质裁量空间的场合,应对于这些要素判断标准的行政化而导致过罪化问题[1]保持警惕。例如在毒豆芽系列案件中,核心问题在于,虽然无根水等物质属于没有被规定在食品添加剂名录上的物质,不被允许用于食品的生产之中,但又与日常观念之中的有毒物质相去甚远。在这类案件中,尽管有借助我国《刑法》第13条但书关于"情节显著轻微、危害不大"的规定将其出罪的判决,但也仍然有相当一部分判决肯定了这类行为成立刑法第144条生产销售有毒有害食品罪。[2] 而且即便是无罪判决,以第13条但书的一般性规定出罪也存在疑问,借助第144条具体构成要件要素进行出罪应当优先于13条但书的一般条款。

第144条生产销售有毒有害食品罪的构成要件是,"在生产、销售的食品中掺入有毒、有害的非食品原料的,或者销售明知掺有有

---

[1] 参见孙国祥:《构成要素行政性标准的过罪化风险与防范》,载《法学》2017年第9期,第68-79页。
[2] 参见杜小丽:《抽象危险犯形态法定犯的出罪机制——以生产销售假药罪和生产销售有毒有害食品罪为切入》,载《政治与法律》2016年第12期,第40-52页。

毒、有害的非食品原料的食品的",要认定成立本罪,需要明确两点:第一,何为非食品原料;第二何为有毒有害。

2013年《最高人民法院、最高人民检察院关于办理危害食品安全刑事案件适用法律若干问题的解释》第8条规定,在食品加工、销售、运输、贮存等过程中,违反食品安全标准,超限量或者超范围滥用食品添加剂,足以造成严重食物中毒事故或者其他严重食源性疾病的,以第143条生产销售不符合安全标准的食品罪定罪处罚。这条规定延续了实践中的一贯做法,在涉及食品添加剂的场合,如果属于食品添加剂名录中规定的食品添加剂,但超标添加的,属于第143条意义上的不符合安全标准的食品;如果是食品添加剂名录就没有规定的物质,则属于第144条意义上的有毒有害食品。这一解释产生了第143、144条处于互斥关系的错误印象:使用允许使用的食品添加剂但超过规定剂量的构成第143条生产销售不符合安全标准的食品罪,而使用不被允许添加的物质必然构成第144条生产销售有毒有害食品罪。这种人为形成的罪名间互斥关系一方面不符合字面上对有毒有害食品和不符合安全标准食品的理解,有毒有害的食品必然也属于不符合安全标准的食品,不存在有毒有害但符合安全标准食品的情况。另一方面,只要添加了食品添加剂名录上没有规定的物质,就当然属于有毒有害食品,这种理解严格来看,也并不符合"有毒有害的非食品原料"的含义。

非食品原料可以作两种解释:其一,禁止添加的、没有在食品添加剂名录上出现的物质就属于非食品原料。其二,所有的食品添加剂都属于非食品原料。后者与我国《食品安全法》的概念使用是一致的。与国外的立法不同,我国《食品安全法》第150条明确区分了食品与食品添加剂。其中食品,指各种供人食用或者饮用的成品和原料以及按照传统既是食品又是中药材的物品，但是不包括以治疗为目的的物品。而食品添加剂，指为改善食品品质和色、香、味以及为防腐、保鲜和加工工艺的需要而加入食品中的人工合成或者天然物质，包括营养强化剂。从这种分别规定的角度，可以将所有的食品添加剂都视为是非食品原料。实践中以所添加的物质是否为食品添加剂名录所准入来区分有毒有害食品与不符合安全标准的食品的理解，究竟是基于上述哪种对非食品原料概念的理解，并不是特别清楚。但无论基于上述哪种对非食品原料的理解，这种以食品添加剂名录来认定有毒有害非食品原料的做法都是值得商榷的。

第一，如果禁止添加的、没有出现在食品添加剂名录上的物质，属于非食品原料，那么添加无根水，当然属于在食品中添加了非食品原料，但有毒有害这个要件没有作进一步的判断，我们仍需就该非食品原料的有毒有害性进一步作实质判断。第二，如果认为所有的食品添加剂都是非食品原料，那么"以食品添加剂名录禁止"视同为"有毒有害"的做法，就是将一个原本可以进行实质判断的要件"有毒有害"用行政规范的标准作了泛形式化的处理。申言之，刑法第144条中的"有毒有害"原本是一个需要结合案件具体事实进行实质判断的要件，但在实际的操作中逐渐将"有毒有害"作了"泛形式化"的处理，而将部分原本不属于本罪处罚范围的行为也纳入到本罪规制范围内。在这样的解释导致了不可欲的实践结论时，又通过《刑法》第13条但书的一般条款进行出罪，这无疑是将一个原本并不复杂的问题人为地复杂化了。

三、充分利用构成要件的体系性解释

犯罪构成要件是由多个要素共同组成的体系性结构。在这个结构中，每个要素都是构成要件符合性的必要条件，反之，每个要素的不存在都是出罪的充分条件。因此在出罪论证时，应当结合罪名构成要件的整体来判断。以生产销售假药罪为例。我国97刑法中的生产销售假药罪虽然规定了严格的行政从属性，要求以药品管理法的界定认定假药，但与此同时要求存在具体危险，由法官就个案单独判断危险是否存在，为限制本罪的成立范围留下了充分的空间。

2008年三鹿奶粉事件发生后，出于对民生安全的保障，国家收紧了食品、药品犯罪的监管政策，包括将婴幼儿奶粉在内的特殊医学用途食品作为药品来监管等。其在刑法上的体现便是在刑法修正案八中将本罪修改为抽象危险犯，但同时保留了第2款的行政从属性。对本罪的成立条件进行了比较激进的形式化。这种形式化的趋势在当时的背景下是广泛存在，在2010年的地沟油事件之中，也体现出了这种形式化的倾向，即只从形式上看是否使用了病死猪肉或回收油，而不需要实质判断所使用的问题食用油是否含有对人体有害的物质及其剂量。作这种形式化考察的背后，是在一系列刺激公众神经的食品药品安全事件之后，在公众的安全利益与对食品、药品生产者的自由利益进行衡量和权衡时强调安全利益优先的结果。但也为后来的陆勇案埋下了伏笔。

在陆勇案中，一种常见的出罪思路是，认为陆勇所代购的药品是用来救人的，并没有造成人身体健康损害的危险，因此并非刑法

意义上的假药。这一观点中具体包含了两方面的内容：

第一，刑法上的假药不等于行政法上的假药，刑法应当作独立的、实质的解释。

第二，生产销售假药罪的成立以假药会造成具体的、危害健康的危险为前提。

这两个观点虽然都合乎朴素的正义观点，甚至也符合刑法在行政犯罪中的一般理论，但却不一定符合第141条的规定。

第一，现行法第141条第2款明确规定了行政从属性，要求根据药品管理法来界定假药。需要注意的是，2021年新颁行的《刑法修正案（十一）》已经删去了该款规定，从而为刑法上的独立解释打开了空间。但是在此之前，立法上明文规定的行政从属性很难从解释论层面进行突破。

第二，从立法沿革角度看，生产销售假药罪是从"具体危险犯"修改为了"抽象危险犯"，删去了"足以危害人体健康"的要求，如果通过解释加入进来，是明显不符合立法者最初的主观意图的。

那么是不是在承认他是药品管理法的假药的前提下，就一定会得出入罪结论呢。从本文的立场看，我们无需拘泥于"假药"这一要件本身，而可以结合本罪罪名构成要件整体来进行考察。我国《刑法》第三章第一节名为"生产销售伪劣商品罪"，其基本构成是第140条生产销售伪劣产品罪，因此"伪劣"是本章罪名成立共同需要符合的条件。在第140条的构成要件中对于生产销售伪劣产品的行为是这样定义的，在生产销售的过程中，以次充好、以假充真、以不合格产品冒充合格产品。因此所谓的伪劣产品不仅是不合格产品，还应当是冒充为合格产品的不合格产品。换言之，刑法分则第3章第1节所规制的不是普通的销售行为，而是诈欺性质的销售行为。

而在陆勇案中,在陆勇明确告知了购买药物的病友自己的商品渠道的情况下,这种销售未获进口许可的药物的行为,并不具有诈欺性质,应当排除本罪的成立条件。这与消费者知假买假仍成立生产销售伪劣产品罪并不矛盾。生产销售伪劣产品罪的成立并不要求消费者产生认识错误,但要求销售者实施诈欺行为。因此陆勇所销售的即便属于刑法意义上的假药,但其销售行为并不包含"欺诈属性",因而不符合刑法第三章第一节"伪劣商品"要素中要包含的欺诈属性,同样可以作出罪的处理。

四、错误抗辩作为补充

行政犯的领域中常常会出现行为人对于法律规定没有明确认识的情况,这种不知法的事实如何发挥出罪的效果,理论上一直是较有争议的,其核心是如何理解我国刑法第 15 条犯罪故意概念中对于危害后果的认识,是否包括了对行为社会危害性或者说违法性的认识。主流观点延续了德日理论的通行做法,主张区分构成要件认识与违法性认识,认为故意是对实现客观构成要件的认识和意欲,因此只有构成要件认识错误才能排除故意,而违法性认识错误则不能排除故意,只在违法性认识错误不可避免的情况下通过排除责任的方式予以出罪。① 而对于行政犯所具有的特殊性,主流也只是在通过放宽对不可避免性要素的判断标准作出了一定的回应。而在近年来的理论上也出现了另一种观点,即认为基于我国刑法第 15 条对于犯罪故意的定义,应当认为犯罪故意应当包含对行为社会

---

① 参见车浩:《法定犯时代的违法性认识错误》,载《清华法学》2015 年第 4 期,第 22-46 页。

危害性即违法性本身的认识。① 因此我国法定的犯罪故意概念是包含违法性认识的,相应的违法性认识错误,即不知法,应当具有排除犯罪故意的效果。

即便是在德国关于行政犯罪的理论中,违法性认识是否属于故意也仍然是有争议的问题。主流的刑法学者都是从刑法典所规定的自然犯出发来研究刑法总论的问题,在将这些从自然犯中提炼出来的总则一般理论适用于广泛存在于附属刑法中的行政犯时不免碰到诸多的障碍。研究附属刑法的学者认为,通说关于构成要件错误与违法性错误的区分是以自然犯为原型的,并不能当然地适用于广泛存在于附属刑法中的行政犯罪。在自然犯的场合,我们可以比较容易地区分出对构成要件事实的认识错误以及对行为本身违反规范性的认识错误。当前以自然犯为原型而建立的刑法总论在许多领域都没有照顾到附属刑法中所规定的行政犯罪的特点,在错误论领域,附属刑法的特点就在于构成要件认识与违法性认识并不像自然犯中那样易于区分。而立法者为了照顾行政犯的特点,也常常会在部分行政犯罪的规定中设置专门的认识错误处理规则,允许在个别行政犯罪中,对于前置行政法的认识错误具有排除故意的效果,甚至在部分罪名下专门设置了独立的法律过失的构成要件。② 这样的做法在从体系上看当然不够精致和完美,但却非常实用。

而反观我国,行政犯罪的特点在日渐深入的研究中也逐渐被发

---

① 参见陈璇:《责任原则、预防政策与违法性认识》,载《清华法学》2018 年第 5 期,第 89-111 页。

② Vgl. Klaus Tiedemann, Zur legislatorischen Behandlung des Verbotsirrtums im Ordnungswidrigkeiten-und Steuerstrafrecht, ZStW 81(1969), S. 869-885.

现。北大梁根林教授就提出应该要分别制定刑法典、行政刑法典,而最近张明楷教授也提出应该把经济犯罪等行政犯罪从刑法典中分离出来,采用刑法典和附属刑法并行的模式。在目前还是统一刑法典的立法模式,加上现行法对于行政犯的认识错误也没有专门的规定的情况下,行政犯的认识错误仍然要放在目前的框架内来解决。而目前我认为比较合理的方式是,在维持构成要件错误与违法性错误区分的框架下,将部分关于前置行政法规的认识错误作为构成要件错误来处理。①

这样做在法理上是可以理解的。自然犯中不知法不免责的背后是国民的绝对知法义务,但是这种国民的知法义务并不是单方面的,与之相对的是国家有义务明确刑法手段的介入边界。而在行政犯中,由于构成要件设置上部分地牺牲了法律规定的明确性与稳定性,公民的知法义务也应当有所松动。

由此我们在对法规范的认识错误问题上就有三种处理模式:

第一,延续通说,主张违法性认识错误不排除故意,但在不可避免的情况下排除罪责。对前置行政法规范的认识错误也属于违法性认识错误。只是考虑到行政犯的特点,适当放宽对于不可避免性的判断标准。

第二,少数说站在我国刑法第15条对于犯罪故意的定义基础上主张,不必区分违法性认识错误和构成要件错误,两者都属于故意的内容。

第三,也就是我们这里所主张的观点,违法性认识错误仍然不排除故意,只可能排除责任。但是对于前置行政法规范的认识错

---

① 参见邵维国:《行政犯前置法认识错误问题研究》,载《法商研究》2020年第1期,第157-170页。

误,属于构成要件错误。

那么像赵春华案、兰草案这样对前置行政法规完全无认识的场合,应当直接以构成要件错误阻却故意的方式来进行出罪。从犯罪判断的基本方法角度看,客观判断应当先于主观判断,因此只有在穷尽了关于客观要素的讨论之后,补充性地讨论能否通过主观出罪。且由于人的主观认识相比于客观事实更加难以查明,因此只能补充性地考虑。

图书在版编目(CIP)数据

刑法基础／江溯，赵春雨主编．—北京：北京大学出版社，2024.1
（刑辩一年级；1）

ISBN 978-7-301-34631-0

Ⅰ．①刑… Ⅱ．①江… ②赵… Ⅲ．①刑法—基本知识—中国 Ⅳ．①D924.04

中国国家版本馆 CIP 数据核字（2023）第 220072 号

书　　　名	刑辩一年级1：刑法基础
	XINGBIAN YINIANJI 1：XINGFA JICHU
著作责任者	江　溯　赵春雨　主　编
责任编辑	林婉婷　方尔埼
标准书号	ISBN 978-7-301-34631-0
出版发行	北京大学出版社
地　　　址	北京市海淀区成府路 205 号　100871
网　　　址	http://www.pup.cn　http://www.yandayuanzhao.com
电子邮箱	编辑部 yandayuanzhao@pup.cn　总编室 zpup@pup.cn
新浪微博	@北京大学出版社　@北大出版社燕大元照法律图书
电　　　话	邮购部 010-62752015　发行部 010-62750672
	编辑部 010-62117788
印　刷　者	大厂回族自治县彩虹印刷有限公司
经　销　者	新华书店
	650 毫米×980 毫米　16 开本　19.25 印张　221 千字
	2024 年 1 月第 1 版　2024 年 1 月第 1 次印刷
定　　　价	69.00 元

未经许可，不得以任何方式复制或抄袭本书之部分或全部内容。
版权所有，侵权必究
举报电话：010-62752024　电子邮箱：fd@pup.cn
图书如有印装质量问题，请与出版部联系，电话：010-62756370